JN251457

顧客視点の企業戦略

アンバサダープログラム的思考

Corporate Strategy of Customer's Perspective

藤崎 実 ＋ 徳力基彦

顧客視点の
企業戦略

アンバサダープログラム的思考

Corporate Strategy of Customer's Perspective

はじめに
「新たなる現実」を受け入れて、次へ向かう指標としての顧客視点

20世紀から21世紀へ

それまで未来だと思っていた21世紀が始まり、もうすぐ20年が経とうとしています。では、20世紀に想像していた夢の暮らしが始まっているかといえば、日本も世界も今や「新たなる現実」に直面しています。

たとえば、高齢化や人口減少です。日本は今後、高齢化と同時に人口減少が予測されています。２０１６年６月29日に総務省が発表した平成27年国勢調査の結果では、日本の総人口に占める65歳以上の割合（高齢化率）が過去最高の26・７％に達したことが明らかになりました。高齢者が25％を超えたのは、１９２０年の国勢調査開始以来、初めてのことです。加えて出生数は１９７０年代後半からの長きにわたり減少がトレンドです。こうし

た状況は世界規模で起きており、世界の人口も今世紀中に減少に転じるといわれています。

高齢化や人口減少の進行が引き起こす「新たなる現実」の一つは、経済成長率の低下です。つまり、市場が縮小すれば、消費活動や企業活動も縮小していくというわけです。では企業はどう対応したらいいのでしょうか。モノと消費をめぐる問題も「新たなる現実」です。現在、多くの先進国では日常生活を送るうえで、モノが足りないという状況はほとんどありません。多くの先進国では、モノ余りの状況が生まれており、企業は新商品の開発に頭を悩ませています。コモディティ化からどう脱却したらいいのか、イノベーションやリノベーションの重要性は日々繰り返し指摘されています。他にも、グローバル化、多様性など、21世紀の日本が抱える課題は様々です。

しかし、物事は考え方です。考え方一つですべてが変わります。新しい道を探すためには、状況を前向きに受け入れることが大切です。環境の変化は、新しい挑戦のチャンスです。人口減少もネガティブに捉えるのではなく、チャンスと捉えることが大切です。つまり、**「市場が減少している」と考えるのではなく、「市場が変化しているのだ」**と考えれば、今までにない新しい発想で対応すればいいのだと気がつきます。こうした変化を、企業と顧客の新しい関係づくりを始めるきっかけと考えればいいのです。今までとらわれていた考え方を一度脱ぎ捨て、新しい視座に立ってみれば、今まで見えていなかった新しい視界が広がってくるはずです。

現在の日本が直面している様々な環境変化に対応し、企業が新しいステージへ向かうためのキーワードが本書の提案する**〝顧客視点〟**であり、既存顧客を重視する**〝アンバサダープログラム的思考〟**です。

20世紀のマス・マーケティングは、大量生産・大量消費を背景に発展したものでした。対して顧客視点、既存顧客重視は、企業と顧客が密接に関わる永続的かつ共生型の取り組みです。これは人口減少やコモディティ化など、現在の日本が直面している「新たなる現実」を受け入れて次に向かうためには、不可避な流れだといえます。その思考を学び、実践するためには、20世紀型のマス・マーケティングの発想から一歩踏み出す必要があります。新しいコートを着るためには、古いコートを一度脱ぐ必要があるのです。「新たなる現実」を受け入れて次へ向かう指標としての顧客視点の企業戦略が求められているのです。

主導権を顧客が握る時代へ

しばらく前からインターネットやソーシャルメディア、ＳＮＳの発展により、情報の主導権が顧客側に移ったと言われるようになりました。かつてのマス・コミュニケーション全盛の時代は、そもそも社会に情報が少なかったこともあり、企業からの情報発信はそのまま消費者に浸透していきました。だから企業は、情報を一斉に伝えることができるマスメディアのパワーを最大限に活用でき、消費者は何の疑問も持たずに情報を受け取っていました。しかし、現在の情報環境はそれほど簡単ではありません。今や、誰もがインターネットを使ってあらゆる情報に気軽にアクセスできます。それどころか、顧客同士がインターネット上で情報をやり取りしたり、企業や商品の評価づけを行ったりしています。その影響力は絶大ですが、企業は関与できない点が特徴です。つまり、**情報環境の多様化は、企業にとっては情報のコントロールができない状況が増えた**ということでもあったのです。

個人が持つ影響力は従来とは比べものにならないほど大きくなりました。たった一人の発言が、ソーシャルメディアを通じて瞬く間に世界に広がるようになり、たった一人の発言が多くの人の共感を得ることで、大きなパワーを発揮するようになりました。20世紀と比べ、21世紀の個人が持つ影響力は計り知れない、と言えるでしょう。個人の存在が大きくなるにつれ、マーケティングにおける〝顧客〟の影響力も拡大してきました。顧客による評判が良い方向に向かえば企業やブランドを推奨してくれたり、守ってくれたりします。しかし、ネガティブな方向に向かうと、極端な話、不買運動に発展する場合もあるでしょう。つまり、企業や団体などは、今まで漠然と**〝顧客〟と呼んできた存在に対して、もっとリアリティをもって接する必要があるのです。具体的には〝顧客〟という言葉の裏側には、大勢の一人ひとりが「実在する個人として暮らしている」という当たり前の事実**を、もう一度しっかりと考えることが必要です。マス・マーケティングの時代から、状況は劇的に変わっているのです。

従来、顧客という存在は漠然としたものであり「見えない存在」でした。企業は、見えない相手に対して広告を出したり、様々な施策を行ったりしてきました。マスメディアとは、見えない相手と効率よくコミュニケーションするためのメカニズムと言えます。しかし、インターネットやソーシャルメディアの発展により、顧客は「見える存在」になりました。それどころか、彼ら一人ひとりとソーシャルメディアを通じて会話もできるようになっています。企業は、顧客を漠然とした存在として捉えるのではなく、彼らとキチンと向き合う必要があります。そして顧客を**〝新しい関係づくりを行うべき存在〟**としてあらためて認識し、顧客の視点でビジネスを考えなければならないのです。

企業経営と顧客視点

では、顧客の視点に立った取り組みをどのように行えば、企業の新たなる成長や発展、売り上げに結びつけていけるのでしょうか。本書は、そのヒントについて示した書であり、その具体的なメソッドとして、「アンバサダープログラム的思考」を提示する日本で最初の本です。この顧客視点に基づくメソッドは、企業にとって顧客との永続的で新しい関係づくりの参考になるはずです。

そもそも顧客視点で考えなければならないのは、ビジネス全体であり企業経営そのものです。これは現在成功している企業の多くが、それぞれの違いはありますが、顧客視点を実践していることからもわかります。たとえば、後述する「ネスカフェ アンバサダー」ではメーカーと消費者という関係を超えて、アンバサダーの方と一緒に物事を決める取り組みを行っています。これは企業だけで物事を決めるのではなく、実際の利用者と一緒に決めることで、より利用しやすいサービスにしていこうという姿勢の実践です。

つまり、**マーケティングの中に顧客視点で解決すべき何かがあるのではなく、マーケティングそのものを顧客視点で再構築して考える時代になってきている**と言えます。本書で示す「アンバサダープログラム的思考」をどう取り入れるかは、企業の姿勢に関する問題であり、経営戦略に直接関係するものなのです。その意味で、本書はマーケティングの本というより、顧客とのコミュニケーションを通じて企業を次のステージへと発展させる経営戦略に関するガイド本と言えます。

ここで顧客視点の重要性を説くことに対して、「何を今さら」と思う人も多いでしょう。近年のマーケティングやビジネスでは「顧客視点」の主張が溢れているからです。キーワードを挙げると、「顧客視点の商品開発」「顧客を大切に」「顧客満足」「顧客主義」などのほか、顧客を主役に据えたスローガンを企業理念に掲げる企業もたくさんあります。これは現在のようにモノが売れない時代において、従来の「企業視点」だけでは解決できない課題がいかに多いか、その解決策として「顧客視点」にいかに注目が集まっているかの表れでしょう。これは絶対に否定できない正義のようなもので、概念や観念としての「顧客視点の重要性」に異を唱える人は誰もいないはずです。しかし、顧客視点を実際の取り組みやコミュニケーションとして実践するための方法論に関してはどうでしょう。実際のところ、メソッドとして参考にできるような具体的な方法論や施策に関する言及は、意外となかったのではないでしょうか。顧客視点を推し進め、企業と顧客の新しい関係を構築する経営戦略にまで踏み込んだ考察もありそうでなかったと思います。

ここでマーケティングの歴史を紐解いてみましょう。そもそもマーケティングという概念は１９００年代のアメリカで生まれました。鉄道網の発達により、需要に対して十分な供給が可能になったことから発生しています。その後、セールスマンの販売方法や広告手法にも関心が向けられ、１９２９年から始まった大恐慌時代には、大企業が取り入れ始め、企業管理のために重視されるようになりました。そして、１９６０年代にアメリカのミシガン州立大学教授エドモンド・ジェローム・マッカーシーによってマーケティングミックスとして知られる４Ｐ（Product、Price、Place、Promotion）という概念が提唱されます。これに対してこの４Ｐは「企業視点」であるとし、４Ｐを「消費者視点」で捉え直した４Ｃ（Customer Value、Cost、Convenience、Communication）が１９９０年代からノースウエスタン大学で提唱されるようになりました。これは視点を変えたわけですが、消費者の立場を重視する時代性を表すものと言えます。つまり、消費者を重視し、消費者の側から物事を再構築すべきであるという指摘は20世紀から行われていたのです。その指摘の繰り返しが、カタチを変えて現在まで続いているのではないでしょうか。

図表❶：4Pと4C

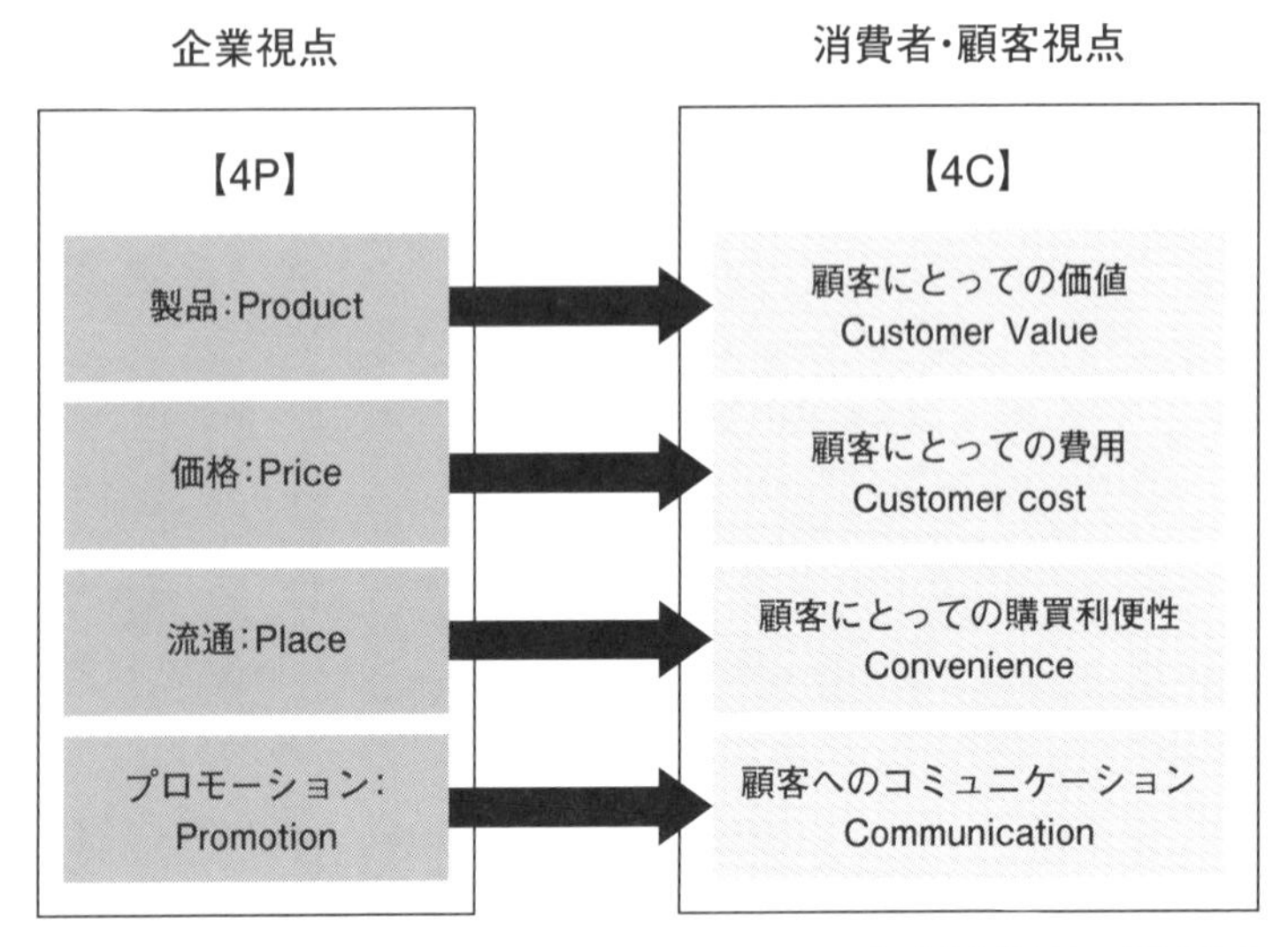

出典：著者資料をもとに編集部作成

　しかし肝心なのは、「どうしたら顧客の視点に立った取り組みができるのか」という具体的な発想と方法論なのではないでしょうか。今日に至る長い間、「〇〇・マーケティング」といわれる様々な新しい手法が誕生しては消えていきました。たしかにそれら一つひとつの手法は大変有意義なものでしたが、顧客視点のある一面しか捉えきれていなかったというのが実情だったのではないでしょうか。今こそ、もっと顧客視点をビジネス全体や経営戦略的な視点で捉えて、様々なケースに応用できるメソッドが求められているのです。

あらためて「顧客視点」を語る意味

なぜ今、あらためて「顧客視点」に立った取り組みやコミュニケーション戦略について語る意味があるのでしょうか。理由は大きく二つあります。

一つ目は冒頭にも述べたソーシャルメディアの誕生による環境の変化です。今やインターネットやソーシャルメディア、SNSの発展により、個人がメディアを持ち自由に情報を発信できる時代です。ここで認識していただきたいのが、ソーシャルメディアの特徴です。ソーシャルメディアはマスメディアに次ぐ新しいメディアとされ、四マスメディアに次ぐ「第五のメディア」として紹介されることもありますが、これは典型的な誤解です。ソーシャルメディアと既存メディアはまったく違います。その違いの最大のポイントは「コミュニケーションの双方向性」です。マスメディアが情報を一方的に大量に伝えることを得意としたメカニズムなのに対して、ソーシャルメディアは個人と企業が直接会話したり、顧客の声に耳を傾けたりできることに最大の特徴があるのです。そのような双方向性の仕組みを持ったメディアは今まで存在しませんでした。ソーシャルメディアは、企業と顧客を直接つなぐコミュニケーション・ツールとしては格好のものだというわけです。

ソーシャルメディアの発展によって情報の主導権は顧客に移ったと言われていますが、同時に企業側から顧客へのアプローチも容易に可能になったことを忘れてはいけません。ソーシャルメディアを上手に活用することで、マスメディア時代にはできなかった顧客との関係づくりができるようになったのです。つまり、**テクノロジーの発展によってソーシャルメディアという具体的なツールができたことで、長らく「概念」から進めなかった顧客視点での取り組みを「具体的施策」として語ることが可能になった**のです。

そして、二つ目は、私たちがソーシャルメディアマーケティングの専門家として長年、企業と顧客を結ぶビジネスを行ってきたことが挙げられます。まだツイッターやフェイスブックなどのＳＮＳが誕生する以前の、ブログ誕生の時代から企業と生活者を結ぶお手伝いをしてきました。そうした顧客視点に立った取り組みを長らく行ってきた経験の蓄積をメソッド化したものが、後述する「アンバサダープログラム的思考」という考え方です。**長らく概念として掲げられていた「顧客視点」を具体的な施策として繰り返し行うことで見えてきた、本当に役立つ「顧客視点」のあり方を提示できるだけの材料がそろった**ということなのです。

アンバサダープログラム的思考とは何か

第1章に入る前に、「アンバサダー」「アンバサダープログラム」「アンバサダープログラム的思考」について、簡単に触れておこうと思います。

ソーシャルメディアの発展を背景に、自分が好きな企業や商品、ブランドなどの情報を誰かに頼まれるわけでもないのに、自発的に情報発信する人たちに注目が集まっています。「アンバサダー」を一言で言えば、企業やブランドを積極的に応援し、クチコミをしてくれるファンのことです。また、「アンバサダープログラム」とは、企業がアンバサダーたちと一緒に行うマーケティング活動の総称を指します。そして、「アンバサダープログラム的思考」とは、そのような取り組みの指針となる**「企業と顧客の新しい関係づくり」を目指す姿勢**のことを意味するのです。この姿勢こそ、企業と顧客の関係を一歩進めるために必須のものであり、これからの経営戦略に最も役に立つであろう新しい考え方なのです。

これまでのマーケティングは、企業が商品を買ってもらうために、顔の見えないターゲットに対して、マス広告を投下し、商品に興味を持ってもらったり、好意を得ようとしたりするモデルでした。このような**従来型のマーケティングには重要だけれども、見落としがちな視点が二つあります。マス広告は新規ターゲットを対象にしたものであるということ。もう一つは、マス広告は質もさることながら、結局は量がモノをいうモデル**なのです。

「企業と顧客の新しい関係づくり」を目指す姿勢とは、この従来型マーケティングの逆を目指すものと言えます。つまり、新規顧客の開拓にエネルギーを費やすのではなく、既存顧客を大切にしようという発想だからです。これはLTV（Life Time Value：顧客生涯価値）の観点からも理にかなった着目点だと言えます。つまり焼畑農業的に新しい顧客を次々と開拓するのではなく、今、商品を買ってくれている顧客やファンに、これからもずっとファンでいてもらい、永続的に商品を買ってもらうこと、そのための関係づくりを強化しようということを目指すものなのです。

既存顧客を大切にすることの副産物は山ほどあります。たとえば、既存顧客のフィードバックを商品開発に生かす、既存顧客とのミーティングを通じて企業組織を活性化させる、既存顧客のクチコミ効果を最大限に生かす、などの事例が挙げられます。また、既存顧客と一緒にマーケティング活動を行うことで、新規顧客を開拓する新しいマーケティングの事例も生まれています。

また、**マーケティングの視点を「量」から「質」へ変換**させることも重要です。今までの企業は、商品を売るために、より多くの人に商品を知ってもらうという手法を取り、そのためにとにかくたくさんの人の認知を獲得するという方法を意図せずに選んでいたのです。つまり、認知から購買へ至る流れを量で担保しようとしてきたと言えるのです。できるだけ多くの人に対して露出させ、とにかくたくさんの認知を得、できるだけ多くの人に興味を持ってもらい、できるだけ多くの人に覚えてもらう等々。つまり、量を獲得することで、マーケティング上の問題を解決しようとしてきたのです。しかし、読者のみなさんもその限界を実感しているのではないでしょうか。マーケティングの量から質への転換についての具体的な方法論についても、本書で提案しようと思います。

本書では、まずマーケティングが新しい段階に入っている状況についてまとめています。そしてマス・マーケティングの限界や、それらを補完する「アンバサダープログラム的思考」とその具体的な方法論についても、事例を用いながら解説します。これから顧客視点を重視しようという企業の方はもちろん、すでに取り組んでいるがあまりうまくいっていない方にも参考になる内容です。

「人は目の前の湧き水に目を奪われがちだが、気づくと背後が干上がっていることもある」
「進化の芽は、幹ではなく枝葉から芽生える」

これは2001年のカンヌ国際広告祭のフィルム部門で日本代表審査員を務めた藤井実氏（博報堂 グローバルMD推進局長）の言葉です。最初の言葉は、過去の成功体験や現状のビジネスモデルにとらわれることなく、世の中の全体を見渡すことが大切だということであり、二つ目の言葉は、まさに本書のための言葉ではないでしょうか。

アンバサダープログラムで行われている一つひとつの取り組みは、明確な手法や方法論が確立される前から、自然発生的に施行されてきた経緯があります。それは現在まで行われてきたマス・マーケティングという幹に対する進化の芽と言えるでしょう。そして進化の芽は、もう一つの大きな幹に育っていく可能性があるのです。新規顧客の開拓も大切ですが、新規獲得に目を奪われているうちに自社のファンを失うリスクにも目を向けるべきです。量も大切ですが質も大切です。ファンを大切にし、ファンとの共生を図る交流から、様々な未来が見えてくるはずです。現状を打開する際に重視したいのは、永続的に取り組める発展的な思考です。

アンバサダープログラム的思考は、企業戦略からマーケティング戦略、商品企画などにも適用できる比較的応用力のある考え方なのです。「新たなる現実」は考え方次第で、「新たなる希望」に変えることができるのです。事例に基づく知見も豊富にお伝えするので、単なる理屈では終わらない、生きた知見を本書で身につけていただければと思います。

藤崎 実

顧客視点の企業戦略 アンバサダープログラム的思考／目次

第2章 マーケティングを顧客視点で組み替える

第3章 企業の目的は「顧客を創造する顧客」の創造である

第4章　顧客と一緒にマーケティングする

実践レポート　アンバサダーの体験設計（寄稿：上田怜史）

第 1 章

顧客視点がないと「マーケティング」ではない

「顧客視点が大事」「顧客視点で考えろ」

この「顧客視点」という言葉は、どこの企業でも当たり前のようによく聞く言葉かもしれません。ただ、みなさんの会社は、本当に「顧客視点」で考えているでしょうか？　実は「顧客視点」という言葉は、企業の中で頻繁に使われるわりには、実態と合っていないことが多い象徴的なキーワードと言えます。世の中にはあらためて「顧客視点」で考えるとおかしい出来事がたくさんあるのです。

以前、携帯キャリアの間で、顧客獲得競争が激化した結果、数万円の高額なキャッシュバックで乗り換えを推奨する方法が常態化し、新規顧客獲得にかかる費用を既存顧客の通信費用に転嫁しているのではないか、という批判が高まった時期があります。通信会社を乗り換えずに長く同じ会社を使っている顧客からすると、別の会社から乗り換えをした新規顧客が数万円をもらえるキャンペーンというのは、「顧客視点」の観点で見ると、明らかにおかしい話です。10年以上使い続けている人には何の優遇もないのに、他の通信会社から乗り換えたばかりの人には数万円もの現金が渡されるわけです。この会社は「顧客視点」で考えている会社と言えるでしょうか。この携帯キャリアのケースは、国会で問題提起があったことで社会問題にもなりましたから、特殊な事例と感じる人も多いかもしれませんが、こうした「釣った魚にエサをやらない」企業の例は、実は世の中に事欠きません。

新聞の販売店が他紙からの乗り換えの際にオマケにつけるノベルティ目当てで、毎年のように購読する新聞社を切り替える人がいたり、住宅を契約するまでは懇切丁寧にサポートしてくれていた住宅会社の営業マンが契約書に判をついた瞬間に、急に連絡への反応が悪くなったり、という話は珍しくありません。こうした手法や会社は、本当に「顧客視点」と言えるでしょうか。

さらに、物議を醸しているのはネットを活用した広告手法の数々でしょう。技術の進化により、企業は様々な形でユーザーに広告を表示することが可能になりました。動画サイトで動画を再生しようと思いボタンを押したら強制的に表示される広告、サイトを閲覧したことをきっかけに、どこまでも追いかけてくるバナー広告、スマートフォンで記事を閲覧していたら急に画面の半分を占めて表示される動画広告。果たしてこれらは「顧客視点」のコミュニケーションと言えるのでしょうか。

顧客視点が大事だということを表面上は言っていても、多くの企業が顧客の嫌がるような広告手法やマーケティング手法を、無意識に使ってしまっているわけです。なぜ、こうしたことが起こってしまうのでしょうか。

それは、いわゆる右肩上がりで成長していた時代、日本が「マス・マーケティング」の全盛期だった1970年代の高度経済成長期において、新規顧客を獲得することが極端に重要視されたからにほかなりません。市場が成長している時代においては、新規顧客をいかに獲得し、自社のシェアをいかに拡げるかということに注力しがちです。新規顧客をライバル企業よりもいち早く自社の顧客にしなければ、競争に勝ち残っていくことができませんでした。いわゆる「釣った魚」である既存顧客に投資するよりも、新規顧客を獲得する活動に投資することのほうが重要になるわけです。その競争が続き、行き過ぎてしまった象徴と言えるのが、携帯キャリア同士の顧客獲得合戦でしょう。

携帯キャリアの競争においては、モバイルナンバーポータビリティという電話番号を変更せずに携帯キャリアを切り替えることができる制度ができた結果、市場全体におけるシェアよりも、モバイルナンバーポータビリティによる顧客移行のシェアがメディアに注目されるようになりました。それ以来、市場シェアトップのNTTドコモが、モバイルナンバーポータビリティによる回線移行のシェアでは、長らくソフトバンクやauの後塵を拝することが続くという構造になりました。これにより、本来は既存顧客を守ったほうが有利なはずのNTTドコモも、回線移行のシェア競争に参入せざるを得なくなり、前述した既存顧客を冷遇する状態になるという、一種異様な業界構造が続くことになってしまったのです。

一般的なビジネスの常識としては、**新規顧客を獲得するコストよりも既存顧客を維持するコストの方が安い**とされています。新しい顧客を連れてくるのに数万円を支払うぐらいなら、既存顧客に相応のコストを掛けて継続を促すほうが低コストで済む可能性が高いわけです。しかし、この携帯業界におけるキャッシュバックのように、新規契約のタイミングでは大幅な割引や特典がついてくるけれども、長く契約を続けている顧客にメリットがないという事例は、そこら中に存在します。

スーパーにおける「タイムセール」や、ファッション業界の風物詩とも言える「バーゲンセール」も、実は顧客視点で考えると、ある意味では異様な習慣です。タイムセールやバーゲンセールのような割引施策は、そのタイミングで安く購入できた顧客にとっては、顧客の視点に立った良い施策のように見えるかもしれません。ただ、実はそれ以外の時期に定価で買った顧客にとっては「安くなるタイミングで買えば良かった、損をした」と感じてしまう顧客視点に欠ける施策です。本来、**企業からすれば定価で買ってくれる顧客こそが最も良い顧客**、大事にしなければいけない顧客のはずなのに、その顧客の心理を考慮せず、同様の商品を大幅に割引して販売するという行為は、その大事な顧客をガッカリさせてしまうリスクを負っているわけです。

こうした新規顧客に極端に偏った優遇施策というのは、マス・マーケティング時代の象徴とも言える施策と言えます。こうした施策自体はそれぞれの業界の常識的なプロモーション手法であり、それほど問題視されることもなかったわけです。

マス・マーケティング時代は企業が顧客よりも優位にあった

ここでポイントとなるのが、企業側と顧客側の情報格差です。マス・マーケティング時代においては、顧客同士の横のつながりが薄かったため、顧客同士が情報共有する手段がほとんどありませんでした。定価で購入した人と、割引で購入した人がお互い遭遇してその事実を共有しなければ、定価で購入した人が損をしたと思うこと自体がなかったわけです。

顧客はあくまで「消費者」であり、企業側に比べると圧倒的に情報量や知識が少なく、金額の比較や、自分以外の顧客の扱いについて知るよしもなかった時代だと言えるでしょう。マス・マーケティング時代においては、あくまで企業と顧客のコミュニケーションは企業側が主導権を握っていたのです。顧客が商品やサービスの情報を得るための情報源はテレビや新聞、雑誌、ラジオなどのマスメディア、あとは書籍やクチコミが中心でした。しかも、マスメディアで取り上げられる情報量には限りがありますし、書籍は有料です。さらにクチコミは本当に詳しい人に会って話を聞けるかどうかという確率的にも非常に高いハードルがあり、商品やサービスを新しく購入する際に本当に必要なクチコミを得られるケースは少なかったのです。そういう環境においては、マス広告も顧客にとっては重要な情報源の一つとしてしっかり機能していたわけです。

マス・マーケティング時代は、こうしたマス広告の影響力もあり、すべてが大量生産大量消費に最適化されていきます。テレビＣＭなどのマス広告を大量に投下する商品は、売り上げも上がりやすいわけですから、小売も店頭の販売スペースを大量に確保することになります。マス広告によって商品を売ることができるわけですから、細かい種類の商品を多数つくるよりも、できるだけ大勢が買ってくれる商品を少数に絞って大量生産するほうが、企業からするとはるかに効率的です。当然、多くの企業がメガヒットを目指して商品開発に注力することになるわけです。

「マスマーケット」に対して、「マスプロダクション」した製品を、「マス広告」を通じて売り込む。マス・マーケティング時代は、企業活動全体がこの「マス」というキーワードに最適化されていた時代と言えるでしょう。しかし、そうした企業側が極端に有利な時代は、インターネットやソーシャルメディアの普及により終わりを告げようとしています。

デジタル時代は顧客に情報の主導権が移ってしまった

企業と顧客の関係は、インターネットやソーシャルメディア、そしてスマートフォンの普及により180度変わってしまったと言われます。大きなポイントは以下の三点です。

・顧客の情報収集能力が飛躍的に高まった
・顧客の声が可視化されるようになった
・顧客の声が伝播するようになった

それでは、順番に見ていきましょう。

・顧客の情報収集能力が飛躍的に高まった

これは言わずもがなですが、特にグーグルのような検索エンジンの登場により、一般人が入手できる情報量が飛躍的に増えている点が挙げられます。インターネット登場以前であれば、顧客の情報源というのはテレビ、新聞、雑誌、ラジオ、書籍のような有限のメディアか、自分の周辺にいる友人知人だけでした。必要な時に必要な情報を得るための手段は非常に限られており、商品やサービスの専門家である企業側に対して、顧客側は一部の人間を除いてはほとんどが素人だったわけです。もちろん、インターネット上の情報がすべて正しいわけではありませんが、場合によっては企業担当者並の知識を短期間で身につけることも不可能ではなくなってきています。

「さとなお」こと佐藤尚之さんが執筆された『明日のプランニング　伝わらない時代の「伝わる」方法』（講談社現代新書）という書籍では、ソーシャルメディア時代では誰でもが情報発信者になった結果、ネット上の情報量が加速度的に増え、99・996％の情報はもう伝わらない時代になっており、１つの情報を見つけてもらうのは全世界の砂浜の砂の中で１粒の砂を手にとってもらうぐらい絶望的な出来事で、単純に広告を出せば生活者に伝わるなんていうことはもう絶対ないという「圧倒的絶望」から始めよう、という表現が出てきます。顧客側が入手できる情報量が圧倒的に増えてしまうのと同時に、企業側が顧客に届けたい情報が大量の砂浜の砂の一粒程度の存在になってしまったわけです。

・顧客の声が可視化されるようになった

さらに、顧客の情報収集の過程で非常に大きな変化と言えるのが、顧客の声が可視化されるようになった点です。インターネット登場以前のメディアというのは基本的に商業メディアが中心のため、記者や専門家などが情報発信していました。それがブログやクチコミサイト、そしてソーシャルメディアなどの普及により、顧客が他の顧客の感想やクチコミなどを探すことが容易になります。

これらの情報はインターネット登場以前には、ほぼアクセスが不可能な情報でした。もちろん、自分の友人知人に同じ商品やサービスを使っている人がいれば商品の評判を聞くことは可能でしたが、多くても数人の感想が限度でしょう。特にインターネット登場以前の「クチコミ」は会話が中心だったため、会話が発生した瞬間に消えてしまっていました。会話によるクチコミは重要ではありますが、その会話の瞬間にそばにいなければ聞くことができませんし、聞いた人間が忘れてしまうと意味がありません。ところが、インターネット上のクチコミは、ログとして残るため時間や場所を越えて検索することも可能です。カカクコムやアットコスメのようなクチコミ情報サイトを活用すれば、興味のある商品を実際に使った人たちの感想を簡単に見つけることができます。

フェイスブックやツイッター、インスタグラムなどのソーシャルメディアを使っていて、友達が食べた美味しそうな新商品や料理の写真が流れてきて、気になって自分も買ってしまったという経験はみなさんにもあるのではないでしょうか。こういった他人のクチコミに接する機会というのは、インターネット登場以前は非常に低い確率でしか起こらない現象だったのです。しかし、多くの人々がソーシャルメディアを使うようになったことで、ソーシャルメディアのユーザーがそのフォロワーに対して情報を発信するという小さなメディアがユーザーの数だけ存在するようになった時代です。これまで我々が探したくても探すのが不可能に近かった「クチコミ」や「顧客の声」が可視化され、検索したり集計してランキングにしたりという行為が非常に容易になったわけです。この不特定多数の顧客の声がインターネットによって可視化されるようになったことが、前述の情報収集能力と相まって、顧客側に大きな力を与えることになります。

・顧客の声が伝播するようになった

さらに企業にとって大きな脅威でもあり大きな可能性ともなっているのが、その可視化された顧客の声が広く伝播するようになっていることです。フェイスブックやツイッターなどのソーシャルメディアの普及により、一人の顧客の声が大勢の人々に伝播することが珍しい現象ではなくなりました。

たとえば2014年、焼きそばのペヤングに異物が混入していたという写真を、一人のユーザーがツイッターにアップして大きな騒動が起きました。ペヤングの製造販売を行う「まるか食品」は、最終的に一時ペヤングの販売休止を発表、10億円以上を投資して製造ラインを一新することになりました。また、2016年には家電量販店のピーシーデポと契約をしていた高齢男性の息子が、ツイッター上でピーシーデポ側の高齢者に対する販売姿勢について問題提起の声を上げたことが起点となり、ピーシーデポの株価がピーク時の半額以下に下がってしまうという騒動も起きています。それぞれの騒動で興味深いのは、騒動の起点となったツイッターユーザーはそれほど大勢のフォロワーがいるアカウントではなく、一般的なユーザーだったことです。

従来の常識でいえばたった一件のクレームでしかないトラブルですが、ソーシャルメディア時代は一人の声でも大きく拡散することがある時代です。結果的にそれぞれの顧客による問題提起は、マスメディアも取り上げるような大きな話題になり、企業側にも大きな影響を与える結果になったのです。インターネット登場以前であれば、一人の顧客が問題に直面しても、コールセンターに怒りの電話をするのがせいぜいで、メディアに駆け込んだところで社会的に注目されるほどの話題になることはありえなかったでしょう。それが、一人の顧客の怒りがソーシャルメディアを通じて伝播し、製造ラインを一新させたり、株価を半減させたりするきっかけになる時代になったわけで、この20年ほどの間に、企業と顧客の力関係が劇的に変わってしまったことがよくわかる事例と言えます。

デジタルとマスメディアが共存する時代

佐藤尚之さんが書籍でも解説されているのですが、実は日本人の半数以上はソーシャルメディア時代を生きておらず、今まで通りのマスメディアを中心に生活しているため、この人たちには今まで通りマス広告が届く、という点が日本国内のコミュニケーションを考える時のポイントでしょう。そういう意味では、先述した三つの変化は主にソーシャルメディアを積極的に活用している都心部の若い世代が中心である点に注意が必要です。

ここで注目していただきたいのは、**従来のマス・マーケティング時代の一連の最適化の構造が、実は「顧客視点」で考えると真逆になってしまうことが多い**という点です。そもそも、一人ひとりの顧客は決して「マスマーケット」としての大衆の一部ではなく、様々な趣味嗜好を持った多面的な一人の人間です。そういう意味では、一人ひとりが自分に最適な多様な商品やサービスを求めており、「マスプロダクション」による大量生産の商品は、実は個人のニーズや嗜好からかけ離れていることになります。マス広告によるメッセージも、それが本当に刺さる人と刺さらない人が多様に混在しているわけです。

テレビCMが一部の人たちには話題になり、一部の人たちからはクレームの対象になる、ということがよく起こっています。顧客の趣味嗜好が多様化している以上、**一種類で日本全国一億人に感動される商品やサービスの開発が難しいのと同様、一種類のテレビCMで賛同だけを得ることは非常に難しい行為**なわけです。そうなると、同じテレビCMでも一部の人には引き続き情報源だとしても、他の一部の人にはノイズになる、ということになります。さらに、ネットの普及で顧客の情報収集能力が上がった結果、広告経由で情報をもらわなくても、情報がいつでもどこでも入手できるようになりました。売り込み的な宣伝メッセージは、家事で忙しい時に訪問して、必要のない商品を売り込んでくる空気を読まないセールスマンのような印象を顧客に与えてしまう時代になったのです。**マス・**

マーケティングという手法は、あくまで企業側、売り手側の視点において最適な手法であって、顧客視点に立って考えてみると、実は最適な手法ではなかったというわけです。

顧客を大事にしている企業にとっては良い時代

企業が顧客を味方につけた事例はすでにたくさんあります。たとえば、ハーゲンダッツが開発したおもちが入ったアイスクリーム、「華もち」。その新しさから2015年2月の発売当初からツイッター上などで大きな話題になり、数日で売り切れるという現象になりました。実はこの「華もち」、本格的にプロモーションを実施する前に売り切れてしまったのです。あまりに早く売り切れてしまったので、食べたかったのに食べられなかったという嘆きの声が多数聞かれ、2015年の年末に再発売された際には初回の10倍の量を生産したのに3週間程度で売り切れてしまいました。

同じように、サントリーの「レモンジーナ」と「ヨーグリーナ」という清涼飲料も、発売直後にSNSで話題になり、早々に売り切れてしまいました。特にこのケースでは、テレビCMの投下前に商品が品切れしてしまったのです。つまり、テレビCMを打たなくても商品が売り切れてしまうという現象が起こるほど、クチコミが販売を後押ししたと考えられるわけです。ちなみに、「レモンジーナ」では、「土の味がする」というネガティブなクチコミが注目を集めたことも興味深いポイントです。実はクチコミが必ずしもポジティブなものでなくても、それによって他の顧客が興味をもってくれれば売り上げに貢献してくれる可能性を示しているわけです。

顧客を味方にすることで得られる恩恵はクチコミの拡散だけではありません。**顧客の声が可視化されるということは、企業が顧客の声を聞きやすくなったことを意味します。**ソフトバンクは、ツイッター上の顧客の声に対して積極的に話しかける「アクティブサポート」と呼ばれる手法で、自社に対するクレームだけでなく、iPhoneのトラブルに関する発言にも声掛けをし、ツイッターユーザーにおけるソフトバンクのイメージ向上に成功したと言われています。また、顧客の情報収集能力が上がったということは、顧客の商品やサービスに関する知識が増えているということでもあります。そのため、企業にとっては顧客の意見の価値が増しています。インターネットやソーシャルメディアの普及により、企業と顧客のコミュニケーションが容易になったことで、企業と顧客が一緒になって商品開発やコミュニケーション活動に取り組むケースも増えています。カルビーのスナック菓子である「じゃがりこ」のファンが集まる「それいけ！じゃがり校」というＷｅｂサイトでは、顧客と新商品開発に取り組んでおり、共同開発した商品がその年の新商品の中でトップに並ぶことが珍しくないそうです。

佐藤尚之さんが執筆された書籍『明日の広告』では、「私たちは、消費者をターゲットとは呼ばない。パートナーと呼ぶ」というイギリスのプランニング会社ネイキッドのジョン・ウィルキンス氏の発言が紹介されていますが、まさに顧客の変化により、顧客は企業にとっての〝的〟＝「ターゲット」ではなく、企業にとっての「パートナー」である時代に突入しているわけです。

顧客をファンに、ファンをアンバサダーに

そういう意味で、２００５年頃以降のソーシャルメディア時代は、過去のマス・マーケティング全盛時代に比べると、飛躍的に顧客の力が強くなった時代といえます。そもそも、顧客が大事、ファンが大事ということは誰も否定しないでしょう。企業経営者の多くが「顧客視点が大事」という発言をしているはずですし、顧客視点を持っていない会社が成功するのはそもそも難しいはずです。**ただ、ソーシャルメディア時代の「顧客」を、マ**

ス・マーケティング時代の「顧客」と同じだと思ってしまうと、大きな変化の本質を見誤ることになります。

そこで、この変化を表現するために選んだのが「アンバサダー」という言葉です。アンバサダーという言葉は元々「大使」を意味する英単語ですが、本書では「企業を積極的に応援してくれる顧客やファン」という意味で使います。アンバサダーという言葉の定義の詳細については第3章でご説明したいと思いますが、重要なのはソーシャルメディア時代における「顧客」の可能性が、従来の「お得意様」や「常連客」そして「ファン」などの言葉では表現しきれないほどに拡がっているという点です。

従来の「お得意様」や「常連客」などの言葉で連想するのは、あくまで企業側にたくさんのお金を落としてくれている顧客でしょう。ただ「アンバサダー」となった顧客は、企業側にお金を落としてくれるだけではなく、他の顧客を連れてきてくれたり、企業に様々なフィードバックをくれたり、企業の一員となって活動してくれたりすることがありえます。顧客の一人ひとりが、ソーシャルメディア上で小さなメディアを保有している時代です。一人ひとりの力は小さくても、大勢の顧客がファンになり、そのファンがアンバサダーとして声を上げてくれれば、企業の売り上げに影響するほど大きなクチコミのうねりが生み出されることがあります。顧客が大事、ファンが大事、というのは昔から当たり前の話ではありますが、それがこれまでとは比べものにならないレベルで、本当に重要な時代に突入しつつあるのです。

そもそもずっと昔から顧客の評判こそ一番大事だった

繰り返しになりますが、「顧客が非常に大事」というのは、新しい現象ではまったくありません。そもそもマス・マーケティングが登場する以前、たとえば**江戸時代のように、マスメディアと呼べるものがなかった時代では、商売において最も重要だったのは、顧客の評判やクチコミだったはずです。「あの刀鍛冶は良い仕事をするらしい」という評判がサムライたちのクチコミを生み、話題となったことが、遠方のサムライがその刀鍛冶の元へわざわざ訪れるきっかけとなっていた**はずです。小さな町に新しい蕎麦屋ができても、その蕎麦屋が美味しくなければ、町の人たちの間で悪評が広まってお客さんが来なくなり、すぐに潰れてしまうでしょう。

それがマス・マーケティング時代においては、マスメディアの力が非常に強いため、実際の味は別として、テレビCMで「美味しいよ」というコマーシャルを流せば、「あのテレビCMでやってたやつ食べた？」というクチコミの背景にもなり、大きな話題になっていたわけです。**実はここ１００年ぐらいのマス・マーケティング時代こそが商売の歴史において、最も極端に顧客の力・クチコミの力が弱まっていた時代である**と言うこともできるわけです。

そういう意味では、ソーシャルメディアの普及によって起こった変化というのは、クチコミの速度がマスメディアに追いついたことによる変化と言えます。もはや家電メーカーがいくらテレビCMで自社の商品が画期的であると訴えても、カカクコムのようなクチコミサイトやソーシャルメディア上で悪評が立てば、誰もテレビCMに影響されません。化粧品メーカーが自社の商品の効果をテレビCMで声高に訴えても、アットコスメのようなクチコミサイトで評価が悪ければ、売り上げにも悪影響が出るわけです。**ソーシャルメディア時代に突入したことによって「顧客視点」が重要になったというのは、マス・マーケティング時代以前の顧客やクチコミが最も重要だった時代に戻っただけ**、という言い方もできるでしょう。以降、ファンやアンバサダーを軸にマーケティングやコミュニケーションを考えるアプローチを「アンバサダープログラム的思考」と定義して話を進めますが、ある意味、お得意様とその評判を大事にする、昔ながらの商売の基本と同じ話でもあります。

この既存顧客を重視する「アンバサダープログラム的思考」は、馴染みの顧客を大事にする傾向が強い日本人に、非常に相性の良い取り組みだと考えています。ただ、ここで問題になるのは、企業の宣伝担当者やマーケティング担当者、経営者の多くが、まだまだ高度経済成長期のマス・マーケティング時代の成功体験をもとに、顧客とのコミュニケーションを考えてしまうケースが多いという点です。こうした従来のマス・マーケティング時代の成功体験と、顧客視点を重視する価値観という二つの世界感のギャップは、多くの企業担当者を「板挟み」の状態に追いやります。

量を重視するのか、質を重視するのか

顧客視点でビジネスを考え直した時に、企業の担当者が必ず板挟みになるのが、マス・マーケティング時代の新規顧客を重視したアプローチと、ソーシャルメディア時代の既存顧客を重視したアプローチでは、重視すべき価値観や指標が真逆と言って良いほど異なり、効果測定が難しいという点です。マス・マーケティング時代においては、テレビＣＭや新聞・雑誌広告などで大量に潜在顧客に認知してもらい、新規顧客に購入を検討してもらうというのが基本的な考え方の軸になります。

日本においては、テレビCMの効率が非常に良いため、そこで数百万人〜数千万人に露出をすれば、売り上げが上がるという成功の方程式が確立されています。「テレビCMが効かなくなってきた」と言う人も多くいますが、海外であればネットのクチコミでユーザーを増やすことに注力しているはずのWebサービスやスマートフォンアプリ企業がこぞって、日本国内ではテレビCMを実施していることを考えれば、日本国内では、テレビCMに効果があるのは明白です。特にスマホゲームの世界では、テレビCMを流した後に何人がダウンロードして、そのうち何人が有料課金をするかということを毎日のように分析するのが基本となっています。それにより多くの企業が業績を伸ばしていることこそ、テレビCMの影響力の象徴と言えるでしょう。ここで重要となるのは「量」です。もちろん質も重要ではありますが、テレビCMなどの広告においては、企業側が広告を作成しますから、企業自身がコントロールすることができ、質の担保は比較的容易です。そのため、企業が重視するのは出稿量や露出量などの「量」が中心になり、広告効果測定も「リーチ」と呼ばれる、どれぐらい大勢の人たちにメッセージを届けることができたかという数値を重視することが軸になります。

一方で、既存顧客のクチコミを重視したアプローチにおいては、量はもちろん重要ですが、それ以上に「質」が重要です。クチコミにおいて、発信する情報の主語は企業自身ではなく、顧客です。顧客の発言はコントロール不可能で、ポジティブなものだけではなくネガティブなものも出てきますから、単純に量を増やせば良いというものではありません。同じクチコミでも、その顧客が商品やサービスに感動しているのか、ガッカリしているのかで、そのクチコミの価値も劇的に変わってしまいます。一人の顧客の怒りがきっかけで、企業の株価が半値以下に落ちてしまうことがある一方で、新商品に感動した顧客のクチコミがきっかけで、商品が数日で売り切れてしまうこともあるのです。**ソーシャルメディア時代においては明らかにコミュニケーションの「質」の重要性が上がっています。**こうなると、マス・マーケティング手法とクチコミを重視したアンバサダープログラム的思考においては、重視するポイントや効果測定指標も変わってくるわけです。従来のマス・マーケティング時代の手法が得意な人であればあるほど、顧客との向き合い方を根底から１８０度ひっくり返して考える必要があるわけです。

この「量」と「質」の議論について、編集工学の提唱者でもある松岡正剛さんが『QON DAY2016』というマーケティングのイベントで興味深い話をされていました。松岡正剛さんによると、皇帝ナポレオン一世の時代以前（１８００年より前）には、そもそも「量」という概念は重要視されていなかったというのです。ナポレオンが国民国家を建てるうえで必要な、健康や失業、教育などに関する基準値を確立していく必要があり、国勢調査のための統計が発達、初めて「量」が人間社会で注目されるようになったとか。同様にナポレオン以前の時代、日本で言えば江戸時代の人間関係も同様に「量」は問題ではなく、重要なのは「質」だったわけです。つまり、人間社会は元々「質の世界」だったといえます。たしかに冷静に考えてみれば、私たちは普段の人間関係において、明らかに「質」を重視しています。

田中さんが感動してくれたかどうか
鈴木さんに嫌われたんじゃないか
教室の誰が笑ってくれたのか

個人にとって重要なのは「質」のほうであって、たとえば、今日は40人の友達にリーチした、といった「量」は普通あまり考えないわけです。それが、産業革命以後、大量生産大量消費、マスメディアとマス・マーケティングの時代が訪れ、すべてのものを「量」で交換する社会がやってきます。「量」が多くの価値観において重要な位置を占めるようになったわけです。「量」が万国共通で議論できる数値で表現できるのに対し、「質」というのは共通言語で語ることが非常に難しい概念です。そういう意味で、ナポレオン以降の200年ぐらいの時代は「量の世界」だったと言うことができるでしょう。

松岡正剛さんのお話で特に興味深かったのが、ソーシャルメディアのようなデジタルネットワークの普及により、あらためて「質」の重要性が注目されているだけでなく、「質の価値」が測定可能な時代になってきているのではないかという点です。ソーシャルメディア上では、発言数という「量」も測れますが、ブランドに対する感情や感想など「質」も記録されています。これらの感情は、今までも存在はしていましたが、あくまで人の内面にある気持ちの変化であり、言葉にしても記録に残らないので測ることはできませんでした。しかし現代はソーシャルメディア上にそれらが記録されていますので、分析によって測定できるのです。**見方によっては、「量」を重視していたマス・マーケティング時代が一時的な出来事であって、コミュニケーションの「質」を重視する流れに戻ってきているのは必然である**とも言えるのかもしれません。

マス・マーケティングに最適化された縦割り組織

効果測定と同じように企業の担当者が板挟みになる典型的な課題が、「組織問題」です。マス・マーケティング時代の組織構造の常識と、デジタル時代のあるべき組織構造は、価値観が大きく異なります。マス・マーケティング時代においては、いわゆるサイロ型と呼ばれる縦割りの組織構造の効率が良いと考えられてきました。宣伝部が広告を扱い、広報部がメディアリレーションを行い、サポート部が顧客からの問い合わせやクレーム電話に対応し、開発部が商品開発を行い、システム部が社員の利用するシステムの運用を行う。それぞれの役割を、それぞれの部署で集中して実施する形が一般的だったと思います。

宣伝部の中でも、テレビの担当、紙媒体の担当が明確に分かれていて、それぞれが別の活動を行っている、というのは珍しくない時代でした。そもそも社内のコミュニケーションも紙や電話が中心で非効率的でしたし、部門ごとの情報共有も大変だったわけです。そういう意味では、縦割りで分業をするという組織構造は理にかなっていたとも言えるでしょう。社外においても、マス・マーケティング時代は、製品を開発・製造する「メーカー」と、その製品を棚に並べて販売する「小売」は明確な分業体制がありました。

この場合の「メーカー」の主な仕事は、「小売」に商品を並べてもらうための営業活動であり、小売がメーカーの商品を売るための側面支援としての広告宣伝活動であったわけです。店頭で顧客と対面するのは「小売」の側の仕事であり、「メーカー」が顧客と直に接触するのは顧客が主にクレーム電話をコールセンターにかけてくる時ぐらい。「メーカー」で働く人の多くが、自分の会社は「BtoBtoC」という企業向けの仕事を通じて顧客に商品を販売する業態であり、「BtoC」ではないと話されるケースもよくありました。ただ、デジタル時代になり、スマホやソーシャルメディアが普及して、この縦割りの組織構造のデメリットが明確に出てくるようになっています。

そもそも顧客にとって、企業同士の分業や社内の縦割り組織の事情は関係ありません。オムニチャネル[*1]というキーワードが注目されていますが、Ｗｅｂで購入しようが店頭で購入しようが顧客は同じレベルの顧客としての扱いを希望するものです。米国でソーシャルメディアマーケティングのバイブルと呼ばれている書籍『グランズウェル』（翔泳社）では、ソーシャルメディアマーケティング戦略の「五つの目的」でソーシャルメディアの可能性を表現しています。五つの目的の戦略概要は次の通りです。

傾聴戦略：顧客理解を深める
会話戦略：自社のメッセージを広める
活性化戦略：熱心な顧客を見つけ、彼らの影響力を最大化する
支援戦略：顧客が助け合えるようにする
統合戦略：顧客をビジネスプロセスに統合する

これらの戦略の詳細については、第4章でご説明したいと思いますが、ポイントはそれぞれの戦略が従来の縦割りのサイロ型組織では実現できず、新しい形の組織の役割であるという点です。

傾聴戦略というのは、リサーチに近い話ですからリサーチ部やマーケティング部の仕事かもしれませんし、コールセンターの仕事かもしれません。会話戦略は、自社のメッセージを広めるという意味で広報部の仕事と言えるかもしれませんし、窓口や営業担当の仕事かもしれません。活性化戦略は、ファンの影響力を最大化して売り上げにつなげるという意味で販促に近い仕事。支援戦略は、顧客同士がサポートしあうことを支援するイメージですからサポート部とか啓蒙を行う部署の業務でしょう。統合戦略に至っては、商品企画や経営企画の仕事です。**ソーシャルメディアの普及により顧客がメディア化し、企業と顧客**

の力関係が１８０度変わったのだから、企業と顧客のコミュニケーションの形や企業側の組織のあるべき姿もゼロから考え直さなければいけないというのが『グランズウェル』の一貫したメッセージです。しかし、こうした顧客コミュニケーションの再設計は、縦割り組織の一つだけが行ってもダメです。

たとえば、従来のメーカーでは、顧客とのコミュニケーションをしているのはお客さまサポートセンターのようなコールセンターが中心のケースが多いはずです。ただ、顧客とのコミュニケーションに注力してクチコミを生み出し、宣伝効果をもたらすことを期待する取り組みを始めようと思ったら、果たしてこの取り組みはどこの部署の仕事でしょうか？　サポート部でしょうか？　宣伝部でしょうか？　もちろんその正解は、縦割りのサイロ型組織には存在しません。仮に、宣伝部の担当者がファンとコミュニケーションを図るためのプログラムを始めたとします。プログラムに参加している参加者は、通常の顧客でもありますから、プログラム側の窓口に通常はサポート窓口にするような質問をしてくるかもしれません。数件であれば、宣伝部の担当者でも対応できるかもしれませんが、数十や数百件単位の質問が来るようになったら、サポート部との連携は不可欠なはずです。また、プログラムを通じて、たくさんのアイデアやフィードバックを集められたとしても、その声が製品開発の担当者やサービスの担当者に届かなければ、実際に反映されることはありえません。当然、集まった声を該当部署に共有する仕組みも必要になるはずです。

こうした課題を乗り越えるためには、組織横断プロジェクトであったり、マトリックス型の組織であったり、様々な解決策がありますが、いずれにしても従来の縦割りのサイロ型組織の意識のままでは難しいというのが現実です。マス・マーケティング時代から、デジタル時代の変化に応じて、組織構造自体も見直すタイミングに来ているのです。

＊1——店舗だけでなくイベントやＷｅｂサイト、スマホなど、顧客接点となるあらゆる場所で接点を持とうとする戦略

顧客視点でないマーケティングは、マーケティングではない

2014年に日本で開催されたワールドマーケティングサミットにおいて、マーケティングの父とも呼ばれるフィリップ・コトラー教授は、現在のマーケティングは、マーケティング3・0やマーケティング4・0と呼ばれるような進化を遂げているにもかかわらず、日本のマーケティングは1960〜70年代の高度経済成長期のマーケティング1・0のまま

ではないかと問題提起をされていたそうです。

私は本書の中で「マス・マーケティング時代」という言葉を使っていますが、このコトラー教授が言う「マーケティング１・０」というのが、マス・マーケティング時代に大成功を収めた日本企業が考える「マーケティング」のイメージとして固定化してしまっているのは間違いないでしょう。実際、日本企業においてはそもそもマーケティングという概念自体の理解が進んでおらず、マーケティング＝広告宣伝のこと、と思っている人も少なくないようです。英語で広告宣伝はAdvertisingですから、マーケティング＝広告宣伝ではもちろんありません。

マーケティングとは市場（Market）という単語にingがついたものですから、市場創造と翻訳した方が近い言葉です。マーケティングとはセリング（売り込み）をなくすことだという表現をする人もいますが、市場をつくればお客さんが向こうからやってきてくれるから売り込まなくても済む、と考えるとイメージしやすいかもしれません。

コトラー教授やワールドマーケティングサミット主催者であるネスレ日本の高岡浩三社長は「マーケティングとは顧客の問題解決である」と定義をされていましたが、企業側が製品をつくって売り込むのではなく、「顧客の問題解決をどのように行うかという視点で考えることが重要だ」という提案はすでに大昔からされていること。実は本当の意味でのマーケティングは、もともと顧客視点であるはずの行為なのです。

ただし、本書においては、「マス・マーケティング」と「アンバサダープログラム」をあえて対義語として使います。それは、日本において〝〇〇マーケティング〟という言葉を使うと、どうしても新しい広告宣伝やマーケティング手法の一つであると勘違いされる方が多いためです。この本は広告宣伝手法を解説したものではありません。デジタル時代において、企業は顧客とどう向き合うべきか、「メディア化する顧客」からいかに傾聴し、活性化し、共創していくべきかという内容を展開していきます。

すべてを「顧客視点」でゼロベースから見直す時がきている

この章を通じてみなさんにもう一度真剣に考えていただきたいのは、みなさんの会社は本当に「顧客視点」で正しい戦略を選択できているか？という点です。日本企業が大きな成功を収めてきたマス・マーケティング時代のモデルというのは、実は「企業視点」のモデルです。

大量にマスプロダクションで生産した商品を、日本全国に張り巡らされたコンビニやスーパーなどの小売の棚に並べて、テレビCMや新聞広告などのマス広告を通じて大勢の消費者に知ってもらい、大勢の人に買ってもらう。そんなマス・マーケティング時代は、企業にとって最も効率が良く、ある意味では企業にとって最も幸せな時代だったと言えるのかもしれません。繰り返しになりますが、顧客視点で考えてみると、マス・マーケティング時代の常識は、ソーシャルメディア時代の非常識になります。

企業視点で考えると、自社の商品やサービスを大勢の人に買ってもらいたいですから、大勢の人に知ってもらうという認知の「量」は必須でしょう。しかし、顧客視点で考えると、**企業の広告やメッセージが大勢に届いているかどうかは関係ありません。顧客自身にとって意味があるかどうか、顧客にとって「質」の高いメッセージかどうかこそが問題**なのです。

企業視点で考えると、企業を縦割りの組織に分割し、それぞれの部署が自分の仕事に専念できる環境というのは、役割分担としては理想的な構造とも言えるでしょう。しかし、顧客視点で考えると、企業の担当者がどの部署の人かというのは関係ありません。どの部署の人間もその顧客にとっては企業を代表する担当者であり、企業の顔です。社長や広報担当だけが会社を代表しているわけではなく、**その顧客にとっては自分が接した企業の人の対応が良いか悪いかで企業全体の印象も変わる**のです。

企業視点で考えると、テレビＣＭのようなマス広告は、お金はかかるもののある程度広告代理店にアウトソースでき手離れも良く、非常に効率の良い宣伝手法であると言えます。しかし、顧客視点で考えると、本当は一方的な広告メッセージを送りつけられるだけではなく、**自分にとって役立つ情報を本当に欲しいタイミングで送ってもらえたり、企業から丁寧なおもてなしを受けたりすることの方が、よっぽどその会社を好きになる**はずです。

どの話も自分が顧客の立場になって、他の企業の商品やサービスに触れる時には当たり前の話のはずですが、なぜか自分の会社の話になった途端に、「企業視点」になってしまう方が多いようです。これは何も恥ずかしい話ではありません。この50年ぐらいの日本企業の企業活動における常識が、企業視点であっただけです。企業の組織構造も、ビジネスモデルも、本章の冒頭に述べたような割引キャンペーンやプロモーション手法も、ほとんどの要素がマス・マーケティング時代に最適化されており、だからこそ日本企業はここまで世界で躍進することができたと言うこともできるかもしれません。しかも、日本は世界で最もマス・マーケティングに向いている国です。北海道から沖縄まで、似たようなテレビ番組の構成で、全国紙が複数存在し、同じ芸能ニュースの話題が日本全国だいたいどこでも通じます。年配の人たちは従来通りのテレビ・新聞中心の生活をしている人もまだまだ多いですし、マス・マーケティングの重要性はまだまだ減らないでしょう。ただ、マス・マーケティング手法一本槍で企業が成功できる時代は徐々に終わりつつあります。

それは悪いことばかりではありません。インターネットの普及により、企業と顧客の距離はこれまでにないほど縮まりました。本当の意味で企業と顧客が「共創」できる時代です。みなさんの会社が本当の意味で「顧客視点」に目覚めれば、間違いなくマス・マーケティング時代とは異なる新しい会社の未来の可能性が見えてくるはずです。

第 2 章

マーケティングを顧客視点で組み替える

過去、現在を問わず、経営がうまくいき、消費者からの好感度の高い企業は顧客視点を重視しています。本書は経営戦略としての顧客視点の重要性と考え方、さらには具体的な方法論を述べるものですが、本章ではあらためてマーケティングと顧客視点の関係について考えます。そもそも現在行われているマーケティングのどこに問題があり、どうすれば企業として顧客視点を実践することができるのか。その糸口を考えてみようというわけです。

顧客視点を実践する：製品開発

顧客視点の製品づくりで有名な企業にアップルがあります。どうしたらシンプルでもっと使いやすい製品にできるのか。顧客にとって本当に必要な機能は何か。生前のスティーブ・ジョブズは顧客視点に立ったモノづくりに徹底的にこだわったといいます。しかし、ここではアップルではなく、ソニーを取り上げることにします。もともとジョブズはソニーの製品とソニーの創業者、盛田昭夫氏を尊敬していたことで有名です。またジョブズは「ソニーになりたかった」と言った、と言われています。つまりアップルの原点ともいえるソニーから、この機会に今一度、私たちも学ぼうというわけです。

　ソニーと言えば、多くのファンがいることで有名です。その最大の理由はズバリ、「ウォークマン」でしょう。今でこそ音楽を持ち歩いて気軽に楽しむ様子は普通の光景ですが、それを最初に実現したのが、1979年に第1号機を発売したウォークマンでした。それまではカセットテープに入れた音楽を、ラジカセや据え置きのデッキで聴くのが一般的でした。しかし、その再生機を極限まで小型・軽量・薄型化し、持ち運べるようにした製品がウォークマンだったのです。かつてない小型化を実現させるために録音機能をやめて再生機能だけにしたり、スピーカーをやめてヘッドホンだけで聴くようにしたり。当時の常識をことごとく破った画期的なコンセプトは世界中で賞賛を浴びました。何よりウォークマンが素晴らしかったのは、小型化という挑戦に加え、人の音楽体験を今までにないものに変え、ライフスタイルを一新したことでした。

　どうしたら、もっとユーザーが楽しめるのか、その一点に集中してアイデアをカタチにしていったウォークマンの製品づくりは、まさに顧客視点を語る教科書のようです。発案者の盛田氏も「2人で仲良く聴けるようにジャックを2つにしたらどうか、ヘッドホンをしていても会話ができるように〝トーク・ボタン〟なるものを付けたらどうか[*1]」と、積極的にアイデアを出したそうです。

＊1―SONYのサイト内コンテンツ「Sony History 第6章 理屈をこねる前にやってみよう〈ウォークマン〉 第2話 なぜ、録音機能がないの？」から引用
https://www.sony.co.jp/SonyInfo/CorporateInfo/History/SonyHistory/2-06.html#block3

他にも、顧客視点を実現させるソニーの商品開発に関する逸話はたくさん残されています。たとえば顧客の使い勝手のために、トップが自ら木型を削り、「この大きさでつくれ」と実物のサイズを最初に提示して、開発メンバーに高いハードルを与えたというエピソードなどです。[*2] それを見た開発メンバーは、実現が難しいと思ったそうですが、「その小さなサイズに収める」という目標があったからこそ、技術を進化させて実現させることができたそうです。

＊2―SONYのサイト内コンテンツ「Sony Design Website > Feature Design > Reader Digital Book PRS-505 引き算のデザインが生む、単機能の潔さ」参照
http://www.sony.co.jp/Fun/design/activity/product/prs-505_03.html

このようなエピソードからは、**今できることを積み上げていくのではなく、顧客が体験する理想のゴールを最初に設定して、そこに向かって挑戦していく大切さ**を学ぶことができます。まさにその発想こそ顧客視点の実践だと言えます。ソニーのそのような企業姿勢が

ファンの心を捉え続けているからこそ、時代を超えてソニーを応援するファンがいるのでしょう。ミュージシャンがよく「ファンに支えられている」として感謝の言葉を述べますが、企業もまさにファンに支えられて発展しているというわけです。

顧客視点を実践する：クチコミと可視化

ウォークマンの成功事例からは、現在にも通じる学びが他にもいくつかあります。一つ目は、ウォークマンは発売当初、大々的なテレビCMを行わなかったにもかかわらず、「クチコミだけで十分な成果を挙げた」という点です。ウォークマンは大成功事例として、知られていますが、発売直後から爆発的に売れた商品ではなかったことは、あまり知られていないようです。新しい音楽体験に対して、マスコミ紙面の反応は冷ややかで、新聞はほとんど無視、発売月の売り上げはたったの3000台程度でした。発売時に大々的なテレビCMを展開しなかった理由としては、持ち運べる音楽プレイヤーがそれまでなかったため、新しい音楽体験の楽しさがすぐには消費者に伝わらないだろうという判断もあったと考えられます。しかし宣伝部や国内営業部隊によるプロモーション活動が奏功し、「新しいライフスタイル」の評判はクチコミでまたたく間に広がり、驚くべきスピードで若者の間に浸透していきました。その結果、品切れの状態が6カ月も続くようになったのです。この事例から学べることは、テレビCMに頼らなくてもクチコミだけで十分な効果を上げられる場合があるということです。

二つ目の学びは、「行為の可視化」がクチコミを増幅させる、ということです。ウォークマンのプロモーションに当たっては、当時の宣伝部や国内営業部のスタッフたちが、ウォークマンを付けてJR山手線の電車に乗り込んで1日中ぐるぐる回り、ウォークマンを人々の目に触れさせる作戦を始めたそうです。また日曜日には新宿や銀座の歩行者天国へ行きウォークマンを付けて歩き、通りかかった人に試聴を呼びかけたそうです。[*3] つまり音楽を持ち歩き、ヘッドホンで聴くという新習慣を普及させるために、社員自らがいわば広告塔になり、新しい音楽体験を「可視化」させて、クチコミされる発信源になったというわけです。

＊3―SONYのサイト内コンテンツ「Sony History 第6章 理屈をこねる前にやってみよう〈ウォークマン〉 第3話「ちょっと聴いてみてください」を参照
https://www.sony.co.jp/SonyInfo/CorporateInfo/History/SonyHistory/2-06.html#block4

こうした「可視化」は、ソーシャルメディア時代において大変効果的なプロモーションだと言われていますが、ウォークマンの時代にすでに行われたのは大変興味深いと思います。しかし、これは考えてみれば逆かもしれません。**リアルにおける「可視化」に、人の気持ちを動かすパワーがあるため、ソーシャルメディア時代のインターネット上の「可視化」にも、パワーがあるということでしょう。**街に出て、一般の人々の暮らしに溶け込むように行われた「可視化」作戦は、リアリティという点では格別の効果がありました。一般の人たちはウォークマンを付けて音楽を持ち歩いている人を身近に見て、その新しいスタイルに驚きを感じたからこそ、クチコミが広がったのです。今までにないウォークマンの楽しさや存在価値を広めるには、今まで通りのマス広告で訴求するより、実際にその新しさに触れた人によるクチコミが効果的だったというわけです。まさに百聞は一見にしかずというわけです。

これに近しい事例を、時を隔てて今度はアップルが行います。それはiPodの発売で行った工夫です。ソニーを尊敬するスティーブ・ジョブズが開発を進めたiPodは、音楽をデータにして数千曲も持ち運べる画期的なものでした。そのプロモーションで、アップルはある工夫を行い、「行為の可視化」を行います。どんなことをしたか、みなさんおわかりでしょうか。ここでのポイントは、音楽をイヤフォンで聞くという行為自体は、すでに浸透していたという点です。当時、ヘッドホンやイヤフォンの色は「黒」が一般的でした。そこでアップルはイヤフォンとのコードの色を「白」にしたのです。そうです、当人がどんな音楽機器を使っているのかは、他人からはわからないのが普通ですが、アップルはイヤフォンを白くすることでiPodを使っている人を、他人から「可視化」したのです。たしかに白いコードは目立つものでした。アップルによる〝iPod＝カッコイイ、先進的〟という戦略も功を奏して、今までにない「白い」イヤフォンをつけることは、顧客にとってはどこか誇らしげな行為でもあったのです。つまり、アップルはイヤフォンを白くすることで、iPodユーザーにいわば広告塔になってもらうことに成功したというわけです。こうした「行為の可視化」は大変重要です。顧客視点のマーケティングという観点で言えば、企業のマーケティング活動を行ううえで顧客にも仲間になってもらい、一緒に参加してもらうイメージです。アップルの白いイヤフォンは、現在も引き継がれていますので、この「可視化」の効果は、よくおわかりいただけることと思います。

なお、2016年の夏に、一気に世界的なブームとなった「ポケモンGO」も、街中でスマートフォンを操作しているポケモンファンの様子が大きな話題になりました。このように「行為の可視化」は、普通に暮らしているだけではわからないファンを可視化するという意味で大きな効果をもたらすことがわかります。ポケモンのファン同士も、お互いの姿が見えることで仲間意識を持つことでしょう。企業やファン同士が、このようにつながることは通常はあり得ない現象です。しかし、そうしたポケモンファンの行動が、さらに多くのポケモンファンを呼び込むようになったことは重要です。

ウォークマンやiPodの成功事例からは、多くのことが学べます。しかし残念ながら世の中のすべてのマーケティングが成功しているわけでも、そこから何か学べるというわけでもありません。では、どこに問題があり、どう解決したらいいのでしょうか。その本質的な問題を考えるために、ここでもう一度マーケティングの歴史を遡ってみたいと思います。

マーケティングはアメリカで生まれた

「はじめに」でも少し触れましたが、もともとマーケティングという概念はアメリカで提唱され発展しました。その目的は企業による大量生産を、いかに消費者の大量消費に結びつけるかというものでした。また、忘れてはいけないのがマスメディアの発展です。20世紀に生まれたマスメディアの発展は、それ自体が情報伝達におけるイノベーションでした。新聞や雑誌、ラジオ、テレビなどのマスメディアを使えば、より多くの人に情報を届けることができます。その結果、マス広告が企業のマーケティングを支えることになり、両者は大きな発展を遂げていきます。

日本はアメリカのマーケティングをお手本にして発展してきました。第1章で述べたように、「マスマーケット」に対して「マスプロダクション」した製品を、「マス広告」を通じて売り込む。そうしたアメリカ型のマス・マーケティングの基本的な姿を日本は上手に輸入して、取り入れてきました。戦後の高度成長期は、まさしくマス・マーケティングが大きく発展し、日本に根付いた時期でした。同時に大きく発展したのがマスメディアです。両者の発展が相まって、日本ではマス広告が絶大なパワーを持つようになったというわけです。その結果、企業の意識も、マーケティングに対する認識も、消費者の感覚の中にも、マス・マーケティングが最適化され、インプットされてきたと言えます。そして今日、特に日本においてマーケティングといえば真っ先にマス・マーケティング、マス広告が思い浮かぶ構造になっているというわけです。

20世紀の日本はマス広告全盛期

日本は海外の国々と比べるとマスメディア、特にテレビの影響力が強い国であると言われています。この理由として、日本におけるテレビ放送の全国網羅や、日本人の国民性とマス広告の相性がいいと言われていることなどが挙げられます。さらには、ビジネスの構造として、広告の送り手側である企業と広告代理店の関係が挙げられるかもしれません。

このあたりの商慣習は日本とアメリカではまったく違います。アメリカでは分業化が一般的なので、広告業界でも提供する機能によって会社が分かれています。たとえばブランディングを担当するブランドエージェンシーや、メディアの売買やメディアプランニングを行うメディアエージェンシー、あるいは広告クリエイティブだけを行うクリエイティブエージェンシーといった具合です。対して日本の大手総合広告代理店は、メディアの売買から広告の企画立案、さらにはたとえばイベントのプロデュース機能まで、すべてが一社で行える機能を揃えています。その機能のうち、最も利益が上げられるマスメディア、特にテレビＣＭへの出稿が、日本の大手広告代理店の長年の売り上げを支えてきました。したがって、日本の大手広告代理店が企業に提案して実施するマーケティング戦略の中心が、マス広告、特にテレビCMが中心だったのは、ある意味、日本の広告業界における特徴だったと言えるでしょう。

日本ではテレビ放送が全国に網羅されています。消費者にメッセージを効率的に伝える手法として「テレビ」メディアが重視され、いつしかテレビCMが圧倒的なパワーを持つに至ったのです。マスメディアのもう一つの代表ともいえる「新聞」メディアを見ても、日本には国内全域で販売される「全国紙」があり、諸外国に例を見ない「宅配」という配達システムも発達しています。朝起きて朝刊をめくるというのは、かつての日本人の朝の習慣でした。新聞メディアを使った15段広告や見開きを使った30段広告には、今では考えられないほどのインパクトやパワーがあったのです。ジャーナリスティックな視点からは、マスメディアにおけるそれらのマス広告のパワーが、高度経済成長期における日本企業のエンジンだったともいえます。

しかし20世紀後半に誕生したインターネット、21世紀に入って普及、発展したソーシャルメディアによって状況は大きく変わりました。マスメディアを使って情報を一方的に伝える時代、つまり企業が主役だった時代から、消費者や顧客が主役になる時代がやってきたのです。この新しい状況と向かい合うためには、従来のマーケティングのあり方を、根本的に考え直す必要があります。その必要性と解決策を考えるために、現在、私たちが当たり前だと思って接しているマス・マーケティングの詳細を見てみましょう。

マス・マーケティングのコミュニケーションモデル

マス・マーケティングのコミュニケーションモデルとして、引き合いに出される有名なものに「ＡＩＤＭＡの法則」があります。これは１９２０年代に米国の学者ローランド・ホールによって提唱された消費者の心理のプロセスを示した略語です。かなり基本的なことなので、今さらと思われる方も多いかもしれませんが、どうかお付き合いください。

▼「AIDMAの法則」

▼Attention（注意）→Interest（興味・関心）→Desire（欲求）→Memory（記憶）→Action（行動）

この法則の特徴は、消費者が商品を知って購入に至るまでの段階的なプロセスを示した点です。つまり、消費者へ何らかの「注意」を与え、商品を認知してもらい、「興味・関

図表2-❶：AIDMAの法則

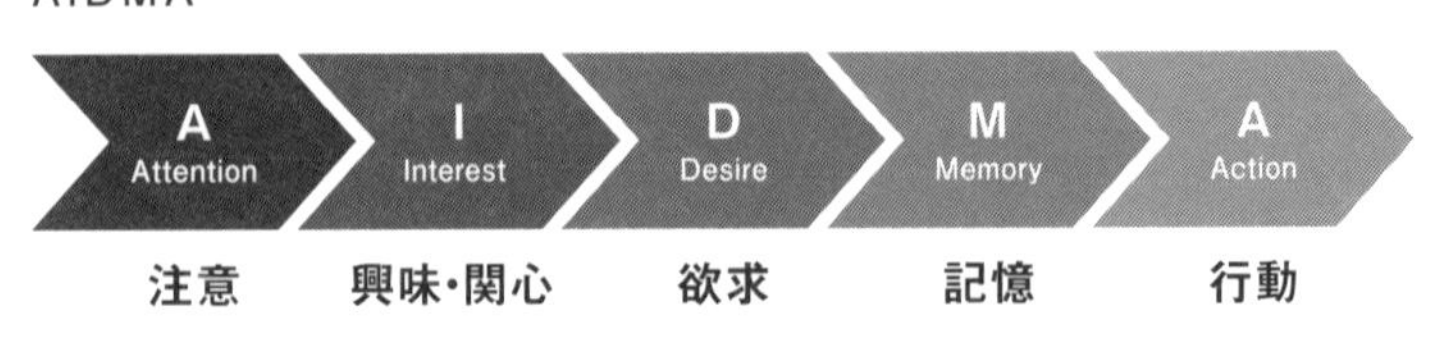

出典：著者資料をもとに編集部作成

心」を持った人に、「欲しい」と思ってもらい、商品名などを「記憶」してもらい、お店に行った時に「購入」してもらうというプロセスです。マス広告の世界では、長らくこのＡＩＤＭＡの法則を意識して、各段階で効果を及ぼすような広告を企画・制作してきました。本書はマス広告の解説書ではありませんが、マス・マーケティングにおける特徴を知っていただくうえで大切なので、ここでマス広告が重視している各プロセスについて、一連の流れに沿って解説していきます。

テレビＣＭで、とかくインパクトが重視されるのは、視聴者に振り向いてもらうための「注意」を重視しているからです。人気タレントの起用も、話題の人物を起用することで消費者の注意や、興味・関心を引きつけるためです。時々とても静かなトーンのテレビＣＭを見かけますが、そのようなＣＭはインパクト重視のＣＭ群の中でオンエアされることにより、逆に目立つだろうという意図のもとに企画されていたりしています。訴求ポイントとして、コンシューマー・インサイトが重視されるのは、消費者の「こころのつぼ」を突くメッセージを流すことで、商品に「興味・関心」を持ってもらい、消費者が自分でも気づいていなかった「欲求」の気持ちを持ってもらうためです。キャッチフレーズが重視されるのは、印象的な言葉で商品を「記憶」にとどめてもらいたいから。サウンドロゴなども音楽の力を使って商品名を「記憶」に残してもらいたいから。店頭ではマス広告で使ったキャッチフレーズをＰＯＰなどで再度、商品の周りに配置し、消費者の記憶を呼び起こして「購入」に結びつくようにします。メディアの多様化を迎えた時代にマス広告は「ワンルック・ワンボイス」と呼ばれる手法も手にします。これはメインビジュアルとキャンペーンスローガンを決め、それをテレビＣＭや新聞広告、店頭ポスターなどあらゆる媒体で統一して使うことで印象度を高めてＡＩＤＭＡの効果を高めようというものです。そしてインターネットの登場を迎えて「クロスメディア」という手法も登場しました。これはメインとなる広告表現を、消費者の導線となるメディアごとにカタチを変えて横断的に出稿する手法です。こうすることで消費者のメディア体験に合わせた接触機会を増やし、認知獲得の最大化を目指していたのです。

マス・マーケティングの構造的限界

マス・マーケティングの各段階での狙いについてお話ししたのには理由があります。今までたくさんの手法や方法論、新しいマーケティングの考え方が提唱され、議論されてきました。しかし、そのすべてに共通した弱点があるからです。それは、今まで提唱されてきた方法論は、そもそもマス・マーケティングという枠の中での工夫だという点です。もちろん複雑なマーケティング上の取り組みをざっくりと言い切ってしまうのは乱暴かもしれませんが、マス・マーケティングはそもそも企業が主役であり、企業が消費者に対してアプローチする方法論です。**そのように企業が主役となっている枠の中で、どれだけ顧客視点を語っても、根本的な解は見つからないのではないでしょうか。つまり、顧客視点のマーケティングの実現を目指す場合、そのプロセスに顧客が登場しない取り組みは、本当の意味での顧客視点とは言えないからです。**

マス・マーケティングは、できるだけ多くの消費者に知ってもらうために消費者との接触の機会をできるだけ増やすことを目指しています。理由はＡＩＤＭＡの二つ目の段階でいう、Interest（＝興味・関心）を持ってもらえる人たちとの接触機会を増やしたいからです。つまり、最終的な購買者を増やすための方法が、認知の規模を広げることから始まっているというわけです。しかし、マス・マーケティングが目指してきた新規顧客に対する大量の認知獲得が今や難しい状況にあります。近年の消費者は、かつて絶大なパワーを持っていたマスメディアと接触していない人が増えています。その代わり、彼らが接しているのがインターネットです。インターネットやソーシャルメディアの発展は大きな変化をもたらしました。消費者同士でやりとりが行えるソーシャルメディアの発展は、かつてのマスメディアが一方通行の情報しか届けることができなかったのに対して、消費者間で情報や意見の交流を可能にしています。そうした環境変化をしっかりと踏まえなければ、顧客視点の新しい取り組みは実現できないのです。

もちろん、現在のマス・マーケティングでも、顧客視点を重視したアプローチは行われています。企業から消費者に伝える広告メッセージに関しては、今や消費者の気持ちを重視することが一般的です。生活者目線を重視した広告表現や、コンシューマー・インサイトに基づく広告メッセージは、近年の広告コミュニケーションの基本といえるでしょう。ただ、伝える内容がいかに消費者に寄り添ったものであっても、結局のところ、マスメディアは情報を届けるための一方通行のメディアなのです。数多いる消費者の声の一つひとつを拾い上げることはできないというわけです。これは仕組みやメカニズムの問題ですから、「いい」「悪い」という問題ではなく、マスメディアとはそういうものである、ということです。ようするに企業と消費者を結ぶコミュニケーションにおける役割分担の問題というわけです。

マーケティング用語は軍事用語

第1章で、書籍『明日の広告』から「私たちは、消費者をターゲットとは呼ばない。パートナーと呼ぶ」という言葉を引用させていただきましたが、そもそもマス・マーケティングで一般的に使われている用語が軍事用語だということはご存知でしょうか。これはよく考えれば大変物騒な話です。しかし、市場は企業同士の経済競争の場、シェア獲得の戦いの場だと考えると、軍事用語が使われた理由がわかる気がします。

マス・マーケティング業界で普段何気なく使われている「ターゲット」が「標的」のことであり、「キャンペーン」が「作戦」のことだと知ると、少し怖い気がします。つまり消費者という存在は、企業にとって攻略していく相手だというわけです。こうしたマーケティング用語は、企業同士が戦って領土を広げていくイメージを彷彿させます。

【ターゲット：target＝標的】
【キャンペーン：campaign＝作戦】
【ストラテジー：strategy＝戦略】

なお、マーケティング業界では、マス広告を使った戦略を「空中戦」、店頭周りのセールスプロモーションなどを指して「地上戦」などと言います。これも軍事用語です。日本語でも顧客を獲得するための戦いを意識した用語が日常的に使われているというわけです。この用語の使い方に関して、湾岸戦争の時のテレビ中継から強烈な印象を受けた記憶があります。1991年に勃発した湾岸戦争は、テレビによって生中継された史上初めての戦争でした。当時、私は先輩から「マーケティング業界用語は戦争用語」だと教えられたばかりでしたが、テレビの中の作戦の指揮官は、たしかにこう話したのです。「Air Campaign of Operation Desert Storm」。この作戦名は「砂漠の嵐作戦（Operation Desert Storm）」でしたが、その空爆作戦を指して「Air Campaign of Operation Desert Storm」と呼ばれていたのです。マーケティング業界で日常的に使われている用語は比喩ではなく、現実の戦争の場で本当に使われているのだと初めて実感した出来事でした。

当時、会社のテレビから流れる空爆の映像と「Air Campaign」というCNNのナレーションを聞きながら、担当企業の広告キャンペーンの打ち合わせが続いていたのですが、それは何とも不思議な体験でした。私たちは楽しいキャンペーンを考えるために頭を悩ませていたのですが、テレビの中のキャンペーンは爆撃の映像だったのです。目標を定めて空爆を行ったり、戦車や歩兵によって領土を確保したりしていく地上戦のイメージに対して、消費者や顧客をパートナーと考え、彼らと永続的な関係を構築するための共生型の取り組みが後述する「アンバサダープログラム的思考」です。

マス・マーケティングの枠から出る必要性

本来、マーケティングはお客さま志向であるべきだ、ということは誰も否定しないでしょう。企業は消費者調査を繰り返し、顧客は何を求めているのか、あるいは顧客にとって本当に必要なものの解明など、顧客を理解するための様々な調査を行っています。しかし本当に大切なのは実践です。いくらお客さま志向を目指しても、実際にマーケティングを行う際に顧客を標的と考え、顧客を攻略する相手として戦略を立てるようなマス・マーケティングの発想のままでは何も変わりません。**今まで時代や市場やメディアの環境変化に応じて、様々な手法が提案されてきましたが、それらが結局のところマス・マーケティン**

グという枠組みの中で行われている場合は、どんなに工夫を重ねても、マス・マーケティングが構造的に抱えている課題や問題は解決できないのです。コンシューマー・インサイトの発見においても、発見したインサイトが「もっとユーザーの声を聞いて欲しい」あるいは「もっと親身に相談にのって欲しい」といったものであった場合、「私たちはお客さま第一主義です。みなさまの相談をお待ちしています」とマスメディアを通じて消費者へアプローチしても、何も解決しないでしょう。

世界の優秀な広告のアワードであるカンヌライオンズで、2010年、最も革新的な広告に与えられる賞である「チタニウム部門」でグランプリ、「インテグレーテッド部門」でもグランプリを受賞した米国の家電量販店「Best Buy」による「Twelp Force」という取り組みがあります。これはマス・マーケティングの欠点である一方通行性に着目し、その課題を解決するために行われたものです。「Best Buy」のツイッターアカウントに寄せられた質問に、選抜された社員2000人が24時間体制で答えるという、社員がツイッターを通じてユーザーと直接交流して課題を解決する仕組みをつくったのです。これは「お客さま第一」を抽象的な言葉ではなく、具体的な行動として実践した好例です。このように、マスメディアを使ってメッセージを伝え、認知拡大を図っていくという方法論から脱却しない限り、今の時代に即した新しい方策は見えてこないのではないでしょうか。

そもそも現代は、コモディティ化の時代と言われています。家電一つとっても、まだその商品群が一般家庭に普及する以前であれば、商品の特徴を消費者に伝えるだけで、欲しいと思った人は購入してくれたでしょう。競合他社も自社商品の特徴が明確であれば、消費者もそれらの商品群の中から自分に合った商品を選択して購入してくれるでしょう。しかし、今や多くの分野において似たような商品が溢れているのが現状です。さらに多くの商品にとって一定の認知はすでに獲得できている状況もあります。そうした環境において、さらなる認知獲得を狙うことで、購買意欲をさらに掻き立てようというのは、少し無理のある話だと思えてきます。広告そのものが、多くの人に嫌われているという状況もあります。10〜20代の若者に話を聞くと、広告については一様に「うるさい」「しつこい」などといったネガティブな感想が返ってきます。その理由の一つに、押し付けがましいトーンの広告が増えていることが挙げられるようです。それはすでに一定の広告認知を獲得しているにもかかわらず、さらなる認知を獲得しようとするあまり、インパクト重視の広告制作が行われていることが多いからです。あるいはインターネット上でいつまでもしつこく追いかけてくるバナー広告に、嫌な思いをしたことがある人は多いのではないでしょうか。

マス・マーケティング以前から商いはあった

一般的に、言葉や定義が生まれる以前から、人間はその定義に類する実際の行為を行ってきた、ということはよくあります。言葉や定義は後からできる場合が多いというわけです。マス・マーケティングや広告、顧客視点の施策、クチコミなども同様です。人が行ってきた原初的な行為には大切なヒントが眠っています。マーケティングという言葉が初めて世に出たのは、1902年のアメリカ・ミシガン大学の学報だと言われています。[*4] そして次々とマーケティングに関する講座が開講されていきました。**しかしマーケティングという言葉や、企業という形態が誕生するはるか以前から、人と人の間では商いや売買が行われ、マーケティングに類する工夫や知恵の蓄積が存在していたのです。**ここで大切なことは、マーケティングという概念はたったの百数十年の歴史しかないということです。またアメリカでマーケティングが発展した背景には、ゴールド・ラッシュや西部開拓、全北米大陸的な市場の誕生、さらには供給過剰による販売拡大の必要性があったという点です。[*4] そうした背景を考えると、マーケティングとはもともと開拓型なのだと気づきます。新しい土地を次々と切り拓いて開拓していくイメージです。

＊4—『マーケティング戦略』和田充夫、恩蔵直人、三浦俊彦（2012）（有斐閣）より

広告も同様に20世紀のアメリカで急激に発展した仕組みです。そもそもAdvertising（広告）とは、マスメディアが生まれたことによってできた新しい概念です。しかし、広告というカタチや仕組みが誕生するはるか以前の文明発祥の時代から、人は「伝える」という行為を行ってきました。古代では、人は政治や宗教といった分野で「伝える」という行為をしています。当時は人々に一斉に何かを伝えることができるマスメディアという便利なツールはなかったので、人々はその時代ごとに、「伝える」ための様々な手法を考案してきたのです。

もちろん既存顧客を大切にする知恵も以前から存在していました。たとえば、京都の料亭などにある「一見さんお断り」という概念が挙げられます。ようするに、初めての人は入店を断られることがあるという概念です。この理由には、かつては掛売りが原則だったのでリスク回避のためだとか、初めての人は好みがわからないので対応が難しいからなど、諸説あるそうです。しかし、何よりも常連客を大切にして、彼らと深く長いお付き合いをしようという姿勢を感じることができます。もし一時的に売り上げを上げようと思ったら、一見さんに、どんどんお店に来てもらったほうがよいはずです。ただし、彼らは文

字通り、一度しか来ないかもしれないのです。ではどちらを大切にするかという問題が生まれます。つまり長い目で考えた時に、「常連客を大事にする」という判断が見えてくる、というわけです。

テレビ局の取材を断るこだわりのお店も同じ発想でしょう。テレビ番組に取り上げられれば一時的には来店客は増えます。短期的な売り上げを考えたら取材を断る理由はないはずです。放送直後は、テレビ番組に影響されて遠方からも人が来るので、お店は繁盛するでしょう。しかし、お店に人が溢れて、常連客が入りにくくなったり、顧客への対応が手薄になったりして、常連客が遠のくことになってしまったら。つまりテレビ番組の取材を断るお店は、テレビ嫌いの頑固親父や、恥ずかしがり屋の女将さんというわけではなく、テレビ番組により来店客が増えることで、常連客へのサービス低下を良しとしない経営哲学があるのかもしれないのです。それは既存顧客を重視する一つのスタイルと言えるかもしれません。

顧客を大切にする重要性

ヨーロッパでも日本でも、アメリカでマーケティングという概念が誕生する前から、「商売」は行われ、「宣伝」行為も存在していました。では、マーケティングが発展するはるか以前、人はどうやって商売をし、宣伝活動を行ってきたのでしょうか。

それはずばりお客さまです。生産者や販売者はお客さまに喜んでいただけるものを提供することで満足してもらい、信頼を得ることができます。そのお客さまが、商品のファンになってくれれば、繰り返し商品を購入してくれることでしょう。いわゆるリピート客になってくれるというわけです。いえ、リピート客という言葉が生まれる以前から、日本には同様の意味をもつ言葉がありました。「お得意さま」という言葉です。他にも日本には「ご贔屓さま」や「なじみ客」という言葉があります。つまり、商品に満足したお客さまが繰り返し購入することで、いつしかお客さまは、お得意さまへとランクアップしていくわけです。お得意さまは安定して商品を購入してくれます。何らかの事情でしばらく購入が滞ったとしても、きっとまたお店に顔を出してくれるはずです。お得意さまのさらにランクアップしたバージョンとして、日本にはちゃんと「上得意」という言葉もあります。

これなどは今でいうゴールドメンバーということでしょう。

商売である以上、生産者や販売者における目標は、当然のことながら売り上げを上げることです。では、売り上げを上げるためには何を行ったらいいのでしょうか。もちろん様々な方法があったと思います。品数を増やすとか、商品を改良するとか、値下げをするとか…。その中で、「お得意さまをいかに増やすか」という方策はかなり重要で、かつ確実な方法だったといえます。そう考えると生産者や販売者にとっての日々の身近な目標は、普通のお客さまに、いかにお得意さまになってもらうか、ということだったのは容易に想像がつきます。いわば優良顧客の育成です。そのためにはどうしたらいいのか。生産者や販売者は、お客さまにさらに満足していただけるように、商品に工夫を凝らしたり、お客さまに合わせた商品の特別注文を承ったり、あるいはサービスの一環として、記念日やお祭りの日に粗品を配ったり。そうした習慣の一部は今も続いているものも多く、季節や状況に応じてあらゆることを行ってきたことがわかります。もちろん、商いの世界で、「お客さま、お得意さまを大事にする」というのは、商売の基本・王道として重視されてきた姿勢です。ファンを大切にし、ファンを増やしていくことが、商売の売り上げを安定的かつ拡大させていくために重要だからこそ、そうした姿勢が今に語り継がれているのでしょう。

この固定ファンを増やすという考え方は、現代のマーケティングで重視されているLTV（Life Time Value：顧客生涯価値）と同じです。LTVでは、一人の顧客による生涯を通じた長期的な購入を重視しますが、その顧客こそ、お得意さまであり、ご贔屓さまというわけです。一過性の新規顧客の獲得に力を入れるだけでなく、長期的に購入してくれる固定ファンをつくりだし、その関係性を重視し、長く続けることがいかに大切かということがおわかりいただけたのではないでしょうか。さらに、ファンを大切にするメリットは、それだけではありません。ファンはクチコミをしてくれます。商品の評判を拡げてくれます。

20世紀にアメリカでマーケティングが発展する以前、世界の商いはクチコミによって商品の評判が伝えられました。**それはいわば顧客による商品価値の選別です。数多ある商品から、どの商品を購入したほうがいいのか。情報が少ない時代だったからこそ、クチコミという個人の実感に基づく情報は、他の人にとって商品購入に関する最大の情報源だったはずです。**つまり、商売にとってクチコミは顧客を確実に増やしていくための重要なメカニズムだったのです。みなさんも友人から勧められて使い始めた商品のファンになり、今度は自分から別の友人にオススメした経験はありませんか？　ファンには、「ファンを呼び込むメカニズム」があるということです。

一人の顧客のＬＴＶには限界があります。しかし、顧客を増やすことには限界がありません。企業は顧客を増やすことに注力し、さらにファンになってもらう施策を行い、ファンを増やすことが大切なのです。ＬＴＶの高いファンが増えることは、企業にとっては安定的な商品需要が望めます。熱量の高いファンが増えることはファンにとっては仲間が増えることにつながります。顧客が増えてファンが増えることは、両者にとって大変良いことと言えます。クチコミによって顧客を増やし、彼らに対して様々な働きかけを行いファンになってもらうことは、大変、理にかなった取り組みなのです。かつてのシルクロードの商人は評判やクチコミを辿るようにして道を歩き、交易を発展させました。日本の江戸時代では、ある門前町に訪れた参拝客の間でおいしいと評判になった羊羹が、クチコミとして旅人の間で流通し、いつの間にか地元の名産として定着したというような事例は日本中に溢れています。極端な話、日本国内の名産と呼ばれるものはすべて、そうしたクチコミによって定着したと言えます。

「老舗」と呼ばれるお店も同様です。ただ古くから開業しているだけでは信用を伴う老舗という呼ばれ方はしません。たゆまぬ努力を重ねることにより、お客さまからの評判が積み重なって老舗と呼ばれるようになったのです。また、日本にはお店の信用を表す言葉として「暖簾」という言葉もあります。「暖簾を守る」という言葉には、お金では買えないような無形の経済的財産を大切にする意味合いも含まれています。これは今でいうブランドです。そして暖簾もまた、お客さまやお得意さまからの信用がなければ掲げることはできません。顧客を大切にして見えない資産を積み重ねていく大切さがその言葉に込められています。

ネットの時代だからこそ、顧客のクチコミが重要

現在のインターネットを活用したビジネスを見てみると、地元で有名な生産者やお店がＷｅｂサイトを開設したことで、サイト開設以前では考えられなかったほど繁盛する事例が多くあります。その理由として、インターネットによって日本中に商圏が広がったことが挙げられるでしょう。ただし、それではすべてのお店が繁盛してもおかしくありません。インターネットによる商圏の広がりは、あくまで環境の整備だと考えたほうがいいでしょう。では、繁盛しているネットショップの成功要因はどこにあるのでしょうか。おそらく様々な理由があるので、ここですべてを解説することはできませんが、消費者はネット上での評判やクチコミを購入時の参考にしていることは間違いないでしょう。消費者はインターネット上にある「ランキング」や、情報サイトに書き込まれている「購入者によ

る評判やクチコミ」、あるいは企業からの「情報公開」などを参考に商品を購入しています。消費者同士が情報を交換し合い、アドバイスを行っている様子は今や珍しいものではありません。これはかつての評判やクチコミが重視される状況が、インターネットやソーシャルメディアの発展によって再び蘇り、人々の判断基準になっていると考えることができます。

では、人はどんな情報を他の人に伝えたくなるのでしょうか。食品であれば、おいしさや安全性、お店のこだわりなどが挙げられるでしょう。**しかし、ここで指摘したいのはお店側の「接客」です。これは見落とされがちですが、実は大変重要なポイントです。**気持ちよく買い物ができれば、お客さまはまた来てくれるかもしれません。お客さまからいただいたクレームも対応の仕方が大切です。お店側にミスがあった場合でも、誠実に対応することでミスに対する理解をいただけるかもしれません。**そもそも接客の重要性はインターネット以前のはるか昔から言われ続けてきた、いわば商いの基本です。お店の人の接客がいいとか悪いとか、気持ちが良いとか良くないとか、誠実なのか不誠実なのかは、そのお店に行きたくなるかどうかに関わるとても大きな要因です。そのメカニズムはネットショップであっても同じです。**問い合わせのメールを送った際に返事が来るまでのスピード、文面から感じられるお店の印象、説明の親切さ、顧客の立場になって親身に考えてくれるかどうか、購入後のやり取りなど。**ネットショップであってもネット上での接客が期待を上回るほど親切だったり、心配りに長けていたりするお店はファンを獲得することができます。リピート客もつくことでしょう。インターネットというデジタルの世界だからこそ、その先にいる人の誠実さや人間味というものは必ず伝わるのです。**逆に、メールがテンプレートのままだったり、どこかに送った文章のコピーだったりする場合は、急に興ざめしてしまいます。ネットのクチコミではそうしたお店の誠実さや評判は意外と大きなウエイトを占めているのではないでしょうか。

接客とは換言すればコミュニケーションです。双方向のやり取りができる時代だからこそ、顧客視点に立って親身なやり取りをしてくれるお店に人気が集まるのは誰にとっても納得できる話ではないでしょうか。そう考えると、企業からの一方通行の情報を一斉に大量に送ることで成り立っていた20世紀のマス・マーケティングのあり方は、むしろ特殊な時代だったのではないかと思えてきます。この点に関して、立命館大学の小泉秀昭教授（広告論）から興味深いコメントをいただきました。「企業が一人ひとりと向かい合ってセールスや宣伝を行うことができないから、マス・マーケティングが発展したはずなのに、今や一人ひとりとやり取りできる時代がやってきたというわけですね」

テクノロジーの発展により、企業と消費者の関係は、マス・マーケティングがなかった時代に遡り、かつての一対一のコミュニケーションが実現できるようになっています。もともと商いで行われてきた、お客さまやお得意さま、接客や評判を最重要視するという行為は、顧客視点に立った原初的な行為です。その行為を今、再び重視してマーケティングのあり方を根本的に組み替えることが、まさに「顧客視点の実践」といえるのではないでしょうか。それが「マス・マーケティング型」に対する、もう一つの新しい仕組み「アンバサダープログラム型」のコミュニケーションモデルです。一つ重要な指摘を付け加えると、効率的に情報を一斉に多くの人に伝えることができるマス・マーケティングにもメリットはあるという点です。その意味では、マス・マーケティングというシステムはこれからもなくならないでしょう。しかし現在の、企業と消費者の関係を考えた時、それだけでは足りない部分が増えてきているのも事実です。従来のマス・マーケティングに加えて、顧客視点を重視するアンバサダープログラム型のマーケティングを、もう一つの戦略の柱として実践することが、みなさんの企業に深みと新しい拡がりを持たせてくれるのです。何と言っても「お客さまは神様」なのですから。

「マス・マーケティング型」と「アンバサダープログラム型」

ここでマーケティングのモデル図を二つ提示します。一つは「マス・マーケティング型」のコミュニケーションモデル。もう一つは「アンバサダープログラム型」のコミュニケーションモデルです。

最初に「マス・マーケティング型」のコミュニケーションモデルを解説します。（図表2－❷：左図）は、先ほど述べた「ＡＩＤＭＡの法則」を図式化したものです。この図はパーチェスファネル（purchase：購入、funnel：漏斗）とも呼ばれ、逆三角すいの漏斗の形で表すことができます。このファネルの形状は、最初に多くの消費者が注意を向け、興味を持ってくれたとしても、その全員が購入してくれるわけではなく、どこかの段階で離脱してしまうことから考えられたものです。この図を見てもわかる通り、**マス・マーケティングで最終的な購買者を増やすためには、とにかく認知の規模を広げることが最重要になってきます。**ただしこの場合、興味のない人にも情報を届けるのでコミュニケーションロスも大きくなる可能性があります。

図表2-❷：二つのモデル図

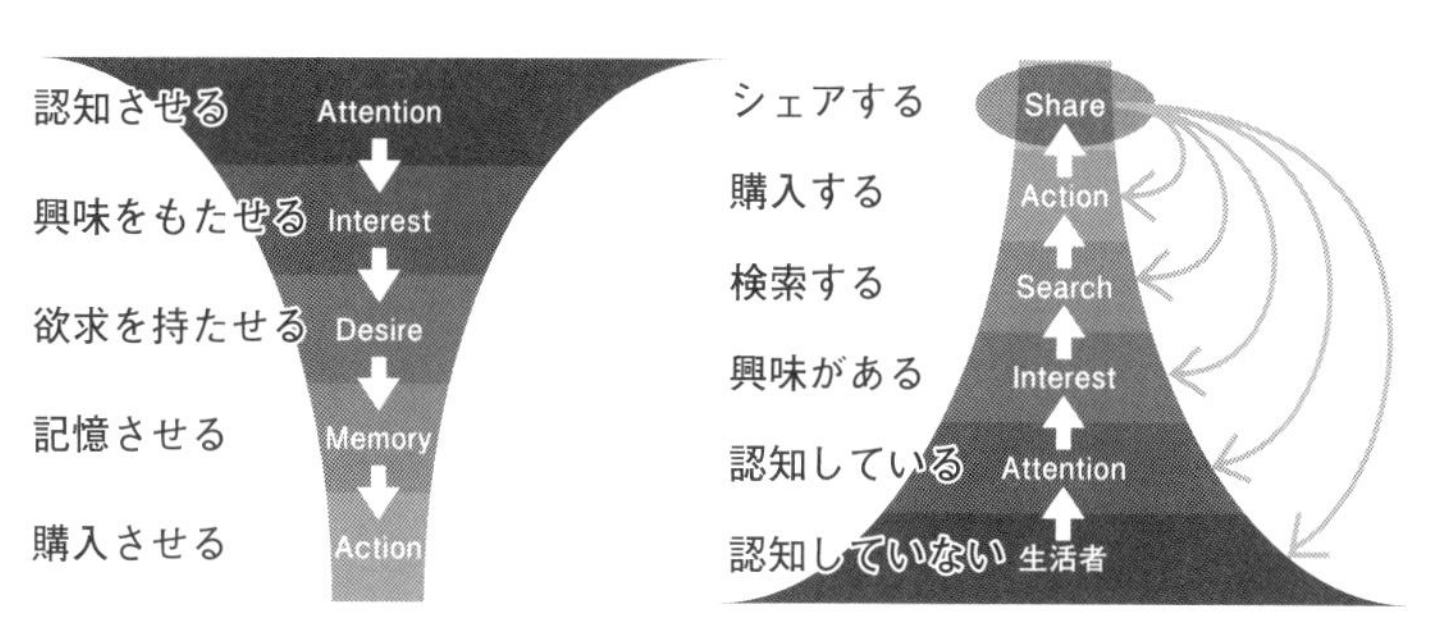

出典：アジャイルメディア・ネットワーク

続いて「アンバサダープログラム型」のコミュニケーションモデルですが、この解説には、前提となる「ＡＩＳＡＳモデル」の紹介が必要です。「ＡＩＳＡＳモデル」とは２００４年に電通によって提唱されたマーケティングモデルで、「ＡＩＤＭＡの法則」にインターネット時代の消費者行動を反映させたものです。（電通が２００５年に商標登録）

▼「A－SAS」モデル

▼Attention（注意）→Interest（興味・関心）→Search（検索）→Action（行動）→Share（共有）

この「A－SAS」モデルのポイントはインターネットによる「Search：検索」と「Share：共有」が、消費者行動として組み込まれている点です。まず「検索」ですが、消費者が商品に関する何らかの情報を得て、興味・関心を持った際に、次に行う行動としてイ

図表2-❸：AISASモデル

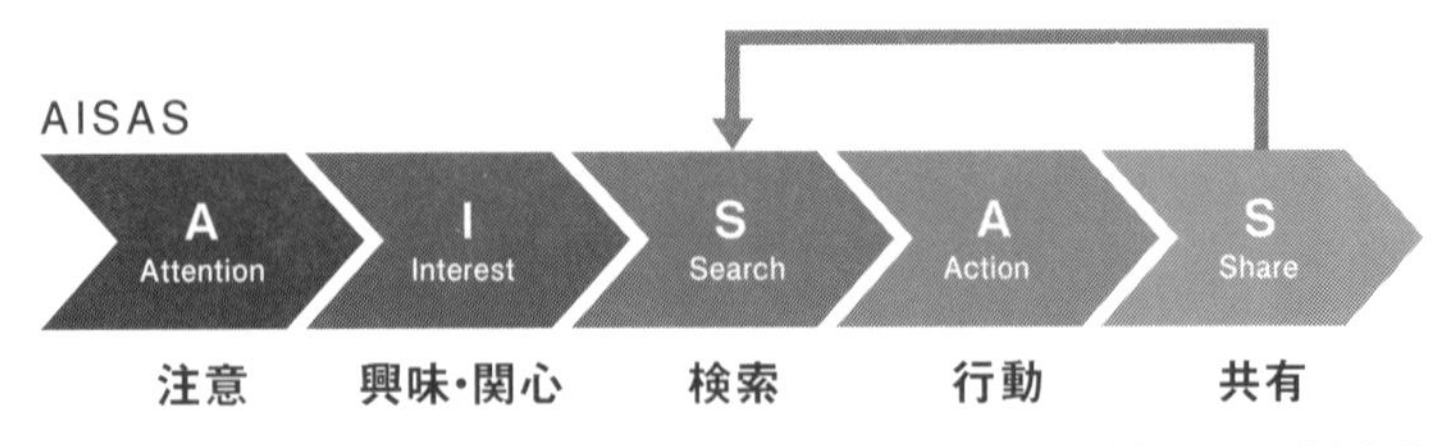

出典：著者資料をもとに編集部作成

ンターネット検索を挙げています。消費者が商品に関する情報を自ら収集し、比較検討を行ってから購買に至る、としているのです。また、商品購入後の行動が加わっているのも特徴です。消費者は商品を購入して終わりではなく、実際に商品を使った感想やレビューを、自分のブログやＳＮＳ、あるいはクチコミサイトや掲示板に投稿し、他者と情報を「共有」しているのです。たしかにこのモデルは、現在消費者が行っている一般的な行動を言い表しています（図表２－❸）。

さらに、２０１１年１月に電通の「サトナオ・オープン・ラボ」が提唱した「ＳＩＰＳ」モデルもご紹介しましょう。このモデルは、広告は「共感」を重視する方向へと変化し、購買行動を広く企業の活動への「参加」と考え、情報伝播の変化を「拡散」と捉える点に特徴があります。そして「共有・拡散」された情報が、違う誰かの「共感」を呼ぶことにもつながっていくというわけです。このモデルはあくまでソーシャルメディアに関与が深い生活者の行動モデルの考え方であり、ＡＩＳＡＳにとって代わるモデルではないとされています。しかし、**情報の共有・拡散が重要な位置を占めている点や、情報がループすることにより、「共感」の母数が拡大していくという考え方は大変参考になります**[*5]（図表2－❹）。

＊5――電通「SIPS」～来るべきソーシャルメディア時代の新しい生活者消費行動モデル概念～より
(http://www.dentsu.co.jp/sips/)

▼「SIPS」モデル
▼Sympathize（共感）→Identify（確認）→Participate（参加）→Share & Spread（共有・拡散）

そして「アンバサダープログラム型」のコミュニケーションモデルです。（図表2－❷：右図）を見ていただくとわかるように、このモデルは前述した「AISAS」モデルを逆さまにしたモデルです。「AISAS」モデル、あるいは「SIPS」モデルで消費者行動の最後に位置している、**〝情報を「共有」してくれる人たち〟に着目し、彼らを起点にして、商品の評判や情報が広がる仕組みを構築しようという考え方です。**このピラミッド型の上部の情報を「共有」してくれる人たちとは、一言で言えば商品に満足を感じ、情報を発

図表2-❹：SIPSモデル

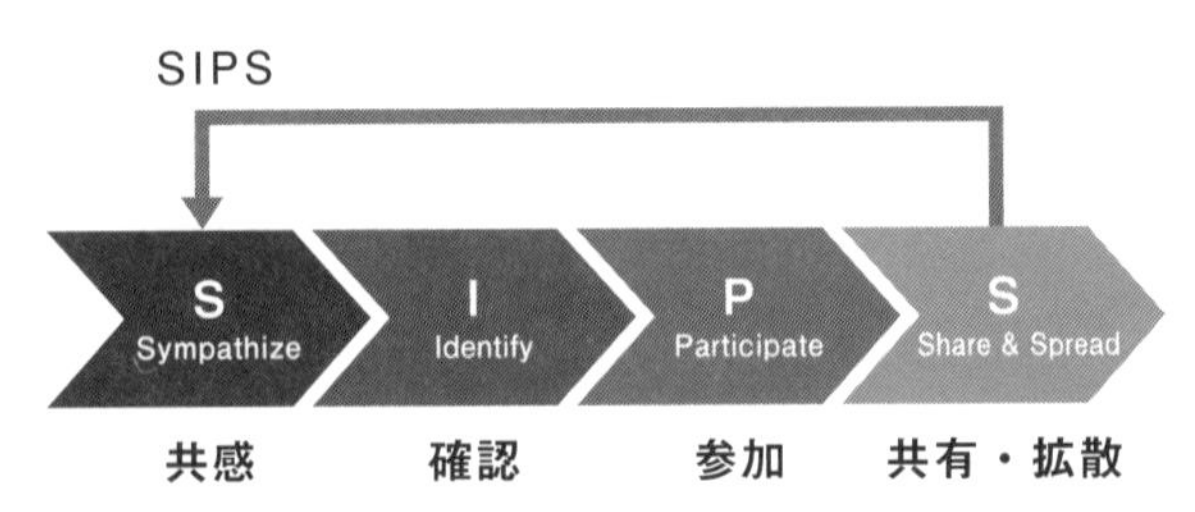

出典：電通資料をもとに編集部作成

信してくれるファンのことです。第1章で、このファンのことをアンバサダーと定義しました。つまり「アンバサダープログラム型」のコミュニケーションモデルとは、既存顧客の中に存在するファンに着目して、彼らが発信するクチコミが他の消費者へもたらす影響力を活用しようというものです。企業が行うコミュニケーションの第一ステップとして、「マス・マーケティング型」では新規顧客への大量の認知を考えますが、対して「アンバサダープログラム型」ではファンがクチコミしてくれるかどうかを軸に考えます。両者の違いをおわかりいただけましたでしょうか。

「マス・マーケティング型」のコミュニケーションと、「アンバサダープログラム型」のコミュニケーションでは、情報の発信元も違ってきます。前者では情報の発信元は企業です。マス広告では情報の伝達は一方通行しかできないので、企業発信のメッセージが一方的に流通していくことになります。**対して後者の情報の発信元はファンです。これは実際の顧客、いわば利用者による情報発信であり、本当の意味で生活者発信の情報だといえます。**また、この情報発信は個人が行うものなので、情報の受け手からすると、自分と近い存在からの血の通った情報ということになります。つまり、「アンバサダープログラム型」のコミュニケーションでは、**企業発信ではなく、ファンによる情報発信によって他の消費者の気持ちや行動を変化させ、購買への動機付けになることを目指していきます。**では、どんなクチコミが他の消費者を動かすことになるのでしょうか。それは個々のケースで当然、変わってきますので、詳細は第4章以降で述べたいと思います。

「単発キャンペーン型」から「中長期ストック型」へ

「顧客視点」を時間軸の流れで考えることも重要です。顧客視点での取り組みを時間軸で考えると、「マス・マーケティング型」と、「アンバサダープログラム型」の違いがさらに明確になります。以下、二つの図を使って解説します。

「マス・マーケティング型」は一言で言えば「単発キャンペーン型」です。個々の広告キャンペーンによって、いかに高い認知や話題、成果を獲得できたかを重視します。これは（図表2－❺：左図）で示した山をどれだけ高く獲得できるのか、すなわち世の中に対

図表2-❺：時間軸で見た違い

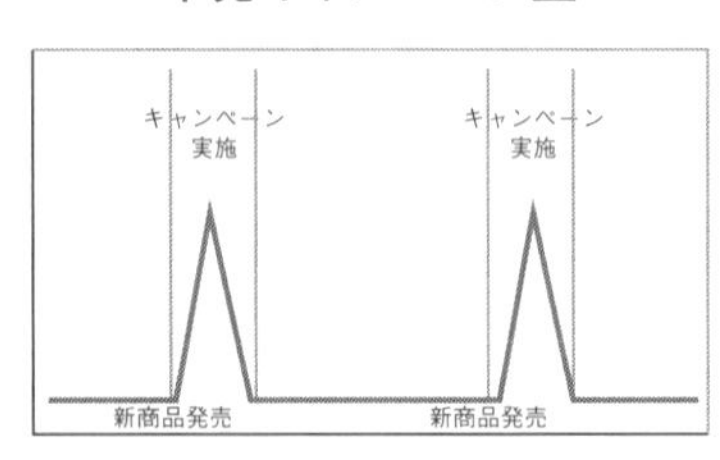

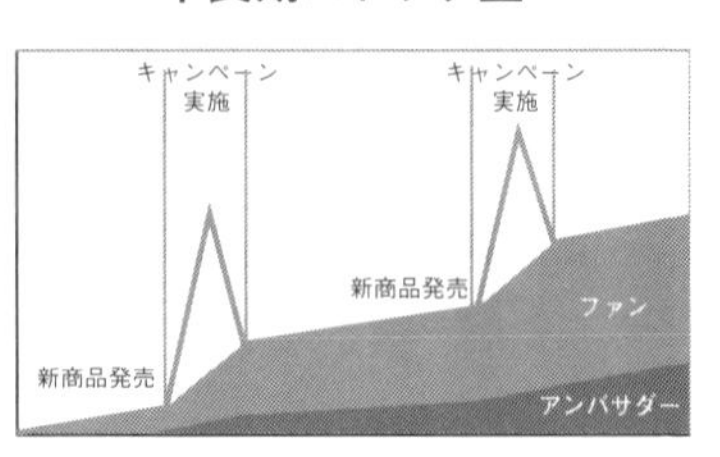

出典：アジャイルメディア・ネットワーク

してどれだけ大きな話題をつくることができるのか、などを毎回考えて実施していく取り組みです。実際のキャンペーンの実施にあたっては広告の出稿量や露出を集中させて「山」をつくるのが一般的な方法となります。マス広告の出稿には莫大な予算がかかることから出稿をできるだけ集中させ、パワーを凝縮させることで話題や認知を高めるという狙いがあります。また、個々の広告キャンペーンには必ず終了期間が存在します。わかりやすい例が、ボーナス時期に合わせたキャンペーンの実施です。夏のボーナス商戦に合わせて夏の広告キャンペーンが大々的に行われ、しばらく休みをおいて、冬のボーナス商戦に合わせて、今度は冬の新しい広告キャンペーンが立ち上がり、一大キャンペーンが実施されるといった具合です。

対して「アンバサダープログラム型」は、広告キャンペーンごとにファンを増やし、広告キャンペーンが終わってからもファンがストックされていくような仕組みをつくる「中長期ストック型」です。（図表2－❺：右図）の底辺で少しずつ増えているのは、第1章で定義したアンバサダーであり、この積み上げを重視するのが特徴です。この取り組みは、クチコミをしてくれるファンをストックするための、いわば受け皿となる仕組みを日常的に用意するものです。つまり、広告キャンペーンがたとえ短期間で終わったとしても、「アンバサダープログラム型」の取り組みには終わりはないというわけです。**そもそも企業とファンとの関係には終了期間という概念はないはずです。両者にとってよい関係を長期に渡って続けていくこと自体に意味があるのです。違う言い方をすれば、「アンバサダープログラム型」は、企業がファンと長期的に共生していくための取り組みだと言えます。**さらに、これまでお話ししてきた通り、「アンバサダープログラム型」は、実際に商品を使っている顧客を起点として、彼らの体験談やクチコミによって新規顧客にアプローチを行っていきます。これは既存顧客に、いわば自社の宣伝マンになってもらうものであり、ファンが新規顧客を呼び込んでくれる取り組みとも言えるのです。

最後に大切なことを付け加えておきます。**「アンバサダープログラム型」は、従来の「マス・マーケティング型」を否定し、完全移行すべき新しいマーケティングシステムではありません。なぜなら、マス・マーケティングにしかできないこともあるからです。この「アンバサダープログラム型」は、従来のマーケティングに加えて併用されるシステムだとお考えください。**

マーケティングはそもそも顧客視点だった

本章の最後は、そもそもマーケティングとは顧客視点だった、というお話です。マーケティングは20世紀の初めにアメリカで提唱されて発展してきたことは前述しました。それは市場が開拓され、マスメディアが急激に発展していく時期とちょうど重なります。20世紀の経済発展はみなさんもご存知の通りです。マス・マーケティングが、その経済発展を牽引した立役者であることは間違いないでしょう。しかし、20世紀にマス・マーケティングというシステムがパワフルに発展していった結果、マーケティングが本来大切にしていた一人ひとりの顧客を大切にするという顧客視点の精神が、どこかに置いてきぼりにされてしまったと考えることはできないでしょうか。効率化を追い求めるシステムが、一人のお客さまという個人を追い抜いてしまったのです。

新しい道に進もうとする時、あるいは新しい挑戦を行う時には、原点を見つめることが大切です。答えはどこか遠くにあるのではなく、物事の原点を見直すことで見えてきます。ここでマーケティング関連の組織・団体、著名人による定義をあらためて確認してみましょう（アメリカ・マーケティング協会による定義は１９３５年に発表されて以来、何度か改定されているので、2013年に承認された最新のものを取り上げます）。

▼アメリカ・マーケティング協会による定義（2013年の承認版）
「マーケティングとは、顧客、依頼人、パートナー、そして社会全体にとって価値のある提供物を創造、伝達、提供、交換するための活動であり、機関であり、プロセスである[*6]」

＊6―翻訳は『マーケティング・コミュニケーションと広告』（八千代出版）p.1より引用

▼日本マーケティング協会による定義（1990）
「マーケティングとは、企業および他の組織がグローバルな視野に立ち、顧客との相互理解を得ながら、公正な競争を通じて行う市場創造のための総合的活動である」

▼フィリップ・コトラー
「マーケティングとはニーズに応えて利益を上げること」

▼ピーター・ドラッカー
「マーケティングとは、販売（セリング）を不要にすることである」
「企業の目的は顧客を創造することである。そのためには、マーケティングとイノベーションが重要である」

これらの定義を見ると、アメリカと日本のどちらも顧客を大切にしていることがよくわかります。コトラーが言うニーズとは顧客ニーズを指すので、コトラーも顧客を重視していると言えます。ドラッカーの最初の言葉は顧客という単語を用いていませんが、販売を不要にするということは「売れる仕組みをつくる」ことです。それは顧客が欲しいものを提供することなので、顧客を重視するということでしょう。ドラッカーの二つ目の言葉は、一つ目の言葉の裏返しです。顧客の創造とは、顧客自身も気づいていない何かを提供することなので、これも顧客重視と言えます。どの定義も実は顧客について語っています。顧客あっての企業活動なので、マーケティングが顧客を重視しているのは当たり前かもしれません。そもそもマーケット（Market）とは、「市場、いちば、市、いち」のことです。商品を売ろうとする人と買おうとする人が集まって商いを行う場所のことを指すのですから、両者の関係が重視されるのは当然のことでしょう。

一方、どの定義もマス・マーケティングについては触れられていません。この点はとても重要で、マス・マーケティングとは、20世紀に盛んに行われた仕組みの一つに過ぎないのです。であれば、原点に忠実になり、今まで慣れ親しんだマス・マーケティング的な思考の枠を外して物事を考えるのも、方法論の一つです。**マーケティングの中に顧客視点で解決すべき何かがあるのではなく、マーケティングそのものを顧客視点で再構築して考える時代**になってきているのではないでしょうか。

第　3　章

企業の目的は「顧客を創造する顧客」の創造である

本章では、アンバサダーやアンバサダープログラムについて詳しく解説します。アンバサダーが生まれた背景や、今までのマーケティングとどう違い、どんな可能性があるのかが本章のテーマです。その理解には広告やコミュニケーションが置かれている状況や、なぜアンバサダーが重視されているかの認識が必要なので、章の前半で現在の状況を丁寧に解説します。アンバサダーが着目されるようになった流れをあらためて知ることで、より理解が深まることでしょう。

企業よりも消費者の言葉が信頼される時代に

「アンバサダー」とは何か。一言で言えば、企業やブランドを積極的に応援しクチコミをしてくれるファンのことです。この応援団といかにコミュニケーションをとり、一緒にマーケティング活動を行っていくかが、今後の企業発展の鍵です。なぜなら第2章でも触れたように「ファンはファンを連れてきてくれるから」です。ドラッカーは企業の目的を「顧客を創造すること」と言いましたが、**アンバサダーを大切にすることは、「顧客を創造する顧客」の創造**、と言うことができるかもしれません。企業が新しい顧客を増やそうとする場合、消費者に対して企業が企業の言葉で語りかけていくより、企業やブランドの良さをよく知っている一般人であるファンが語りかけていくほうが信頼されるというのはよくわかる話ではないでしょうか。結局のところ、消費者が知りたいのは、自分たちにとっての使い勝手や利便性です。そうした個人の実感に基づく感覚は、企業からの言葉より、実際にその商品を使っている既存顧客からの言葉のほうに説得力があるのは当然と言えるでしょう。したがって、企業にとっては、自社を応援しクチコミを積極的に行ってくれるファンと一緒に新しい顧客を増やすことができれば、それは大変意味のある取り組みとなるのです。

私たちが日々の生活で実際に感じているちょっとしたこと、あるいは実際にやっていることを客観的に俯瞰してみると、実はそれは世界規模で起きていることだったりします。つまり私たちは知らず知らずのうちに時代の最先端を生きているというわけです。たとえば、ある商品に興味を持った時、みなさんはどうするでしょうか。その商品が低価格の、いわゆる１００円程度の商品だったらコンビニに行った時に試しに買ってみるかもしれません。では、それがある程度高額の商品だったり、自分の知識だけでは選べないような専門性の高い商品だったりした時は？　実際のところ、そういう商品は身近に溢れています。デジカメや、パソコンなどはもとより電子レンジやドライヤー、掃除機、食器乾燥機などの家電製品、あるいは高額商品ではクルマや住宅など。サービス分野でも携帯電話の契約プランに始まり、保険の契約、旅行プランなど、自分一人の知識だけでは、どれが自分に適切な商品なのか選べないことが多いはずです。現代は「コモディティ化」の時代です。各商品の機能や品質などに大きな差はないでしょう。とはいえ、企業はそれぞれの商品やサービスに特徴を持たせているはずです。消費者としては少しでも自分のニーズに合ったベストな選択をしたいと考えるのは当たり前の話です。

そこで登場するのが他人の意見です。自分が欲しいと思っている商品をもし身近な人が使っていたら、その使い勝手を聞きたいと思うはずです。そしてどうして山ほどある商品の中からそのブランドを選んだのか選択の決め手を知り、参考にするのではないでしょうか。また、実際に使っている人の率直な感想も重要です。いろいろ調べて買ったはいいけれど、実際に使ってみて後悔していないか、もっとよい選択があったのではないかなど、当事者の感想を熱心に聞くのではないでしょうか。**先ほどコモディティ化について触れましたが、そうした状況と切り離して考えても、商品の選択で他人の意見を参考にすること自体は、インターネットが普及するはるか以前から人間が行ってきた行為です。**

では、欲しいと思っている商品を身近に使っている人がいない場合は、どうしますか？実際は、こちらのほうが圧倒的に多いはずです。もちろん、インターネットで検索して、他人の意見を探すことでしょう。そして自分と同じ悩みを抱え、それを解決した人の意見を参考にするのではないでしょうか。インターネット上には、同じような悩みを抱えた人が、たくさんの情報を提供しています。彼らは誰かの役に立つことを信じて自分の体験を記事化したり、商品レビューに書き込んだりしています。みなさんはそれらを取捨選択して、自分の判断の参考にすることでしょう。では、企業からの情報はどこまで参考にするでしょうか。もちろんスペックなどの基本情報は大切です。商品やサービスについての基本情報は企業が発信する情報が一番正確です。しかし、購入にあたって一番知りたい、その商品の使い勝手に関しては、企業発の情報からでは十分に入手することはできない場合が多いはずです。なぜなら**企業が発信する情報や広告は、商品の良さをアピールすることが命題なので、自分たちにとって都合の悪い情報はなかなか提示しない**からです。それに対して、実際に使っている人からの情報は大変率直です。「ちょっと価格が高いけど、長い目で見たら、お得かもしれません」「実際に使ってみたら、この点が不満です。次のモデルを待ったほうがいいかも」等々。それらは、みなさんと同じ消費者目線なので、参考になる深さが違います。こうしたいわば、「企業発信の情報よりも、自分と同じ消費者の言葉を信じる」という傾向は、実は世界的な規模で進行しています。世界的な調査会社、ニールセンが定期的に行っている「広告信頼度　グローバル調査」からもこのことは明らかになっています。

図表3-❶：宣伝媒体や情報ソースに対する信頼度（世界平均）

宣伝媒体	2015 年	2013 年	2007 年
知人からの推奨	83%	84%	78%
企業（ブランド）Webサイト	70%	69%	60%
インターネット上の消費者の意見	66%	68%	61%
新聞記事など	66%	67%	※
テレビ広告	63%	62%	56%
ブランド・スポンサーシップ	61%	61%	49%
新聞広告	60%	61%	63%
雑誌広告	58%	60%	56%
看板・屋外広告	56%	57%	※
ラジオ広告	54%	57%	54%
登録型電子メールマガジン	56%	56%	49%
映画上映前広告	54%	56%	38%
テレビ番組での商品提供	55%	55%	※
検索結果広告	47%	48%	34%
オンライン動画広告	48%	48%	※
SNS上の広告	46%	48%	※
携帯端末のディスプレイ広告	43%	45%	※
オンラインバナー広告	42%	42%	26%
携帯電話のテキスト広告	36%	37%	18%

出典：ニールセン 広告信頼度グローバル調査、2015 Q1, 2013 Q1、2007

２０１５年の調査結果をみると、世界の人々が最も信頼を得た情報源は「知人からの推奨」で83％、2位が「企業サイト」70％、そして3位が「インターネット上の消費者の意見」で66％という結果です。たとえば、私たちが日常的に目にするテレビCMにおける信頼度は63％と、新聞広告・雑誌広告・ラジオ広告に比べると高いものの、全体では5位になっています。この結果をどう思いますか？　実のところ、違和感が少ないのではないでしょうか。つまり、私たちが日々感じて、行っていることは世界規模で進行している状況だということです。以前から続いてきた広告は、何か新しい情報を「知る」ための手段としては依然として大きなパワーを発揮していますが、どんな商品やサービスが自分にとって必要なのか、あるいは便利なのか、そうした実態を知るためには、今やインターネット検索によって**実際の利用者の情報を参考にすることが世界的な傾向として一般的になっていることがわかります。**これまで、多くの企業が商品の情報を伝えるために行ってきたのは「マス広告」です。そのマス広告が効かなくなってきたといわれているのは、こうした調査からも明らかなのです。

消費者の言葉が持つパワー

消費者が、広告など企業からの情報より、自分と同じ消費者からの情報を信じるようになってきた背景には、いわゆる「情報爆発」という状況が挙げられます。これは総務省情報通信政策局情報通信経済室が2007年に発表した報告書で指摘されているキーワードです。第1章で説明したように、顧客側が入手できる情報量が爆発的に増加したことにより、企業側が顧客に届けたい情報が、大量の砂浜の砂の一粒程度の存在になってしまいました。単純な話、**誰にとっても情報との接点はひと昔と比べて比較にならないほど増えていて、その多様な情報の中から、どの情報を信じたらいいのかわからなくなっているのです。**

そうした状況を考えれば、「広告」という顔の見えない媒体からの情報発信よりも、身近な人によるクチコミや推奨のほうが、信頼できる情報として受け止められているというのは納得できる話です。さらに、ニールセンの調査結果で3位に挙げられている「インターネット上の消費者の意見」も大変示唆に富む結果と言えます。たとえ個人は特定できなくても、自分と同じ立場にいる消費者の意見であれば、企業がつくるテレビ広告や雑誌広告よりも信頼されているというわけです。この事実に、ひと昔前のマス・コミュニケーション全盛の時代とはまったく違う感覚を感じとることが大切です。ひと昔前は企業が莫大な広告費をかけてタレントにＣＭ出演してもらうことに、大きなメリットがありました。著名なタレントと契約することで広告としての認知を高めると同時に、企業やブランドへの好感度を得ることができました。また高額なタレントと契約を結ぶことが、社会的な信頼を得ることにも結びついていました。世界的な俳優が広告に出ているから、そのブランドは信頼できる、といった感覚です。

もちろんそうしたパワーは今も有効だと思います。消費者は自分の好きなタレントや著名人が出演した広告へ好意を持つことでしょう。しかし今や情報のあり方は多様化の時代を迎えています。人はいわゆる広告表現が放つ魅力やパワーとは別の価値基準で、企業やブランドを見ているということです。つまり、**莫大な予算をかけた広告と、インターネット上のイチ消費者の意見が同等の価値があるということです。**ここで大切なポイントは、その情報の発信主は個人だという点です。リアルで会ったことのない人の発信であっても、その個人が実際に存在し、その発信内容が本人の意思や経験に基づくものであれば、企業が多額のお金をかけて出稿した広告よりも、その個人の意見が同等、あるいはそれ以上のパワーを発揮することができる時代になっているのです。

「推奨する消費者」への着目

「消費者レビュー」は、インターネット時代の大きな特徴といえるでしょう。もちろんインターネット以前にも消費者レビューは存在していました。ここで消費者レビューを広義に解釈すると、評判やクチコミ、噂といった人々の暮らしに根付いた、他の人の役に立つための情報伝達といえるでしょう。そうした他者にとって有意義だと思われる情報の伝達を人間は昔から行ってきました。極端な話だと思うかもしれませんが大昔に建てられた石碑などに、後世に向けた注意などが書かれている事例もあります。先にご紹介した『グランズウェル』でも「人々はこれまでも助けあい、力を与えあってきた」と指摘されています。つまり人が自分の持っている知識を他者のために提供する行為は人間が本来持っている知恵なのです。何らかの情報に対して、自分が持ち合わせる知識や経験を付加して情報の精度を磨きあげていく行為はWikipediaの成功を見ても明らかです。その意味で、消費者レビューの仕組みは、その情報の置き場がWeb上にあることが画期的です。消費者は時間や場所の制約にとらわれることなく、しかも過去に書かれた情報にもアクセスすることができるからです。**いわば消費者レビューは、消費者同士による伝達の集積地、集合知といえます。**そう考えると、**消費者レビューのような消費者による情報掲示板は、生まれる**

べくして生まれた仕組みなのです。

少しアカデミックな話になりますが、インターネットやソーシャルメディアが今ほど発展するはるか以前から、情報を発信して他人に影響を与える人の存在は、広告や社会科学の世界で注目されてきました。どんな人がキーマンなのかは、その時代ごとの環境やコミュニケーション手段によって様々なタイプが提唱され、いろいろな呼ばれ方をしてきた点が興味深いです。たとえば、１９６０年前後、アメリカの社会心理学者であるラザースフェルドらは「２段階の流れ論」を提唱しましたが、そこに登場するのが「オピニオンリーダー（opinion leader）」です。マス・コミュニケーションの情報は、まずオピニオンリーダーに受け止められ、彼らを媒介として消費者に影響を与えるという考え方です。オピニオンリーダーとは、ある集団の中で強い影響力を発揮する人のことで、具体的には学者や評論家、政治家などを指し、リーダーとしての彼らの意見がコミュニティ全体に浸透していくイメージです。他には、１９８０年代の後半から社会心理学で指摘されてきた「市場の達人（market maven）」という存在もあります。彼らはたくさんの情報を持っていて、必要に応じて自分の知識を総動員させて他者にアドバイスしてくれます。このあたりは、モノも情報も増えてきた社会環境が影響しています。市場に大量のモノが溢れ、専門的な知識を持ち合わせない個人では適正な判断が難しくなってきたのです。モノも情報も過多の状況が生まれたことにより、人に親切に商品情報を教えてくれる人の存在がクローズアップされてきたというわけです。

こういう人たちは実は今でも存在しています。ヤフー知恵袋やＯＫＷＡＶＥなどで、他者の相談に乗ってくれる親切な人たちのことはみなさんご存知だと思います。市場の達人とは、そうした他者へのアドバイスに積極的な人たちのことです。もちろんアドバイスの内容が人生相談や進学に関することではなく、商品選択に関係する場合が市場の達人というわけです。彼らの特徴を一言で言えば、情報通でアドバイス好きな人たちと言えるでしょう。２０１４年にはカテゴリーごとにインフルエンサーがいるとして慶應義塾大学大学院の山本晶准教授（インターネット・マーケティング）により「キーパーソン（key person）」という存在も指摘されています。

こうした情報の発信者に関して、１９６０年代から注目が集まり研究が行われてきた点は大変興味深いものがあります。つまり、情報を発信して人に影響を与えたり、商品アドバイスや推奨を行ったりする行為は、インターネットやソーシャルメディアの発展とは関係なく、もともと人が持ち備えていたものだということです。そして人が本来持っていたそうした志向性が、近年のモノや情報が飛躍的に増えた状況により、今まで以上に活発になってきたと考えるのが妥当でしょう。加えて、**人と人の結びつきが可視化できるインターネットやソーシャルメディアの発展により、今まで以上に、「推奨する消費者」の存在が可視化され顕在化し、推奨行為そのものが市民権を得るようになって、「推奨する消費者」を新たに育んでいると考えることができます。**まさに環境が人を育てているというわけです。

「ブランドのファン」への着目

マーケティング・コンサルタントのアンディ・セルノヴィッツは、クチコミについての著書『WOMマーケティング入門』(海と月社)でトーカー(Talker)という概念を提唱しています。「トーカーとは、企業が発信するメッセージを広める熱意があり、かつ、そのメッセージを伝えたい相手がいる」人のことです。そして「自分が気に入っているものを周囲にも教えてあげたいと思えば、人はトーカーになる」と解説されています。またセルノヴィッツは、トーカーの立場について、「タレント、ジャーナリストといった流行を仕掛ける立場の人ではなく、「世間一般の人」であり」、「誰もがトーカーになる可能性がある」と加えています。ここでトーカーをご紹介するのには、理由があります。セルノヴィッツの解説を読んで、すでにお気づきかもしれませんが、それまで着目されてきた推奨者と比べて大きく違う点が二つあるからです。

一つ目は、トーカーは企業やブランド、商品に紐付いているという点です。つまりトーカーが推奨するのはどんなブランドでもいいわけではなく、ある特定のブランドについてだけ推奨するという点です。二つ目は、トーカーはある特別な人たちではなく、世間一般の人である、という点です。「どんな商品にもトーカーは必ずいる。あなた自身も、何かのトーカーだろう」とセルノヴィッツは解説しています。つまりトーカーをわかりやすく一言で表現すると、企業やブランド、商品の「ファン」だと言い換えることができます。その商品やブランドが好きだからこそ、その良さを人に伝えたい。たしかにその感覚は誰でも持っているものです。そう考えると、それまで着目されてきた情報を広げてくれる人たちに比べて、セルノヴィッツが提唱したトーカーという存在は、みなさんの中にも見つけることができるのではないでしょうか。

セルノヴィッツはこんな言葉も述べています。「トーカーは、思っている以上に身近に存在している。たとえば、毎日顔を合わせる常連客はどうだろう。彼らに協力を求めたら、喜んで引き受けてくれるかも知れない」つまり、**トーカーとは「ブランドのファン」であり、トーカーを大事にすることは、既存顧客を大事にすることと同意義なのです。**ファンが自分の好きなブランドについて熱意を持って語るというのは、ごく自然な行為であり、そうしたファンを大切にしようというセルノヴィッツの主張は納得できるものです。『WOMマーケティング入門』というクチコミについての著書で、セルノヴィッツが既存顧客の大切さを主張しているのが大変興味深いところです。

「ブランドアドボケイツ」への着目

そして本書が着目する、「ブランドアドボケイツ」の登場になります。ブランドアドボケイツとは、ロブ・フュジェッタが著書『Brand advocates: turning enthusiastic customers into a powerful marketing force』（2012）で紹介した概念で、ソーシャルメディアの発展に伴い顕在化した「ブランドやプロダクトを推奨してくれる満足度の高い顧客たち」です。また多摩美術大学の佐藤達郎教授（広告論）によれば「情報を発信・推奨するファン」のことです。ではこのブランドアドボケイツは、前述したトーカーと、どこが違うのでしょうか。**それはトーカーが、ブランドについて人に伝えたいという熱意を持っている、いわば静かなるファンなのに対して、ブランドアドボケイツは、すでに自発的に発信・推奨しているアクティブなファンである点が挙げられます。**いわば推奨における行動力と積極性が違うというわけです。こうした違いは、よく考えてみれば私たちの普段の生活でも実感することがあるはずです。たとえば、ある商品がとても好きで、その商品について頻繁にオススメする友人に覚えはありませんか。少しでもその商品ジャンルに近いことを話題にすると、自分が気に入っている商品について親切に教えてくれてオススメする人たちです。そういう人はブランドアドボケイツです。その商品に対する愛情や情熱が溢れているため、自発的に推奨行為をしてくれるのです。対して、人には積極的に薦めるような啓蒙活動はしないけれど、実はある商品の大ファンだという人もいるでしょう。そういう人はトーカーと言えます。もちろんトーカーも、何かのきっかけで積極的な推奨活動を行います。こうした推奨における積極性の進展は、ソーシャルメディアの普及と定着が大きな影響を及ぼしていることは間違いありません。つまり、推奨行為が自分のライフスタイルや志向性にマッチした人は、次第に推奨行為が習慣化していくと考えることができます。

誰から頼まれているわけでもないのに、企業やブランドについて自発的に情報発信し推奨するブランドアドボケイツは企業にとって大変ありがたい存在です。今までにない新しい消費者という点から、海外では2010年頃から注目されてきました。前述したように、ブランドについて言及する人たちは昔からいましたが、インターネット時代・ソーシャルメディア時代のクチコミは、彼らの推奨が可視化されることで影響力が大きくなっ

図表3-❷：ブランドアドボケイツは何が違うのか

ファン	スタンドに座り、好きなチームに声援を送る
ロイヤルユーザー	天候に関係なく、すべてのホームゲームに足を運ぶ
ブランドアドボケイツ	フィールドに出て、自ら試合に参加する

出典：Fuggetta, Rob. "Brand advocates: turning enthusiastic customers into a powerful marketing force". John Wiley & Sons, 2012. P.20（翻訳筆者）

ているからです。**人と人が会った時に行われるリアルな会話であれば、その会話は、その場における、その時だけのものですが、インターネット時代のソーシャルメディア上の会話は他人から見えるものであり、リアルタイムで人の目に触れなくても、あとで検索によって顕在化されます。したがって、インターネット登場以前と比べものにならないほど影響力が大きいのです。**ある商品を購入しようか迷っている検討段階のネット検索で、その商品のファンが書いた記事を見つけたら、誰だって詳しく知りたいと思うことでしょう。そして自分よりも先にその商品を使っている人の感想を参考にするはずです。こうした状況が一般的になっている現在、企業も、世の中の人たちも、ブランドアドボケイツのパワーを無視できなくなってきたというわけです。

ここで理解を深めるために、フュジェッタによる、フットボールの比喩を使ったファンとロイヤルユーザーと、ブランドアドボケイツの違いを紹介します（図表3－❷）。

推奨行為は人の自然な感情

トーカーやブランドアドボケイツといった時代のキーワードの引用に「流行に乗っているだけではないか」と思う方もいらっしゃるかもしれません。そうした方のために少し解説を加えます。それはトーカーもブランドアドボケイツも、本質的には同じ存在だということです。トーカーはブランドのファンです。そしてブランドアドボケイツは、ファンでありかつ積極的に情報発信する人たちです。その両者の違いは時代の発展によって使えるツールが普及して関与度が深まった点にあるのです。そのツールとは具体的にはソーシャルメディアです。たとえば「クルマ」で考えた場合、技術革新によってガソリン車からやがて電気自動車がつくられたり、ハイブリッドになったりと、人が乗って移動する手段という本質は変わらないまま、どんどん進化していく事例を参考にするとわかりやすいと思います。「電話」も同様です。いつしか固定電話よりも携帯電話が普及し、今やスマートフォンが主流です。もちろん進化とともに、気軽に持ち運べる、データ通信ができるなどという価値が加わりましたが、相手と話ができるという本質的なことは変わっていないというわけです。**技術は当然、進化していきますが、すべては人間が行うことです。技術の進化ほど人間が進化するわけではありません。**この感覚は大切です。他人に自分の好きなものを伝えたいというファンの心理は時代を超えて普遍なのです。江戸時代であっても、好きな歌舞伎役者や、相撲の力士を応援するファンがいたことを忘れてはいけません。ソーシャルメディアが誕生する以前から、阪神タイガースのファンはタイガースの野球帽をかぶり、人にタイガースの良さを熱く語ってきました。人に何かを推奨するという行為は、人がそもそも持っている自然な感情だということです。そのことを見過ごすと「では次の流行りは何だろう」と、流行を追い回す思考になってしまいます。しかし、人が本来持っている本質は、これからどんな時代になろうとも簡単に変化するものではないはずです。

前述した多摩美術大学の佐藤達郎教授（広告論）は、なぜ近年、ブランドアドボケイツが急激に注目されるようになったのか、次のように述べています。

「ソーシャルメディアの発達がブランド・アドボケーツのパワーを大きく増幅した。ソーシャルメディア時代以前は、ブランド・アドボケーツの影響力は、彼らの家族や友人など直接的な関係内に限られていた。だが現在では、ソーシャルメディアにより強化され、ブランド・アドボケーツの信頼できる推奨は、トータルで何百万人もの消費者に届くことになった」[*1]

＊1──佐藤達郎（2013）「「ブランド・アドボケーツ」というムーブメント：〝発信・推奨するファン〟を活用しよう」『日経広告研究所報』47（2）、pp.50-57

誰かに頼まれるわけでもなく、ブランドについて推奨するファンは昔から存在していて、身近な人へ推奨活動を行っていたのです。そんな彼らがソーシャルメディアというツールとパワーを持つことで、クローズアップされるようになったのです。**ソーシャルメディアによって個人の声は、個人を超えて大きく伝播していきます。しかもソーシャルメディア上での声や、情報の交流は他者からも見ることができます。いわゆる可視化です。つまりソーシャルメディアの発展が、ブランドアドボケイツの存在を顕在化させたというわけです。**

ブランドアドボケイツを組織化する

そもそも人は昔から自分の好きなものを人に伝えたいという気持ちを持っていたということはおわかりいただけたと思います。本書は既存顧客を大事にするアプローチの指南書ですが、そのように企業が既存顧客といかに関係を持ち、一緒に物事に取り組むか、という具体的方法論が議論されるには、ソーシャルメディアの普及が不可欠だったと言えます。20世紀に興隆を誇ったマス・マーケティングが、情報を一方的に伝えることしかできないのに対して、ソーシャルメディアの誕生によって、初めて企業と個人が直接つながれる状況が生まれました。同時にファンのクチコミが可視化されたことも大きな環境変化です。もしソーシャルメディアが発展していなかったら、私たちが企業に対して連絡を取る手段は何があるでしょうか。この一点を考えても、ひと昔前と近年での環境変化を実感できるはずです。すなわち、以前であれば、お客さま相談窓口へ電話をかけるかメールを送るといった方法以外は、なかなか手段が見つからないはずです。

企業が既存顧客であるブランドのファンと一緒に施策に取り組み、新たなる顧客を獲得していこうと考えた時、パートナーとしてリレーションをとるべき相手がブランドアドボケイツです。では、彼らのファンとしてのパワーを企業のマーケティングに積極的に活用するためにはどうしたらいいのでしょうか。答えは驚くほど簡単で「彼らを組織化する」ということになります。これは考えてみれば当然です。**つまり自然発生的に誕生し、ブランドについて自発的に推奨活動を行っているブランドアドボケイツたちに、自社が行う活動に参加してもらうためには、彼らに新商品に関する情報を提供したり、イベントの案内を送ったりする必要があるからです。**その際、彼らと連絡を取る必要が発生しますが、そのためには彼らの「組織化」が必要になるというわけです。ブランドアドボケイツを提唱したロブ・フュジェッタも著書で繰り返し、「ブランドアドボケイツを組織化して活躍してもらおう」「彼らを強力なマーケティング戦力に変えよう」と彼らを組織化し、一緒に活動を行う重要性を指摘しています。トーカーという概念を提唱したアンディ・セルノヴィッツも、トーカーの組織化の必要性について述べています。セルノヴィッツは著書で、トーカーとコミュニケーションを図れるかどうかの重要性について述べ、「彼らとの連絡手段は必ず確保すること。定期的に連絡がとれないと、クチコミの協力を得られる関係が築けない」と主張しています。

ブランドアドボケイツを組織化することにより、企業とブランドアドボケイツの双方にメリットが発生します。主な利点を以下に挙げます。

まず、企業にとっては組織化そのものが利点です。前述したように、いつでも連絡がとれるブランドアドボケイツのメールアドレスやソーシャルメディアアカウントのリスト化は、彼らと一緒にマーケティング活動を行ううえで不可欠です。企業は彼らとの連絡手段を確保しているからこそ、新商品の発表やイベント情報などを確実に伝えることができるのです。対してブランドアドボケイツにとって企業の組織化に参加するということは、企業から自身の推奨が公認されるということを意味します。つまり自身の立場が、一ファンという立場から、企業から公認ファンとして認めてもらい、お墨付きをもらえるということです。企業のリストに登録され、企業やブランドとの関係が深まり、定期的に連絡をもらえることはファンの気持ちになれば大変うれしいことです。企業からの連絡を通じて、たとえば新商品の情報をいち早く知ることができるなどの具体的なメリットも発生します。このように、**企業とブランドアドボケイツの双方にとってメリットが生じ、Ｗｉｎ－Ｗｉｎの関係が築けることが、組織化を無理のないものとしています。**

ここで組織化についていくつか補足します。企業がアンバサダープログラムを行うために自社のアンバサダーを募集する際には、一般的にファンに対して連絡先やソーシャルメディアアカウントなどを登録してもらうことになりますが、その項目こそ、彼らとの連絡手段になるという点です。そして本書では、その登録をもってして彼らの「組織化」と呼んでいます。次に、アンバサダープログラムへの登録に際して、ファンによっては本名ではなく、ソーシャルメディアアカウントやハンドルネームなどの名義を登録するかもしれないという点です。しかし、企業にとっては本名などの個人情報を知ることが目的ではなく、自社を推奨してくれる個人とつながること、アンバサダープログラムの運営を行ううえで、彼らと確実に連絡がとれる手段を確保することが重要なのだという点です。した

図表3-❸：企業とアンバサダーと消費者の関係

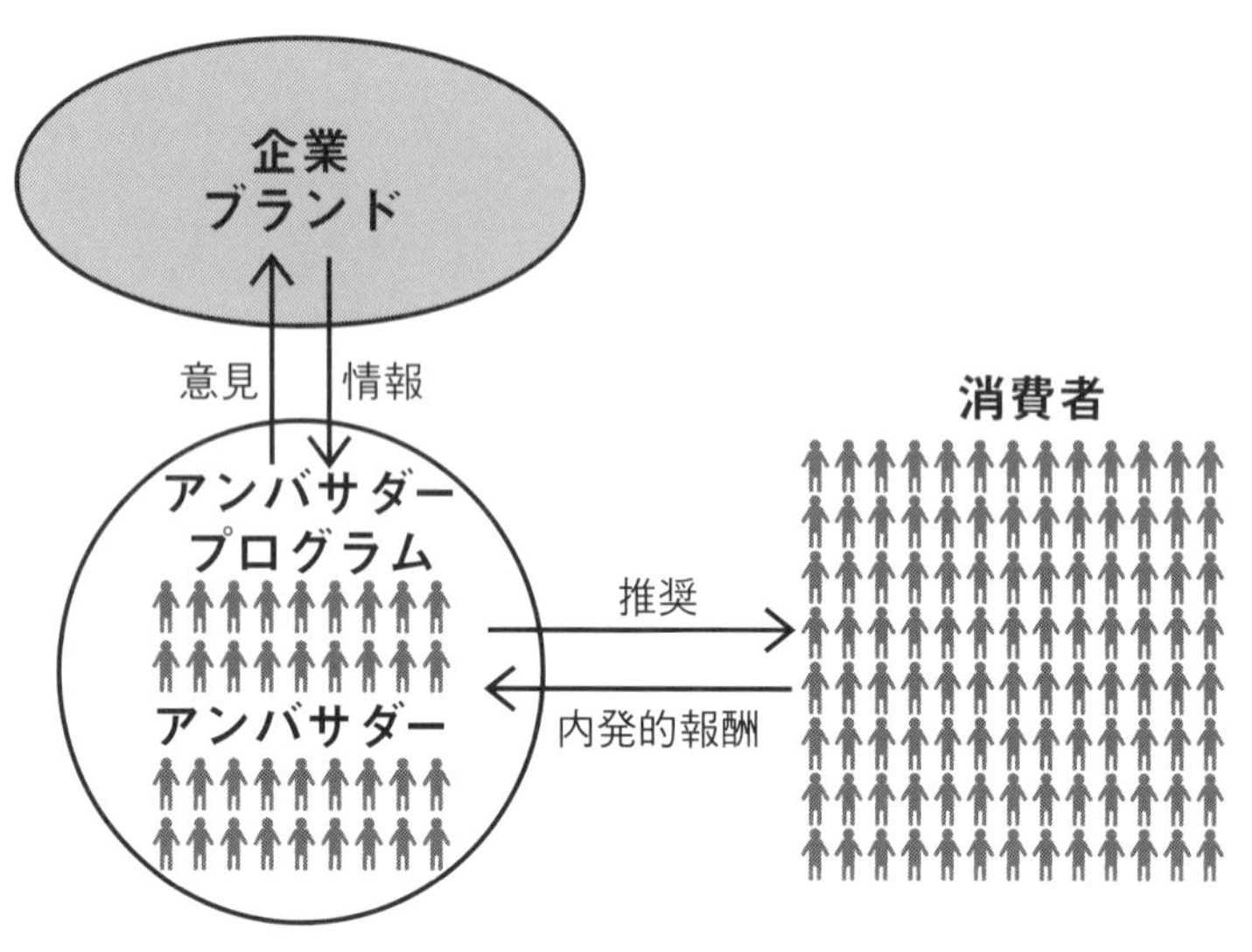

出典：アジャイルメディア・ネットワーク

がって、従来のような本名や住所の登録は必ずしも必要ではないのです（何か郵送物を発送する場合は別です）。こうした企業と個人の関係は、ソーシャルメディア時代における新しい関係だと言えます。

ここでいったんまとめると、**アンバサダープログラムとは、ブランドアドボケイツを自社の応援団として組織化し、企業が彼らと一緒にマーケティング活動を行う取り組みの総称のことであり、クチコミや評判が広がる仕組みを構築することを目的とします。**アンバサダーとリレーションを行うということは、企業が直接情報を発信するのではなく、顧客である彼らから情報を伝えてもらうというのが基本的な考え方です。アンバサダープログラムは基本となる考え方や、ベースになる取り組みのパターンはあるものの、その内容は大変自由度の高いものです。決まった形があるわけではないので、企業ごとに柔軟に運営できる点が特徴です。もちろん各企業が抱えている課題は企業ごとに違います。したがって各企業の課題に合わせて取り組みを設計することができます。**また、最も重要なポイントは、アンバサダープログラムは段階的に進化させていくことができる点です。ある課題を解決したら、企業が置かれている状況に合わせて翌年は違うテーマにプログラムを進化させ、ファンと一緒になって企業活動を推進させていくことができるのです。**この点は、企業をよく知ってくれているアンバサダーとリレーションを行う大きなメリットです。アンバサダーは、企業の外部にいるファンでありながら、まるで自分がその企業の社員であるかのように、ブランドについて親身に物事を考え、一緒に行動してくれます。つまり企業の課題も悩みも一緒に共有して、一緒に解決してくれる大変珍しい関係がそこにあるというわけです。

アンバサダープログラムとは彼らが語る言葉を増やすこと

いわゆるクチコミの重要性は、今まであらゆるところで繰り返し議論されてきました。広告業界やマーケティング業界はもとより、広報や商品プロモーションなど、様々な分野でクチコミのパワーが語られてきました。では、どういうことを行ったらクチコミを起こすことができるのでしょうか。今までバズやバイラルに関する様々な研究が発表され、本も出版されてきましたが、それらの本に書かれている内容には共通点がありました。それらの指南書では、誰もが話題にしたくなるようなユニークな施策を行ったり、今まで見たことがないようなクリエイティブ作品をつくったりして、世の中に提示しようという方法論が多いという点です。たしかに誰もが話題にしたくなる施策は魅力的です。ただし、そうしたユニークな施策がいつも実施できるとは限りません。そもそもそうした世の中の話題になる企画を考えること自体が、至難の技です。また**バズやバイラルプロモーションは、話題化を狙った爆発的な瞬発力には向いていますが、爆発的に話題になるものは沈静化も早いという一面もあります。**そう考えると、企業のマーケターが堅実に行う取り組みとしてのクチコミ施策に関しては、実際のところ、その具体的な方法はあるようでないというのが現状です。

ここで米国WOMマーケティング協会（通称WOMMA）の定義を紐解くと、大変興味深いことが明記されています。そもそもクチコミ（WOM＝Word of mouth）には、大きく二つの種類があるというのです。一つは「自然発生的なクチコミ（Organic WOM）」であり、もう一つはマーケターが関与する「マーケティング手法としてのクチコミ（Amplified WOM）」です。もちろん前者は自然に話題になるということですからコントロールはできません。ただし、消費者が自然に話題にしてくれるようなきっかけにつながる工夫や努力を行うことはできます。自然発生的なクチコミを起こすための方法論としては、イノベーティブな商品をつくったり、顧客視点のサービスに努めたりするなどが挙げられます。そのうえで企業はクチコミが起きることを期待して、自然の流れに任せるしかありません。しかし、後者はマーケティング手法としてのクチコミです。この分野に関しては従来、手法の確立が求められてきたという経緯があります。この「マーケティング手法としてのクチコミ（Amplified WOM）」とは、もともとなかったクチコミをゼロからつくることはできないが、今あるクチコミをさらに増やすことはできるという考え方に基づいています。これはつまり、**もともとブランドのファンであり、自分の好きなブランドについて語るのが好きなブランドアドボケイツに対して、企業の側から語るべき情報や内容を伝えることにより、彼らが語る言葉を増やすことができる、**という考え方の論理的な根拠になるものです。アンバサダープログラムとは、まさにブランドアドボケイツが語る言葉を増やすための実施プログラムなのです。

本書が提唱する「アンバサダープログラム的思考」とは、企業が行うべき顧客視点の取り組みを指すものであり、従来のマス・マーケティングより大きな概念です。企業が既存顧客を大切にし、顧客と情報を共有して一緒に活動を行うことは今までのマーケティングの枠を越える取り組みです。その際、他の消費者へ向けて行われる情報発信は、いわゆるクチコミと呼ばれるものになりますが、その際に参考になるのが、先に述べたAmplified WOMの考え方です。つまり、アンバサダープログラムで重視するインターネット上の情報発信やクチコミは、企業の担当者が企画として実施できるものだということです。同時に重要なのは企業の担当者が行う以上、それは健全なクチコミ施策でなければならないという点です。詳しくは後述しますが、企業が自社のファンと一緒に行う取り組みが、決して他の消費者を欺く「ステルスマーケティング」になってはいけません。この点に関しては、米連邦取引委員会（FTC：Federal Trade Commission）が、２００９年に１９８０年以来29年ぶりに行った「ガイドライン」の改訂や、米国の業界団体であるＷＯＭＭＡの「ガイドライン」が参考になります。

アンバサダーの言葉は、顧客視点の情報伝達

今や消費者は企業発信の広告よりも、他の消費者の言葉を信用する時代になっていることは、この章の最初に述べました。**アンバサダープログラムは、企業から直接発言するのではなく、企業が伝えたい情報をアンバサダーに伝えてもらうというのが基本的な考え方です。**アンバサダーは、ブランドのファンですが、いわば消費者代表という捉え方もできます。したがって、企業からは伝えることができない、きめ細かい情報や、一消費者としての実感を込めた内容を伝えることができるのです。たとえば、購入検討者層に「ブランドの理念をもっとよく知ってもらいたい」といった場合、通常、企業は広告を通じてブランドが目指す理念を伝えます。その際、企業が伝えたい内容やメッセージは、広告制作者によって魅力的なキャッチフレーズやボディコピーに凝縮されます。あるいはテレビＣＭが制作される場合もあるでしょう。しかし、どんなに魅力的で、わかりやすい内容が展開したとしてもそれが広告である以上、様々な制約が発生します。テレビＣＭの場合、30秒や15秒で伝えなければなりません。これではブランドの理念を伝えるには短かすぎます。また、オンエア時間の問題もあります。タイミングよくその時間にテレビの前にいないと、そもそも消費者に見てもらえません。雑誌広告や駅のアドボードなども同様です。そのメ

ディアに接しなければ消費者にメッセージを届けることができないうえ、誌面やスペース上の制約もあります。対して、アンバサダープログラムではどうなるか。まずアンバサダーのみなさんに企業理念を説明して理解を深めてもらいます。この時点で、通常の広告だけでは伝えきれないような、深い情報をお伝えすることになります。彼らはブランドのファンですので、もともと深い情報を知りたいと思っているはずです。

次に、ブランドの理念やこだわりについて「彼らの言葉」で、ブログやSNSで語ってもらいます。ここで大切なのは、彼らの視点や、彼らの言葉を尊重することです。アンバサダーは一消費者でもあるので、自分の生活や実感と照らし合わせて、あるいは他社のブランドとの比較も交えて、ブランドの理念を他の人へ、詳しく語ってくれることでしょう。人によっては熱く。あるいは客観的に。その情報の多様性もアンバサダープログラムの特徴です。広告制作者によってつくられた言葉ではなく、アンバサダー各人の生活者としての視点の多様性が重要なのです。こうした情報の流れをつくることで、他にも消費者視点での商品の良さや実感、使い勝手、あるいは実際の効果など、通り一遍の広告だけでは伝えきれない、ある程度の深さを伴った情報の伝達が可能になります。もちろん彼らの言葉の中には苦言もあるかもしれません。しかしそれが、ブランドへの愛情ゆえの苦言であれば、そうした意見も企業は大切にすべきです。なお、他の消費者へ向けて行われる情報発信は、正しく運用しなければ消費者を欺く「ステルスマーケティング」になってしまう危険性があります。したがってプログラムの健全な運営には、企業と運営会社側にＷＯＭマーケティングに関するガイドライン「ＷＯＭＪガイドライン」[*2]の遵守が必要であり、推奨を行うアンバサダーには企業との関係を明示する、いわゆる「関係性の明示」が必須となります。

＊2—米国ＷＯＭＭＡと提携している日本におけるＷＯＭマーケティングの業界団体「ＷＯＭマーケティング協議会」が、クチコミマーケティング活動を行う際に守るべきとして定めた業界自主規制としてのガイドライン。「消費者行動偽装の禁止」「関係性明示」などを明記している。２０１２年12月に改訂版を発表。（「ＷＯＭマーケティング協議会」のサイト内にある「ＷＯＭＪガイドライン」を参照されたい http://womj.jp/）

顧客の時代：アンバサダー概念の拡張、あるいは原点回帰

ここで、あらためて認識しておきたいことがあります。広告業界では従来、キャンペーンのシンボルとしてタレントや著名人にブランドのアンバサダー（大使）になってもらう「ブランドアンバサダー」という手法が使われてきたという点です。ある高級腕時計メーカーが自社ブランドのアンバサダーとして、著名な冒険家と契約を結んだり、省庁が交通

安全週間に女性タレントと契約して交通安全アンバサダーに就任してもらったりするのが代表的な事例となります。これは前者であれば、自社のイメージに合う世界的な冒険家を起用することで、ブランドが持っている世界観のイメージアップを図ることが目的です。後者であれば、認知度の高い人気の女性タレントを起用することで交通安全への認識を高めてもらうことが目的です。広告メッセージを象徴するような著名人を起用することで、広告キャンペーン全体の認知や好意度を高めることができるというわけです。これはマス広告の場合、様々なメディアを駆使してキャンペーンを立体的に行うのが通常なので、全メディアを通して登場するシンボルがいたほうが認知度を高めることができるといった構造的な問題も関係しています。一言で言えば、誰にとってもわかりやすいタレントがいたほうが、広告キャンペーンが目立つというわけです。

本書で紹介しているアンバサダーは、このように広告業界で以前から使われてきたブランドアンバサダーとは明確に違います。**つまり従来、広告業界で呼ばれてきたブランドアンバサダーを「著名人アンバサダー」と捉えた場合、本書で紹介しているアンバサダーは、ブランドのファンであり、実際の顧客であることからいわば「顧客アンバサダー」と捉えることができるという点です。**[*3]

＊3—この分類に関しては、2015年に論文を発表する際に『マーケティングジャーナル』編集委員の丸岡吉人氏（電通デジタル代表取締役社長COO）よりアドバイスをいただいた。なお、本章では「アンバサダー」という概念に重点を置き、概念を「著名人アンバサダー」と「顧客アンバサダー」の二つに分けて解説した。一方、消費者研究の観点から「顧客」に重点を置き、その中にアンバサダーも兼任してくれる顧客がいる、と整理することもできる。その場合は「（一般）顧客」と「アンバサダー（を兼任してくれる）顧客」という概念の切り分けができる。この分類に関しては、立教大学の高岡美佳教授（流通論）からアドバイスをいただいた。

これはいわばアンバサダー概念の拡張と考えることができます。この点に関しては、広告業界で昔からマス広告に携わってきた人ほど、自分が知っている言葉がいつの間にか拡張されて使われていることに多少の混乱を覚えるようです。しかし、ここで思考を一度リセットして考える必要があります。そもそもアンバサダーとは大使・使節のことであり、必ずしもタレントや著名人が就任するものではなかったということを思い出す必要があるということです。そもそも一般的にアンバサダーという言葉が有名になった背景には、1965年に、アメリカの「ディズニーランド」で初めて誕生したアンバサダーの存在があります。東京ディズニーリゾートの公式サイト内に、アンバサダーに関する解説と極めて大切なキーワードがありますのでご紹介します。

当時のウォルト・ディズニーは毎日多忙をきわめていたため、彼にかわって公式行事に出席したり、講演で「ディズニーランド」を紹介したり、「ディズニーランド」を訪れる特別なゲストをご案内したりする役割を務める人が必要となりました。そこで彼は、「ディズニーランド」のキャストの中から適格な人物を選び、その活動を委ねたのです。[*4]

＊4―「東京ディズニーリゾート・アンバサダー」解説ページより抜粋
http://www.tokyodisneyresort.jp/manage/fun/ambassador/

ディズニーの場合、当時から50年以上経った現在もアンバサダーが選出されて活躍していますが、その基準は解説文にある「適格な人物」かどうかだというのです。これは大変納得できる基準です。ディズニーが好きで、ディズニーの知識が豊富で、ディズニーのために貢献したい思う人物こそ、アンバサダーの候補になれるのです。ここには世間からの知名度を第一に求めたタレントや著名人という概念はありません。「ふさわしいかどうか」という基準が大事だというのです。つまり、広告業界で長らく使われてきた「ブランドアンバサダー」という手法は、アンバサダーを大使と考えるもともとの概念に対して、認知獲得を第一に考えるマス・マーケティング的な発想が加わり、優先された結果、意味が上書きされて、いつの間にかタレントや著名人の起用を指す手法の話になってしまったのではないでしょうか。第2章で、インターネットやソーシャルメディアの発展によって情報がフラットになり、お店とお客さま、企業と顧客の関係などがむしろ昔に回帰しているのではないかと述べました。そのメカニズムと同じく、アンバサダーという言葉が持つ意味

図表3-❹:「著名人アンバサダー」と「顧客アンバサダー」の違い

ブランドアンバサダー ＝著名人アンバサダー	⟷	顧客アンバサダー
キャンペーンのシンボルとして著名人にアンバサダー（大使）になってもらう手法	内容	企業やブランドについて発言・推奨するファン（ブランドアドボケイツ）を組織化した存在
タレントや著名人	属性	普通のユーザー
あり	金銭的な報酬	なし
あり	契約期間	なし
問わない	商品の使用	実際の顧客

出典：アジャイルメディア・ネットワーク

に関しても、認知優先のキャスティング的な使い方から、ディズニーが優先した〝適格かどうか〟という本来の意味が再び市民権を得るようになってきたのではないでしょうか。

一般のファンが企業やブランドのアンバサダーになり得る背景には、タレントや著名人の影響力に頼らなくても、インターネットやソーシャルメディアの発展により、彼らと同じような発言力や影響力が発揮できる可能性があることが挙げられます。個人でも世間に対して大きな影響力を発揮している人たちの例として、有名ブロガーや、YouTuber（ユーチューバー）などが挙げられます。ただ、そこまで大きな力を発揮できなくても、ある一時期だけ、ある特定の分野だけ、といった限定性の中で、個人が大きな影響力を発揮できる時代になっていることは確かです。もちろん、一般の消費者より、タレントや著名人のほうが発言力や影響力を持っている場合が多々あります。しかし今や、ブログやソーシャルメディアにおける個人の発言が、社会に大きな力を及ぼす事例を、私たちは報道やニュースで数多く見ています。**一人ひとりの消費者は無名でも、彼らの言葉は大きな影響力を及ぼすことがあります。また、無名のファンであっても、彼ら一人ひとりがメディアを持ってSNSでつながることで、大きなパワーを発揮するというイメージを持つことも重要です。**

（図表3－❹）、「著名人アンバサダー」と「顧客アンバサダー」の違いを表にまとめましたので参考にしてください。

ここで触れておきたい重要事項は、推奨における金銭的な報酬の有無です。ブランドアンバサダーはタレントや著名人の場合が多いので、一般的に企業や省庁との間に契約関係が発生します。多くの場合、金銭的な報酬が発生しているのです。そもそもブランドアンバサダーは広告キャンペーンのシンボルとしてキャスティングされた仕事としてのアンバサダーなのです。対して顧客アンバサダーは、ファンとして自発的に推奨行為を行う存在なので、そもそも契約という概念自体が存在しません。また、顧客アンバサダーが行う推奨活動は、金銭的にも無報酬です。これはアンバサダープログラムを運営するうえでの最重要事項の一つです。この点に関して、ロブ・フュジェッタも、金銭的な報酬は絶対に支払うべきではないと言っており、重要な違いです。

アンバサダープログラムを行う企業や運営側は、顧客アンバサダーに対して推奨の対価として金銭的な報酬を原則として支払ってはいけません。もし金銭的な報酬が支払われた場合、顧客アンバサダーの推奨の信頼はなくなってしまうばかりか、金銭的な報酬を支払った企業の信頼も消えてしまうリスクがあります。「評判をお金で買うことはできない」とフュジェッタも主張しています。これはアンバサダープログラムの運用における原則であり鉄則です。一方、顧客アンバサダーが体験するための商品サンプルの配布やモニター品の提供、新サービスを体験するための無料クーポンなど、顧客アンバサダーが語る言葉を増やすための体験機会の提供や、プログラムの内容によっては、ある程度のインセンティブを用意したほうが、クチコミが活性化する場合があることに注意してください。

フュジェッタによれば、アンバサダーが推奨を行う動機は「素晴らしい体験を伝えたい、他の人たちを助けたい」というものです。では、アンバサダーの報酬は何でしょうか。フュジェッタは彼らの報酬に関して次のように述べています。「求める唯一の報酬は、他の人の役に立っているという実感だ。つまり、推奨する行為や推奨によって得られる達成感が報酬になるのだ」。また、企業がアンバサダーにお金を払ってはいけない理由に関しては「人々が彼らの言葉を信頼するのは、推奨に対する個人的な報酬を一切受け取っていないとわかっているからだ。もしブランドや商品を推奨してもらうために金銭や品々を渡せば、他の人からの信頼を壊すことになる」と述べています。アンバサダーの発言はあくまで無償の行為であることが重要なのです。ファンの愛情はお金では買えません。また、ファンでいることに契約期間は存在しないので、企業にとってアンバサダーは永続的なパートナーとなり得る可能性がある貴重な存在というわけです。

アンバサダーとインフルエンサーの違い

アンバサダーとよく混同される「インフルエンサー」という言葉があります。インフルエンサーとは世の中やインターネット上で「影響力」を持つ人たちです。この中にはタレントや著名人はもちろん、影響力のあるブロガーや文化人、ある商品カテゴリーに対する関与度が高く、カテゴリーにおけるキーパーソンといえる存在も含まれています。彼らの影響力に期待して行う施策がインフルエンサー施策です。対して、アンバサダープログラムでは、特定の商品やブランドに対する「ファン度」を重視します。この場合、ファンか

図表3-❺：アンバサダーとインフルエンサーの違い

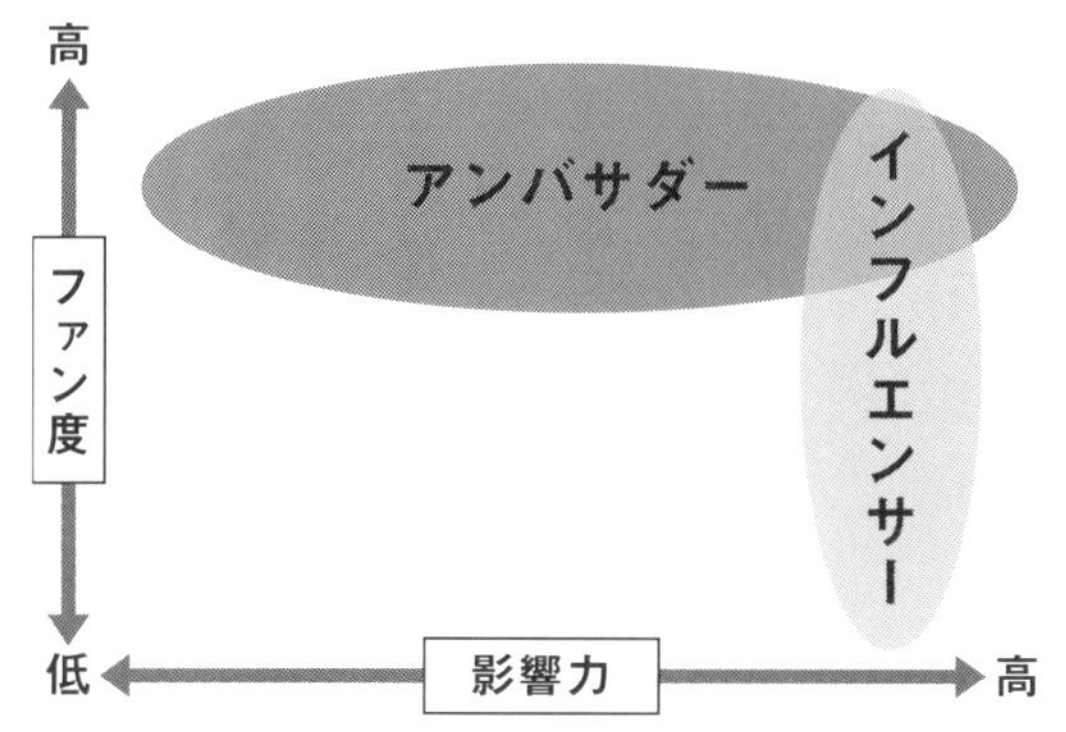

出典：アジャイルメディア・ネットワーク

どうかが基準ですので著名人である必要はなく、多くは一般の顧客というわけです。それを表にしたものが（図表3－❺）です。こちらの二つの楕円が交わる右上に位置する人たち、つまり影響力が高く、ファン度も高いアンバサダーとつながりを持つことが理想です。ただし、そういう人たちは限られていますので、企業がアンバサダーを増やしたいと考えた場合、どの領域にいる人たちに着目したらいいのかという問題になります。その際、影響力を重視して、ファン度が下がってしまう右下の領域に目を向けるのではなく、あくまでファン度を重視して左上の領域にいる人たちにも目を向けていく、というのがアンバサダープログラムの基本的な考え方です。

この考え方を支えるポイントが二つあります。一つはメディア環境の変化です。前述してきたようにインターネットやソーシャルメディアの発展によって、無名の個人でも、多くの人とつながることで大きな影響力を及ぼすことができるようになっています。もう一つは彼らが発進する情報の信頼性や共感性、あるいは内容の深さです。インフルエンサーは影響力が重視されるので、商品やブランドとのつながりが必ずしも強いとは限りません。対して、アンバサダーは、あくまで商品を実際に購入して使っている一般の顧客であり、特定の商品やブランドの熱烈なファンだという点です。

アンバサダーが行う推奨の特徴として、商品やブランドについて「自分の言葉で語れる」という点が挙げられます。インフルエンサーは影響力を期待されてキャスティングされている場合が多いため、極端な話、該当商品を使っておらず、深い体験を語れない可能性があります。彼らは企業との契約関係に基づく仕事としての推奨である場合が多いというわけです。対してアンバサダーは該当商品のいちユーザーであり熱烈なファンですので、顧客としての意見や感想、体験談を持っています。彼らはそれらを総合して自分の言葉で推奨を行ってくれます。一般的に消費者は、自分と同じような立場にいる人の体験を知りたいと思っています。**つまりアンバサダーの言葉は一般人からの発言であることが説得力になっているのです。また、数あるブランドの中で、該当ブランドを自身で選んでファンになっている点も、アンバサダーの説得力を高めています。**車やPCで考えるとわかりやすいと思いますが、個人で複数のブランドを所持することは一般的ではないでしょう。そう考えるとアンバサダーとは大変律儀な存在です。しかもアンバサダーの愛情に期限はなく、したがって推奨行為は生涯続くこともあるのです。

アンバサダーとロイヤルユーザーの違い

ロイヤルユーザーとアンバサダーも概念が違うので解説します。ロイヤルユーザーとは一般に忠誠心の高い顧客のことを指し、その特徴として、該当商品をたくさん購入してくれるという点が挙げられます。しかし現実的には、彼らの購入動機はそのブランドが好きだからとは限らないという点には注意が必要です。たとえば、ポイント還元率の良さから、そのブランドを買っている例はたくさんあります。また、たくさん購入してくれる人が、たくさん推奨してくれるとは限らない点にも注意が必要です。**アンバサダープログラムで重視したいのは、たくさん推奨してくれる人です。つまり、継続して購入してくれるロイヤルユーザーであっても推奨してくれない顧客はアンバサダーではないということです。企業が顧客視点の取り組みを行っていくためには、ロイヤルユーザーにいかにファンになってもらい、さらに推奨してくれるアンバサダーになってもらうかが大切になってくるというわけです。**

少し前に注目された企業の取り組みに、ＣＲＭ（Customer Relationship Management）という活動があります。ＣＲＭの狙いはいろいろありますが、その中の一つにロイヤルユーザーに対して手厚く対応することで、さらなるロイヤルティを獲得し、他者に対する推奨を行うことを期待していた部分があります。その具体的な活動が、お客さま優遇ともいえるロイヤルティ・プログラムでした。しかし実際は、賞品のためにポイントを貯めていたり、プレゼントが欲しいからキャンペーンに参加し続けていたりする顧客が、その商品やブランドの本質的な魅力について、愛情をもって他人に推奨してくれるのか、という現実的な問題が出てきました。これにより、もともとＣＲＭが目指していた活動の役割が、アンバサダープログラムで叶えられるのではないかという期待が出てきたのです。

アンバサダープログラムはマス・マーケティングと併用

マス・マーケティングは世の中一般の認知を得るためには大変効率的で、よくできたシステムですが企業発信です。対してアンバサダープログラムの発信主はファンであり、実際の顧客です。アンバサダーの言葉は実感が込められている分、その感想や意見は、他の消費者に響きやすいのが特徴です。**つまり、マス・マーケティングかアンバサダープログ**

ラムか、という二者択一ではなく、伝えたい内容に合わせた併用が大切なのです。消費者にとっては様々な情報があることも重要です。では、この章の最後に、アンバサダープログラムの出発点についてお話ししたいと思います。最初のアンバサダーはどうやって獲得したらいいのかという問題です。

この点について、様々な方からご質問をいただくことがあります。地方に住んでいる無名のファン、長年ファンを自認してくれている熱心な人、該当ブランドの社員以上にそのブランドが好きなファン、そういったファンをどうやって見つけ、アンバサダープログラムに参加してもらうのか、といった問題です。

この解決策ですが、そもそも該当企業やブランドにファンがいない状態では、アンバサダープログラムは始められませんので、〝ファンが多少なりとも存在するブランド〟ということを前提に話を進めます。その場合、答えは驚くほど簡単で「ファンあるいはファン候補はすでに企業の周りにいる」という認識から出発します。つまり、アンバサダーはファンであり、ファンとは既存顧客なのです。どこか遠くの見ず知らずの場所にいるファンを探しに行くのではなく、彼らはすでに企業や該当ブランドの近くにいるのです。具体的には、企業が持っている「顧客リスト」や、運営する自社メディアの「既存会員」、

「ソーシャルメディア公式アカウントのフォロワー」「実店舗」に来店してくれている「顧客名簿」などの中に、アンバサダー候補がいるはずです。**すでに自社の商品やサービスを使ってくれている既存顧客の中に、ファンがいて、ファンにアンバサダーになってもらうのがアンバサダープログラムなのです。**

第　4　章

顧客と一緒に
マーケティングする

ここまで、マス・マーケティング時代からソーシャルメディア時代への変化に伴い、なぜファンやアンバサダーを軸に顧客視点でマーケティングやコミュニケーションを考えることが重要なのかを考えてきました。この章では、実際に「顧客視点」でマーケティングを考える具体的なやり方についてご紹介していきたいと思います。

アンバサダープログラムのステップ

顧客視点での戦略を考えるうえで、ぜひ意識していただきたいのが「アンバサダープログラム」的思考回路です。第3章でも触れましたが、マス・マーケティング的なアプローチとアンバサダープログラム的なアプローチは、考え方や重視するポイントが真逆と言って良いほど異なります。マス・マーケティングでは新規顧客の獲得を重視することが多いですが、アンバサダープログラムではまず既存顧客、その中にいるファンをアンバサダー化することを重視します。マス・マーケティングでは大量の認知・リーチの獲得を重視することが多いですが、アンバサダープログラムで重要視するのは一人ひとりのファンや、アンバサダーとの質的なエンゲージメント、関わりの深さや、その一人ひとりがクチコミしてくれるかどうか、シェアしてくれるかどうかです。マス・マーケティングでは広告の活用が中心にある関係上、キャンペーン単位で短期間での成果を出すことに注力することが多いですが、アンバサダープログラムは人間である顧客との関係構築が中心にあるため、中長期で成果を出すことを目的にすることが中心です。そういう意味では、アンバサダープログラムは、マス・マーケティングと置き換われる存在ではない、という点については注意して下さい。第2章でも触れたように、特に日本は海外に比べると、テレビを中心としたマスメディアでの広告が効率的な国です。**重要なのは、うまくいっているマス・マーケティングと、アンバサダープログラム的なアプローチをどう組み合わせて全体の成果を大きくするか、という視点です。**

アンバサダープログラムへの取り組みのステップを大きく分類すると次の通りとなります。

1. 目的仮設定
2. 現状把握のための調査
3. 目的設定と効果予測
4. 実施と検証の繰り返し

それでは、順番にご説明しましょう。

図表4-❶:「アンバサダーサイクル」

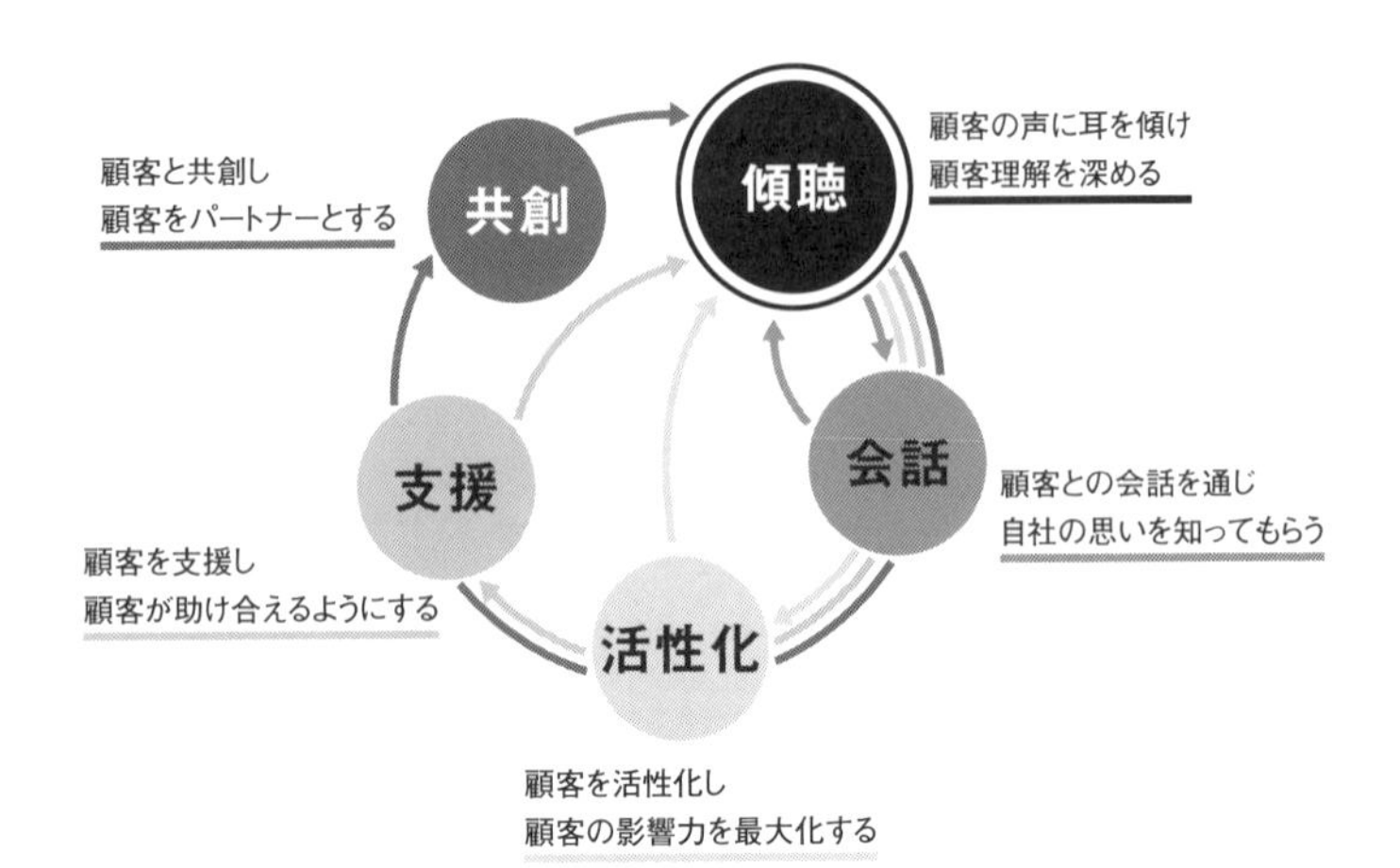

出典:アジャイルメディア・ネットワーク

五つの戦略を軸にした「目的の仮設定」の種類

これはすべての企業活動において当然のことですが、アンバサダープログラムにおいても最初の目的設定が重要です。何となく流行だから取り組んでみた、という姿勢では上手くいくものも上手くいかなくなりますし、何よりアンバサダープログラムで企業担当者が対峙する相手になるのは既存顧客です。厳しい言い方をすると、せっかく取り組んでも、顧客を裏切るような結果になるのであればやらないほうがマシ、ということが言えます。ただ、アンバサダープログラムのような新しい取り組みをする際に、何を目的にすれば良いのかわからないという方も多いでしょう。

そこでまず、仮の目的設定のために参考にしていただきたいのが、こちらの「アンバサダーサイクル」の図です（図表４－❶）。

第1章でも簡単にご紹介しましたが、ソーシャルメディア時代ならではの新しいコミュニケーションの形を体系的に分類した考え方として参考になるのが、『グランズウェル』の五つの戦略です。「アンバサダーサイクル」は、このグランズウェルの五つの戦略をもとに、「傾聴」を軸とする顧客とのコミュニケーションをサイクルとして展開したコンセプトになります。まずは簡単にこの五つの要素の概要をご説明しましょう。

傾聴：顧客の声に耳を傾け顧客理解を深める

「傾聴」は、呼んで字のごとし、顧客の声に耳を傾けて聴きましょう、というコンセプトです。「アンバサダーサイクル」の図で、他の四つの項目がすべて傾聴を軸にサイクルを回るような図になっているところを見ていただければわかると思いますが、この傾聴こそがソーシャルメディア時代における、企業にとっての最大のメリットであると考えています。もちろん、多くの企業の経営者の方は「自分の会社はお客さまの声は日々ちゃんと聞いている」とおっしゃるでしょう。ただ、ここでいう「傾聴」は従来の企業において行われてきた「お客さまの声を聞く」活動とは少しニュアンスが異なります。「お客さまの声を聞く」活動は、英語で言うと「Ask」。質問を伴って聞く行為です。アンケートで聞く、グループインタビューで聞く、電話で聞く、対面で聞く。従来からお客さまの声を聞くための手段には多様な選択肢がありましたが、いずれの場合も質問をする側の質問の仕方によって、相手の回答が変わってくる、実は高度な手法でした。これに対して、「傾聴」は、英語で言うと「Listen」。「耳を澄まして聴く」行為です。象徴的なのは「ソーシャルリスニング」と呼ばれるような、ソーシャルメディア上の発言に目を通す行為でしょう。たとえば、ツイッターの検索ボックスで、商品やサービス名で検索してみると、たくさんの発言が出てくるのをご存じでしょうか?

ツイッターはサービスの特性上、基本的に自由にユーザーの発言が検索できるようになっています。そうすると企業側はツイッターユーザーが自分たちの商品やサービスについてどういった発言をしているのか、ということを簡単に検索して見つけることができるのです。ツイッターユーザー同士の会話を、顧客同士の会話と考えると、実はツイッターにおいては顧客同士の会話を良い意味で「盗み聴き」できることになります。これらの発言はツイッターユーザーによる発言ですから、「ツイッターユーザーの発言」というバイアスがかかっている点には注意が必要です。ただ、それはアンケートやグループインタビューでも同じこと。Ｗｅｂのアンケート調査は、大抵アンケート会社の会員が対象となっており、その会員がアンケートに回答するモチベーションは、参加することで得られるポイントなどのインセンティブです。つまりアンケート調査で得られる結果は「ポイント目的でアンケートに参加する人たちの回答」である、というバイアスがかかっていることになります。そういう意味で、ツイッター上の傾聴にしてもアンケートにしても、すべてのリサーチ手法は何らかのバイアスがかかることが当然なので、その前提で活用することが大切です。そのうえで、アンケートではなく、「傾聴」する大きなメリットは、ツイッター等のソーシャルメディア上の発言を複数の観点から分析が可能な点と言えるでしょう。

アンケートの場合は、まず設問を設計してから質問を投げかけないといけませんが、傾聴の場合はすでに過去に発言されているデータを様々な角度から分析することが可能です。特にわかりやすいのは競合分析のケースでしょう。アンケートの場合は、自社商品の顧客であれば簡単に質問ができても、競合商品の顧客にアンケートを取るのはなかなか難しい行為です。それがツイッターやブログ上の発言を傾聴する場合は、自社商品と競合商品で発言数の量を比較することはわりと簡単にできますし、ポジティブとネガティブの比率などの質の比較も可能です。発言のタイミングのデータなども取得できますから、テレビCMの配信後にCMに関する発言が増えているかどうか、その発言はポジティブかネガティブか、発言内容はタレントに関するものか商品自体に関するものか、など細かい深掘りの調査も可能になってくるわけです。つまり、ソーシャルメディアによって顧客の声が聞こえやすくなったという状況を活かし、一番の目的とするのが「傾聴」の活動です。

PCメーカーのデルは、2010年12月に「ソーシャルメディア・リスニング・コマンド・センター」というソーシャルメディア上の顧客の声を収集する組織を立ち上げて話題になりました。このセンターでは、毎日2万件以上の、デルに関する投稿をトラッキングしていたと発表されています。デルでは、これらの投稿の発言内容を分析し、商品の改善やサポートの対応に活かすなど、傾聴すること自体に力を入れているそうです。

一点気をつけていただきたいのは「傾聴」において、一部のクレーマーや批判者の声だけに注目しないという点です。日本では長らく「お客さまは神様だ」という言葉が一人歩きしてしまい、いつの間にかモンスタークレーマーのような存在が「お客さまは神様だから自分の意見を聴け」という主張がまかり通るようになってしまいました。そのため、時にコールセンターにかかってくるクレーム電話や、ネット上での一部の批判に企業が翻弄されてしまうことが増えています。大事なのはそのクレームは、みなさんの会社が「顧客」として考えている人からきているのか、そうではない真性クレーマーや野次馬からきているのかを見極めることです。過去に炎上から不買運動にまで展開し、多数のクレーム電話がかかってきた企業がありましたが、その年のその企業の売り上げは下がらないどころか上がっていた、ということがありました。実は炎上で騒動に便乗しているのはその企業の顧客ではなく、別の思惑がある集団だったわけです。あくまで傾聴においては「顧客の声」に最優先に注目すべきでしょう。なお、マーケティング活動の目的を、商品やサービスの特徴を顧客に売り込んだり宣伝したりすることである、と考えている方からすると、「顧客の声を聴く」ことをアンバサダープログラムの目的にするというのは、違和感があるかもしれません。しかし、実は顧客の生の声を聴くということには非常に大きなメリットがあるのです。逆に言うと、**顧客の声を聴くつもりがないのであれば、アンバサダープログラムなどやるべきではありません。「傾聴」はアンバサダープログラムの実施における最も重要な要素と言えるでしょう。**

会話：顧客との会話を通じ自社の思いを知ってもらう

ソーシャルメディア時代のメリットは、顧客の声が聴きやすくなったことだけではありません。企業が顧客に話しかけることも容易になっています。この話しかけやすくなった状況を生かし、一番の目的にするのが「会話」です。インターネット登場以前、企業が顧客に話しかけようと思うと、非常に大きなコストがかかりました。営業パーソンや店頭スタッフが一人の顧客と会話するには人件費分のコストがかかります。これは店頭での会話であっても、電話の会話であっても同じです。一方で大勢の顧客に語りかけたければ、テレビCMや新聞広告などの広告手法を活用するという選択肢もありますが、これには多額の広告費が必要で、15秒や紙面のサイズなどの制約もあるうえ、一方通行のコミュニケーションでしかありません。これがインターネット時代、ソーシャルメディア時代になり、企業が顧客に直接語りかけるための手段が一気に多様化することになります。Webサイトにメールマガジン、ブログ、さらにはフェイスブックページに、ツイッターやインスタグラム、LINEの公式アカウントなど。LINEのようにある程度の費用が必須でかかるものもありますが、無料や低コストで利用できるコミュニケーション手段が一気に増えているわけです。特に、これらの新しい「会話」手段のほうが、従来の対面や電話に比べて、不特定多数の人たちとの会話が容易であるというメリットがあります。対面や電話による会話は基本的にリアルタイムで行われます。そのため、同時に対応できる相手は基本的に一人。会話している企業側も時間が拘束されることになります。それに比べて、ブログやツイッターのようなソーシャルメディアによるコミュニケーションは、基本的に企業が発信した内容を、見たい人が見たいタイミングで見るという形です。対面の会話のように相手を拘束できませんから、確実に話を聞いてもらえる保証はありませんが、そのぶん気軽に大勢の人とコミュニケーションできるわけです。もちろん、多額の広告予算があれば、テレビＣＭや新聞・雑誌の広告枠でも同じように企業側の伝えたい話を伝えていくことができます。ただ、それには多大な広告費が必要になることを考えると、企業によるソーシャルメディアを通じたコミュニケーションというのは、リアルな「会話」とマスメディアの「広告」の、中間にあるコミュニケーション手段ということが言えるかもしれません。スターバックスコーヒージャパンは、日本のツイッターアカウントでトップ５に入る３３０万人を超えるフォロワーを集めていることでも有名ですが、このアカウントから新しい商品の発売を発表すると、たくさんのスターバックスファンがその投稿を拡散していきます（２０１６年12月現在）。実際にその投稿で新商品の発売を知ったファンが発売日買いをしている傾向もあるようですから、スターバックスの「会話」は売り上げにも好影響を及ぼしていると言えるでしょう。

ここで意識していただきたいのは、**こうしたソーシャルメディアの公式アカウントによる情報発信を、あくまで人間の「会話」の延長で考えることです。**日本では、ソーシャルメディアマーケティングがバブル的に盛り上がってしまった過程で、ソーシャルメディアの公式アカウントを無料の広告宣伝ツールと捉えてしまうケースが多くありました。しかし、ソーシャルメディアは元々ユーザー同士の会話の場所です。無料で使える広告発信ツールと考えて使ってしまうと、購読してくれる人が増えませんし、誰も話を聞いてくれなくなります。そもそも普通の人間関係で考えていただければ簡単な話だと思いますが、毎日のように興味のない商品の宣伝ばかりしてくる人と、友達でいたいと思うでしょうか？　ソーシャルメディア時代に企業が期待されているのは、宣伝ばかりで話しかけてくる空気を読まない押し売りセールスではなく、興味のある情報を教えてくれたり、役に立つ話や面白い話を教えてくれたりするような存在です。顧客一人ひとりと会話をするというと、売り上げからほど遠い地道な活動に聞こえるかもしれませんが、会話をすればするほど相手のことを理解でき、会話をすればするほどお互いの距離が近くなるのは、企業と顧客も同じです。

従来のマス広告では企業の文化や人となり、商品やサービスのこだわりを、すべての顧客に伝えようとするのは、なかなか難しかったと思いますが、ソーシャルメディアを上手く使えば顧客側から企業のことを調べてくれて、深く知ってくれる可能性がある時代です。以前よりもさらに「会話」に力を入れる価値がある時代だと言えるでしょう。たとえば、ツイッター上でブランド名について言及しているユーザーを「傾聴」で発見し、積極的に話しかける行為は「アクティブサポート」と呼ばれています。ソフトバンクグループは早くからこのアクティブサポートに取り組むことによって、ツイッターユーザーの間での「ソフトバンクはサポートが悪い」という印象をかなり改善することができたと言われています。このアクティブサポートでは、会話の対象はフォロワー全員ではなく、一人ひとりのツイッターユーザーです。コミュニケーションの効率は非常に悪いと言えますが、それでもブランドに対して怒っていたり、誤解をして不満をぶちまけていたりする顧客を、アクティブサポートによってつなぎ止めることができれば、実は価値がある活動と言えます。なにしろソーシャルメディア以前であれば、周りに不満をぶちまけている顧客を引き留めるどころか見つけることすら難しかったわけです。もちろん、ソーシャルメディア時代だからといって、会話の手段をネットだけに閉じる必要はありません。実際にファンやアンバサダーと対面するイベントや勉強会などリアルな機会を増やすことも有効な会話戦略の一つです。インターネットがない時代は、顧客に向けたイベントをやろうと思っても告知や集客をするのが非常に大変でしたが、メールやソーシャルメディアで連絡が取れれば、イベントの告知も容易になります。自動車メーカーのマツダでは、２０１５年５

月に四代目となる新型ロードスターを発売しましたが、その四代目を初めて披露したのはいわゆる記者向けの発表会ではなく、２０１４年9月に開催されたファンミーティングでした。２０１5年5月に開催された発売記念イベントでも同様に約２３０組のファンが参加していたそうですが、この応募には約１７００組という倍率7倍以上の応募があったそうです。ファンと直接つながることが容易になった今の時代だからこそ、イベントのようなリアルな機会で顧客と会話することもできるようになったわけです。リアルのコミュニケーションを組み合わせることで、ネットを通じたコミュニケーションの価値もより上がるという傾向もあります。**自分たちの会社では、今まで顧客とほとんどコミュニケーションしてこなかったという場合は、顧客と「会話」すること自体をアンバサダープログラムの最初の目的にすることも決しておかしくはないのです。**

活性化：顧客を活性化し顧客の影響力を最大化する

顧客の「活性化」は、アンバサダープログラムを実施するうえで、一番わかりやすい目的と言えるでしょう。普通の顧客がファンになり、ファンがアンバサダーになり、企業の商品やサービスについてのクチコミを発信してくれたり、友人や知人に推奨してくれたりするように「活性化」できれば、企業にとっては宣伝効果や売り上げ向上の効果も期待できます。ただ、ここで注意していただきたいのは、**ファンやアンバサダーがまったくいない状態で、いきなり「活性化」に取り組むことはできないという点です。**第1章で挙げた、ハーゲンダッツの「華もち」が発売直後から大きな話題になった事例は、これまでのハーゲンダッツのファンがベースとなって、発売直後から大勢の人が新商品を話題にしたからです。同様に、「レモンジーナ」が話題になったのは、すでに何年も前に日本で発売されて多くのファンがいた姉妹商品の「オランジーナ」のファンがベースになっていると思いますし、「ヨーグリーナ」が話題になったのは、サントリーの天然水やフレーバーウォーター自体にすでに多くのファンがいたからでしょう。大勢のファンがいる状態で、彼らがアンバサダーとして商品やサービスのクチコミをしてくれたり、情報のシェアをしてくれたりすると、それが宣伝効果につながる例は間違いなく増えています。逆に、ファンやアンバサダーと呼べる顧客がいない状態で、いきなり顧客にクチコミを依頼したところで、誰もクチコミなどしてくれません。そういう意味で、「活性化」においてもまず重要になるのは「傾聴」です。すでに自分たちの会社の商品やサービスを使っている顧客がどんなクチコミをしているのか、それは周りの人たちに影響しているのかどうか、よく見て下さい。もしすでに自発的にクチコミをしてくれている人がいて、そういうクチコミを増やすことができそうならば。そして顧客が顧客を増やしてくれるようなクチコミサイクルを回

図表4-❷：コミュニティマーケティングの基本

Don't Sell to the Community

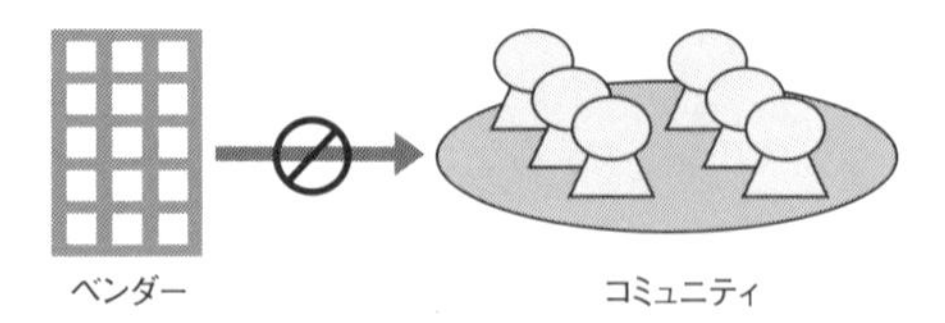

Sell **Through** the Community

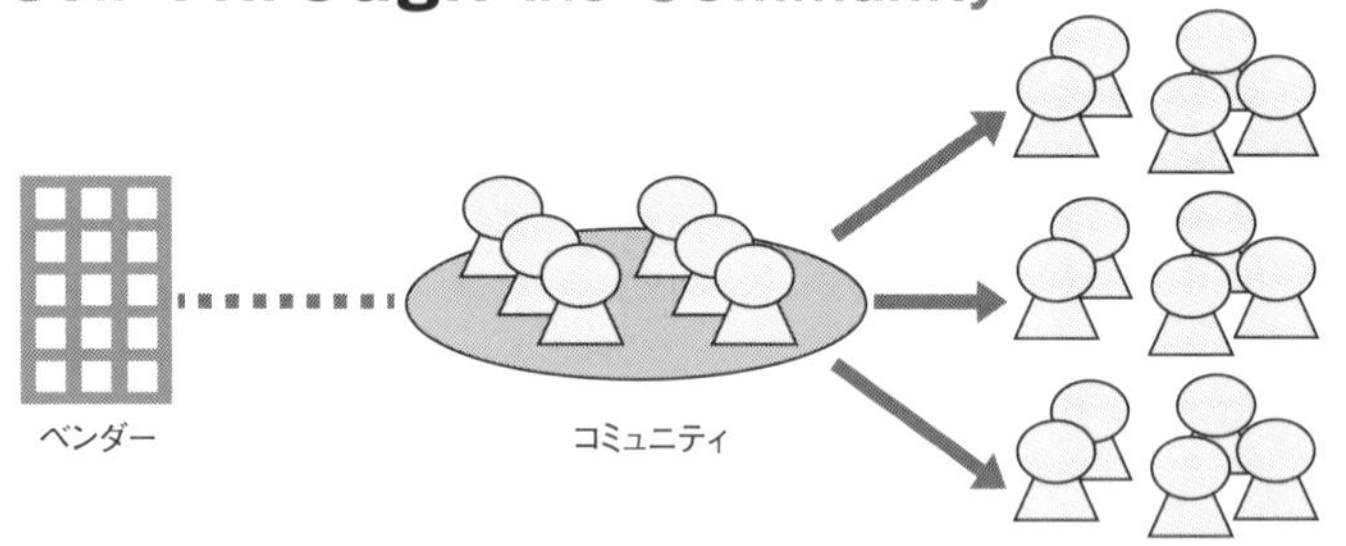

出典：小島英揮氏

せそうであれば。そこまで確認できて初めて、どうすればそういう人たちを増やすことができるか、という議論をすることができます。

アマゾンでWebサービスの啓発活動を担当されていた小島英揮氏は、アマゾンWebサービスの自発的な勉強会を全国的に展開するという取り組みを成功されたことで有名です。この取り組みの過程で「コミュニティに売り込むことに注力するのではなく、コミュニティを通じて売ろうとすることを意識すべきだ」という趣旨の提言をされています。ファンやアンバサダーのコミュニティからすぐに「売り上げ」という実を取ろうとするのではなく、ファンやアンバサダーのコミュニティという種を大事に育てることで結果的に大きな売り上げを手にする、という感覚を持てるかどうかが非常に重要です。

活性化を考えるうえで重要なのが「可視化」の視点です。一般的にはどんな会社であっても歴史がある会社であれば「ファン」は必ずいます。ただ、この「ファン」が周りの人たちから見える存在になっているかどうか、「可視化」されているかどうかというのが、クチコミのサイクルを考えるうえで非常に重要な視点です。大企業であれば、たくさんの「顧客」や「ファン」がいるはずです。しかし、その人たちが周囲にその会社の商品やサービスを使っていること、ファンであることを何らかの形で「可視化」してくれないと、周りの人は気がつきません。アンバサダー的な人が増えてくれても、その人たちが大勢いることが周囲に可視化されなければ、活性化の効果が最大限発揮されないわけです。可視化にも様々な方法があります。たとえば単純に「キャンペーンに参加することを可視化」してもらうだけでも価値があります。キャンペーンに応募した顧客が応募したことをソーシャルメディアで周りに伝えてくれれば、顧客を通じてキャンペーンの応募が増える可能性があり、結果的にキャンペーン告知をすることが可能になるわけです。理想的なのは、顧客自らが「ファンであることを可視化」してくれることでしょう。自分が何かの商品のファンであることを公言してくれる人が理想かもしれませんが、通常はパソコンにステッカーを貼ってもらったり、カバンにバッジをつけてもらったりするぐらいが現実的かもしれません。第2章でも述べましたが、iPodのイヤフォンが、通常のウォークマンのイヤフォンが黒かった時代に白を選択することで、iPod自体が見えなくてもiPodユーザーが可視化される効果があったように、商品自体が可視化の効果をもたらすのが理想です。ファンであることを公言してもらうのが難しければ、「行為自体を可視化」してもらうという選択肢もあります。スターバックスに行くたびにカフェラテやフラペチーノの写真を投稿する人は、ある意味、カフェラテを飲むという行為を可視化することによって、間接的にスターバックスのファンであることを可視化してくれていることになります。ソーシャルメディア時代は、こうした可視化を工夫することによって、その顧客の周囲の人が商品やサービスを知ったり興味を持ったりする確率が上がることになるわけです。

・自社にはファンやアンバサダーと言えるような人たちはいるのか
・その人たちはどういうクチコミやシェアなら喜んでしてくれるのか
・その人の友人や知人はどういうクチコミやシェアを見たら興味を持ってくれるのか

この三つの質問に回答がすんなり出てくるようなら、「活性化」はみなさんの会社にとって即効性がある選択肢になってくる可能性が高いと言えるでしょう。この「活性化」の具体的な考え方については、この章の後半でもう少し詳しくご紹介します。

支援：顧客を支援し顧客が助け合えるようにする

ソーシャルメディア時代の顧客は、クチコミを通じて宣伝をしてくれるだけではありません。「支援」つまりは他の顧客をサポートしてくれるような存在にもなってくれる可能性があります。2016年の夏に「ポケモンGO」というアプリが公開されて日本中で大きな話題になりました。「ポケモンGO」は現実世界の位置情報を活用して、ポケモンの世界を楽しむことができるゲームアプリでしたが、アプリ自体にはゲームの楽しみ方や説明がほとんど存在しないという、ある意味不親切なアプリでした。ただ、その問題を埋めたのが数多くの「ポケモンGO」ファンたちでした。ある人は会社の同僚にゲームの楽しみ方を嬉々として説明していたと思いますし、またある人はブログで詳細な解説記事を書いてみたり、フェイスブック上で友達の質問に丁寧に回答していたりしていました。つまり「ポケモンGO」ファンの中から、自発的に「ポケモンGO」アンバサダーとして「ポケモンGO」開発会社の代わりにサポートをしてくれる人が発生したわけです。

こうした現象は前述した「活性化」による宣伝効果ももたらしますが、それだけでなく企業側の視点からすると企業への問い合わせを減らしてサポートコストを下げてくれたり、迷っている顧客をサポートすることでその人の離脱を防いでくれたり、満足度を上げてくれたりする存在にもなりえるわけです。さらに、こうした支援をしてくれる顧客が増えると、単なる企業の商品やサービスのサポートだけでなく、その商品カテゴリーの啓発者になってくれる可能性も見えてきます。ＰＦＵというスキャナーの会社では「ScanSnap アンバサダー」という活動で、アンバサダーの方々が啓発活動をすることを支援しています。「ScanSnap」というスキャナー製品自体をアンバサダーの方々に売り込んでもらうのではなく、スキャナーがあることによって可能になるペーパーレスな仕事の仕方や、家にスキャナーがあることによって可能になる整理術などの新しいライフスタイルを啓発してもらっています。その結果、スキャナーが欲しい人や必要になる人が増えてくれれば、当然「ScanSnap」も売れるだろう、というスキャナー業界のリーダーだからこそできるアプローチと言えます。こうした啓発活動をＰＦＵ一社で行うコストのことを考えたら、アンバサダーを通じた啓発活動がＰＦＵにとって大きなメリットや可能性があることは想像していただけるのではないかと思います。

このような「アンバサダーとの啓発活動」を目的として据えるのであれば、**重要になってくるのはみなさんの会社の事業がどんな人を支援する事業なのかという俯瞰的な視点です。**ロイヤルカナンというペットフードの会社は「犬と猫の健康アンバサダー・プログラム」という活動を実施しています。これはロイヤルカナンが「すべては犬と猫のために」というコーポレートメッセージを掲げるような、本当に犬と猫のことを考えたペットフードづくりをしている会社で、犬と猫の種類に合わせた様々なペットフードを開発している会社だからこそ選択できるアプローチです。犬と猫の健康にとって、食生活がいかに重要かを理解してもらえれば、適当にドッグフードやキャットフードを買うのではなく、犬種や猫種に合わせて開発されたロイヤルカナンのペットフードを選んでもらえるだろうという自信があるからこそ「ロイヤルカナンアンバサダー」ではなく「犬と猫の健康アンバサダー」という選択ができるわけです。「ロイヤルカナンアンバサダー」という形で自社や商品のブランドを軸にした活動だと、参加してくれるのは既存のロイヤルカナンの顧客だけになってしまいますが、「犬と猫の健康アンバサダー」であれば、犬と猫の健康に興味があるペットオーナーすべてを対象にすることができます。そういう意味では、**「活性化」よりも「支援」の方が、ある意味では広い対象に対して働きかけをすることができるアプローチと言うことができます。**

共創：顧客と共創し顧客をパートナーとする

「共創」は文字通り、「顧客と共に創る」というアプローチです。『グランズウェル』では「統合」という言葉が充てられていますが、顧客をビジネスプロセスに統合するという意味です。少しイメージしにくい言葉なので「アンバサダーサイクル」では、より日本で一般的に使われている「共創」を使っています。顧客を商品やサービスを買って消費するだけの「消費者」や、マーケティング用語でいう「ターゲット」として戦争の的のように扱うのではなく、企業の「パートナー」になってくれる存在として、企業のビジネスプロセスの中に「顧客」として参加してもらうアプローチになります。一番わかりやすいのは、顧客と共同での商品開発でしょう。すでに日本でも顧客から商品アイデアを募り、それをもとに商品開発をするという事例も増えています。日本では「共創」を顧客に商品アイデアを募る一時的なコンテストのように考えている人も多いようですが、それは明らかに間違っています。本来「共創」において最も重要なのは、企業が「顧客と共に創っていくという姿勢」です。企業が顧客の声を聴いているという姿勢を示すこと、顧客の声を参考に実際に改善しようとしている行動を示すことこそが、「共創」において最も重要な要素です。たとえば無印良品では、「くらしの良品研究所」というＷｅｂサイトの中に

「IDEAPARK」という、顧客が商品に対する要望やアイデアを投稿するコーナーをつくって何年も運営し続けています。サイトの中には、２０１６年12月時点で１６０００件を超えるリクエストが集まっています。サイト上の「できました」というコーナーには、過去に投稿されたリクエストの中から実際に実現されたアイデアがたくさん並んでいます。そのアイデアは、まったくの新規商品のアイデアから、既存の商品の改善要望など様々ですが、重要なのはそのすべてが公開されているところです。無印良品の顧客やファンは、このサイト上で行われている顧客と無印良品のコミュニケーションの数々に触れ、無印良品が本気で顧客の声に耳を傾け、可能なものをできる限り実現しようと努力しているという事実を確認することができるわけです。１６０００件のリクエストの中には、ビジネスの観点からすると実現不可能なものや、無茶な要望も多数含まれているはずですから、このすべてを実現できるわけではありませんし、実現する必要もないでしょう。ただ、**こうやって顧客の声に耳を傾けていて、実際にその一部を実現するために努力を続けているという姿勢こそが、「共創」においては最も重要な要素であると言えます。**

この「共創」が対象にできるのは何も商品開発やサービス開発だけではありません。スーパーの西友は、「サゲリク」という企画で、値下げして欲しい西友の商品は何かを教えて欲しいと顧客に呼びかけ、顧客と一緒に値下げする商品を考えて実際にメーカーの協力のもと値下げをするという企画を実施しました。他にも、米国のペプシコ社は、スーパーボウルのテレビCM予算を寄付するから、どこに寄付すべきか顧客に一緒に考えて欲しいと呼びかけました。トヨタ自動車では、「アクアソーシャルフェス」という企画で、海や川をきれいにするなど、ゴミ拾いや清掃のボランティア活動を企業と顧客が一緒になって行うという活動を2012年から5年以上続けています。インターネットやソーシャルメディアにより、企業と顧客の間のコミュニケーションコストが非常に小さくなりました。それにより、顧客が企業と一緒に商品開発に携われるようになっただけではなく、顧客が企業と一緒にキャンペーンを考えたり、顧客が企業と一緒に値下げする商品を考えたり、顧客が企業と一緒に寄付や社会貢献を考えたり実行したりということが、可能になっているのです。

アンバサダープログラムの「目的の仮設定」方法

それでは、前述した「アンバサダーサイクル」の五つの項目を軸に、アンバサダープログラムを通じて達成したい目的を仮に設定してみましょう。ここで注意していただきたいのが、アンバサダープログラムのような活動において対象となる存在が、顧客という人間であるという点です。マス・マーケティングのように広告枠を使った宣伝活動であれば、少なくとも企業側からすると自分たちがある程度コントロールをした形で実施することも可能ですが、アンバサダープログラムの対象となる顧客はコントロール不可能です。たとえば、プログラムの目的を「活性化」に設定したとします。自らのファンが活性化することによりクチコミが拡がり、広告効果をもたらしてくれる。このこと自体は企業にとって大きなメリットがあることです。ただ、この活性化の母数はファンの数によって変わってしまうということです。すでに大勢のファンがいる状態であれば、活性化により比較的多くのクチコミを生み出すことができますが、ファンが少ない状態であれば、当然クチコミも少なくなります。同様に、ファンとの「共創」を目的とした場合も、「共創」の活動に積極的に参加してくれるファンがいなければ「共創」は成り立ちません。もちろん商品アイデアの投稿キャンペーンに豪華な景品をつけることでアイデア募集の数を増やすことは可能です。ただ、過去にみなさんの会社の商品を購入したこともない人が景品目当てで投稿してくれたアイデアは、果たして「共創」と呼べるでしょうか。それどころか、既存顧客がそもそも満足していない状況で、無理矢理に活性化や共創の企画を実施してしまったら、ネガティブなクチコミが増えてしまうこともありえるわけです。**極端な話として、既存顧客のクチコミにネガティブなものが多い場合、活性化や共創よりも先にやるべきは、ポジティブなクチコミを増やすために企業側のアプローチ自体を変えることかもしれません。**

図表4-❸：「アンバサダーサイクル」（再掲）

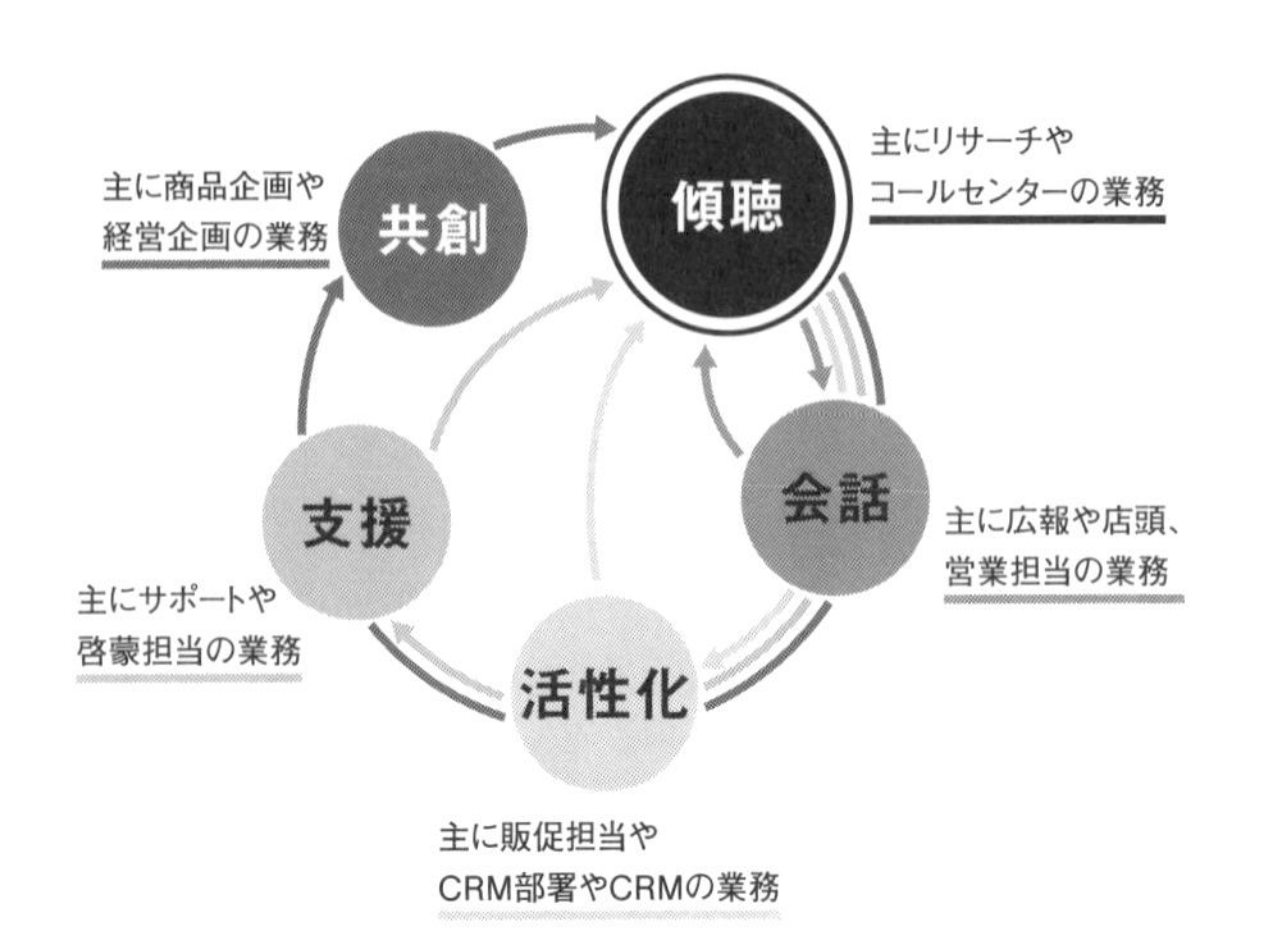

出典：アジャイルメディア・ネットワーク

また、プログラムを実施してみた結果、当初の目的とは違う項目のほうが盛り上がり、そちらに活動の中心を変更するということもよくある話です。

第1章でご紹介したように、五つの活動は縦割り型の組織の企業の活動としてはまったく別の部署の活動です。しかし、「アンバサダーサイクル」の図で表現しているように、五つの活動はすべてつながっています。なぜなら活動の対象である顧客、ファン、アンバサダーが人間だからです。長期間にわたる「会話」の結果、顧客がファンになったことで結果的に顧客が「活性化」してクチコミの量が増えるということもありえますし、「共創」の活動に参加していたアンバサダーが活動の結果、その商品について詳しくなったことで、他の顧客の相談相手になったりアドバイスをしてくれたりするという「支援」のメリットをもたらすこともあります。「傾聴」と「会話」を繰り返し続けていることにより、お互いのことがよくわかるようになり、結果的に「共創」的な成果が複数生み出される、というケースも少なくありません。最終的に複数の目的を並行して設定することになる場合も多くあります。実際、２０１６年のアンバサダープログラムアワードで大賞を受賞した「ネスカフェ アンバサダー」は、「アンバサダーサイクル」の五つの項目すべてを実践している事例といえます。「ネスカフェ アンバサダー」は、アンバサダーの一人ひとりがそれぞれの職場でネスレ日本の代わりにサポートをしてくれる存在という意味では「アンバサダーサイクル」における「支援」的な意味合いが強い活動といえるでしょう。ただ、「ネスカフェ アンバサダー」で取り組まれているのはそれだけではありません。「ネスカフェ アンバサダー通信」という名前のメルマガや、ＬＩＮＥ公式アカウントを通じたオンラインの「会話」はもちろん、日本全国で「サンクスパーティー」という名前のアンバサダーに感謝をするためのイベント開催や、ジョギングやキャンプなどの企画を通じて、アンバサダーとの「会話」に努めていますし、「ネスカフェ アンバサダータウン」というサイトにおいてアンバサダーの「活性化」にも取り組んでいます。さらにはアンバサダーから毎週数百件以上の単位で届くアンケートやフィードバックに、すべて目を通して「傾聴」をされているそうで、その傾聴の結果から「コーヒーはかる君」という注文量を計算するツールをつくったり、「出張デモサービス」という「ネスカフェ アンバサダー」を検討中の人が気軽にデモを受けられるサービスを開始したりするなど、「共創」的な活動にも力を入れています。**最終的に顧客との関係が深くなればなっていくほど、活動の選択肢やそれによる企業にとってのメリットも増えていく可能性があるわけです。そういう意味では、目的の設定は重要ですが、実は後で変わることも多いという点も意識する必要があります。**

現状把握のための調査：プレリサーチ

プログラムの目的を仮設定してみたら、まず実施していただきたいのが「現状把握のための調査」です。残念ながら「調査」という単語を聞くと、その瞬間に自分にはそんな調査はできないとか、リサーチは自分の仕事ではない、と思考停止してしまう方も多いようですが、ここで実施するのは、専門のリサーチャーが行うような細かい調査ではなく、非常にシンプルな調査です。たとえば、簡単にできる調査は次のようなものがあります。

・グーグルやヤフーの検索ボックスで自社の商品やサービス名について検索してみる

図表4-❹：アンバサダープログラムにおける現状把握のための調査項目例

プログラム開始前に暫定で目標設定をしてみましょう。

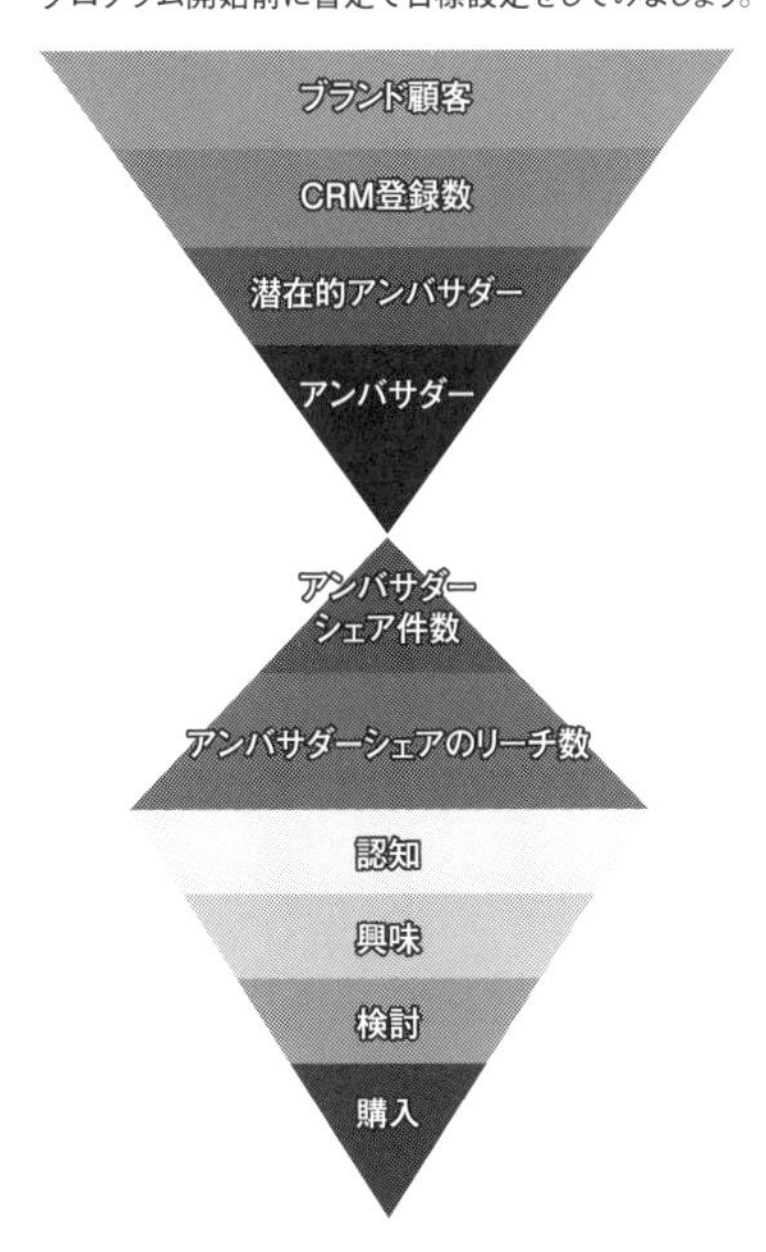

項目名	概要
総顧客人数	商品やサービスの利用人数 販売個数ではなく人数にするのがポイント
CRM登録数	企業自身が個人情報を保有している人数 メルマガや公式アカウントの登録数など
潜在的アンバサダー	自発的にクチコミをしてくれている人数
アンバサダー	意識してアンバサダーとして活動をしてくれている人数
シェア件数	顧客によるシェアやクチコミの件数 測定できるのはブログとツイッターが中心 アンケートでリアルも追加
シェアのリーチ数	顧客のシェアやクチコミのリーチ数 測定できるのはブログとツイッターが中心
売り上げへの貢献度	アンバサダーによる売り上げへの貢献度 広告換算価値ではかるかコンバージョンから想定するかアンケートで取るか

出典：アジャイルメディア・ネットワーク

・ツイッターの検索ボックスで自社の商品やサービス名について検索してみる
・インスタグラムの検索ボックスで自社の商品やサービス名について検索してみる

ここで見ていただきたいのは、次のようなざっくりした要素です。

・自分たちの顧客がどれぐらい自社の情報をシェアしてくれているか
・そのシェアはポジティブが多いのかネガティブが多いのか
・どういった内容の投稿が多いのか
・競合他社に比べて投稿は多いのか少ないのか
・競合他社に比べてポジティブな内容が多いのか少ないのか

これにより、「仮設定した目的は達成可能なのか」が少し見えてくると思います。すでにポジティブな投稿が多数存在するのであれば、いきなり「活性化」や「共創」を目的にしても協力してくれる人が多数いる可能性が高いといえます。逆にほとんどポジティブな投稿が存在せずネガティブな投稿が中心なのであれば、まずは丁寧に「傾聴」を行い、ネガティブな投稿を根本的に改善することを考えないと、いきなり「活性化」に取り組んでもネガティブな投稿が増えるだけになってしまう可能性があります。そもそも顧客の数は多いはずなのに、シェア自体がほとんどネット上に存在しないということであれば、まずは顧客と「会話」をすることに注力して、どういったことを顧客が理解してくれれば「活性化」したり、「共創」したりしてくれる可能性があるのかを模索する必要があるかもしれません。**ここで長期的な目的は別として、短期的な目的は見直しを迫られる可能性があるわけです。**

目的設定と効果予測

さて、プレリサーチが終わり目的設定を見直したら、簡易な効果予測をしてみましょう。**ここでポイントとなるのが、アンバサダープログラムの活動を自社の他のどんな活動と比較するかという視点です。**たとえば「傾聴」はリサーチ費用と比較することができるはずです。「会話」は店頭での接客対応や広報活動と比較することができるでしょう。「活性化」はファンやアンバサダーによるクチコミ効果を広告と比較することが可能です。「支援」はサポートコストの低減という視点で見ることもできますし、啓蒙活動ということで活性化と同様に広告効果や広報の効果と比較することもできるでしょう。「共創」は「傾聴」同様にリサーチ費用と比較することもできますし、実際に共創により生み出された成果のビジネス的価値の投資対効果を見ることもできるでしょう。ぜひ意識していただきたいのは、既存の企業活動と比較することです。ソーシャルメディアやデジタルマーケティングの活動は、デジタル上での効果測定が可能なため、ページビューやクリック率、いいね率などデジタル独特な効果指標が多数存在します。そういった指標を一つの参考数値として分析することにはそれなりの価値があるとは思いますが、その数値だけを見ていてはプログラムの価値は見えてきません。アンバサダープログラムで主役になるのはデジタル上の数値ではなく、顧客の気持ちです。どういうコミュニケーションをすると顧客は喜んでくれるのか、ファンになってくれるのか。どういう体験をするとファンは感動してくれるのか、積極的に推奨をするアンバサダーになってくれるのか。それにより、企業にとってどのような価値が生まれるのか、ということこそがアンバサダープログラムが意識すべきゴールです。

ここでお勧めしておきたいのは、最初はできるだけ高すぎる目標は立てずに、スモールスタートで着実に成果を出していくことです。ANAがフェイスブックを開始した時、このフェイスブックページは「会話を目的とした場」と位置づけ、売り上げ貢献等の目標は設定しなかったそうです。ANAが比較対象としたのは、空港で顧客対応をしているスタッフでした。つまり、空港のスタッフが一日に会話をする顧客がせいぜい数十人程度であることを考えたら、フェイスブック運用の担当者一人が数万人相手に情報発信できるということ自体、投資対効果的にも十分価値がある、という判断をしたのです。また、カルビーのファンサイト「それいけ！じゃがり校」は、お菓子メーカーであるカルビーが、顧客と直接コミュニケーションを取るという「会話」を主な目的に2007年から運用されているコミュニティですが、一度に登録できるユーザーの数を3000人程度と絞っています。それでは広告効果として小さすぎるのではないかと社内から疑問の声もあり、一時はコストカットの対象になりかけたこともあるそうですが、「じゃがり校」から生まれた商品がその年一番のヒット商品になることが多いという「共創」の成果による実績が認められ、継続されたという歴史があるそうです。**アンバサダープログラムを開始した後に、当初は想定していなかったメリットが見つかったり課題が出てきたりするというのはよくある話です。効果の予測も、良い意味でも悪い意味でも外れることがある前提で行うことをお勧めします。**

既存顧客がもたらす四つの価値の効果予測

とはいえ効果予測についてもう少し詳細に行いたいという方のために、四つの視点をご

図表4-❺：カスタマーエンゲージメントの価値の四つの要素

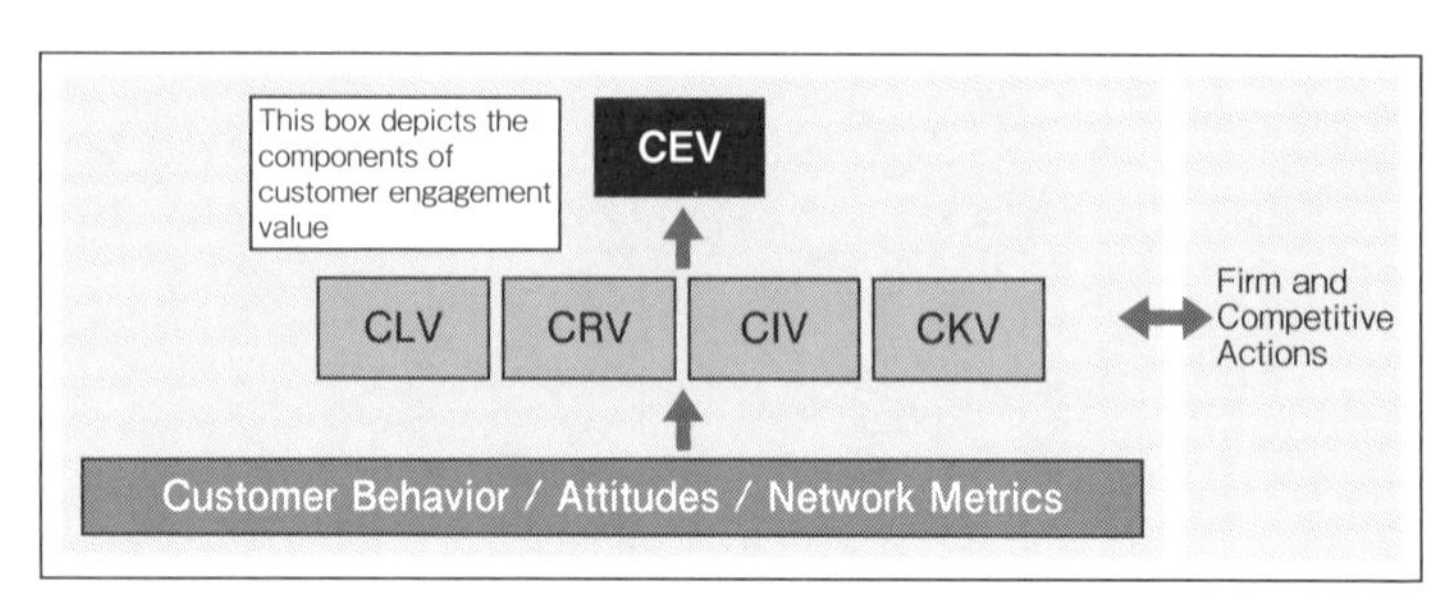

出典：Journal of Service Research 2010 13 p300

紹介しましょう。これはジョージア州立大学ビジネススクール教授でカスタマーエンゲージメントの権威として知られるクマー教授が、２０１６年のワールドマーケティングサミットで来日した際に「カスタマーエンゲージメントの価値の四つの要素」として紹介されていたものです。

・ＣＬＶ：顧客生涯価値（カスタマーライフタイムバリュー）
・ＣＲＶ：顧客紹介価値（カスタマーリファラルバリュー）
・ＣＩＶ：顧客影響価値（カスタマーインフルエンスバリュー）
・ＣＫＶ：顧客知識価値（カスタマーナレッジバリュー）

一つひとつを簡単にご紹介したいと思います。

・ＣＬＶ：顧客生涯価値（カスタマーライフタイムバリュー）

顧客生涯価値はマーケティング業界において最も一般的な言葉でしょう。**顧客が企業にもたらす価値**のことです。これは第2章でも書いたLTVと同じ意味です。この指標のポイントは、企業と顧客の関係を1回だけの商取引とみなすのではなく生涯的にもたらす価値をみるところです。たとえば、同じ1000円の商品を買った顧客が二人いた場合。一人目のA氏は一回きりで、もう一人のB氏は毎月1回10年間買い続けたとします。この場合単純計算するとA氏のCLVは1000円ですが、B氏のLTVは1000円×12×10＝12万円と劇的に違う結果になるわけです。

アンバサダープログラムの視点で顧客と関わる場合、企業と何かしらの関わりを持ったことにより継続率や購入金額が増える結果になり、CLVの平均が上がるとすれば、コミュニケーション自体を「売り上げアップが見込める行為」と考えることができます。たとえば、「ネスカフェ アンバサダー」では、「サンクスパーティー」や「アンバサダーキャンプ」などのリアルな「会話」施策に参加してくれたアンバサダーの、購入金額が変化するかどうかを測定しているそうです。それだけを目的に施策を実施しているわけではないそうですが、既存顧客とのコミュニケーションの価値を考えるうえで考慮すべき視点といえます。まず、アンバサダープログラムの対象者の売り上げへの貢献度を確認することは、基本的な効果測定といえるでしょう。

・ＣＲＶ：顧客紹介価値（カスタマーリファラルバリュー）

顧客紹介価値は、文字通り**「顧客が顧客を紹介」してくれたことによる価値**を測定するものです。アンバサダープログラムの目的として期待されやすいのが、アンバサダーが他の新規顧客を連れてきてくれるというクチコミ効果です。通信販売を行っている企業ではお友達紹介プログラムのようなインセンティブ付きの顧客紹介施策を実施しているケースも多いかと思いますが、この顧客紹介価値は、アンバサダー経由での紹介の件数やそれによる売り上げへのインパクトを測定するものです。もし、前述のＢ氏が、自分以外にも同じような友達を5人紹介してくれたとしたら、単純計算ではＢ氏のＣＬＶは12万円ですが、ＣＲＶでみるとさらに12万円×５人＝60万円の価値を生んでくれたことになります（クマー教授は、詳細なＣＲＶの算出方法として紹介がなければ商品を購買しなかった層と、紹介なしでも顧客になったであろう層で効果を区別し、それぞれのＣＬＶをもとに算出する計算式を提案していますが、ここでは簡易化した形でご紹介しています）。

通常の顧客獲得コストが1万円かかっている場合、既存顧客が友達を紹介してくれるという行為自体に数千円のインセンティブを支払うという友達紹介プログラム的な選択肢もあるでしょう。逆に、そういう現金目当てではなく無償で顧客を紹介してくれるアンバサダーが多数いるのであれば、それにより得られた顧客紹介価値を友達紹介プログラムの手数料に換算し、その金額をアンバサダーのさらなる活性化のための何かしらのプレミアムな体験などの御礼に投資をするという考え方もできるわけです。eコマースのようなダイレクトマーケティングでないと、なかなかこの顧客紹介価値は測定するのが難しい数値といえますが、これが類推できればアンバサダープログラムのような活動は非常にやりやすくなるでしょう。

・CIV：顧客影響価値（カスタマーインフルエンスバリュー）

顧客影響価値は顧客紹介価値に似ていますが、紹介による購入や加入という行為自体を測定するのではなく、**顧客のクチコミが周囲に与える影響の価値**を測定するものです。CIVに関しては、CRVに比べると明瞭な計算式に当てはめることが難しいのが現状のようですが、本書では一つの選択肢としてクチコミの広告価値を算出する方法を提案したいと思います。たとえばソーシャルメディア上のクチコミであれば、その人の友達の数やフォロワーの数から影響力を類推し、一つひとつのクチコミの広告効果を算定することも可能になっていますから、顧客紹介価値に比べるとどの業種でも測定しやすい数値と言えます。仮にインスタグラムの広告を1万人に表示するために1万円を必要とした場合、顧客のインスタグラムの写真が1万人に表示されていると推定されれば同様に1万円の価値が出ていると言えるでしょうし、ツイッター広告で一人にクリックしてもらう際に50円のコストがかかっているとした場合、顧客がツイッターで発言したリンクから１００人の人がサイトに来訪してくれたなら１００人×50円で５０００円の価値があると試算することもできるわけです。もちろん、同じインスタグラムの写真でも、その内容によって広告効果は異なりますし、対象となる商品やサービスによって一枚の写真の意味は大きく異なりますから、単純に先述のような計算だけすればよいという話ではありません。

顧客が最もクチコミをしているのはオンラインではなくオフラインのリアルの世界ですから、オンラインの効果測定だけで完結するのはもったいない行為ともいえます。ただ残念ながら、オフラインのクチコミは測定が非常に難しいので、現状はまずは氷山の一角としてソーシャルメディア上のクチコミの顧客影響価値を測定することをお勧めしたいと思います。少なくともこの価値が類推でき、社内的に理解を共有することができれば、既存顧客がただの釣った魚ではなく、新規顧客を連れてきてくれるかもしれない顧客であるということを意識しやすくなる数値と言えるわけです。

・ＣＫＶ：顧客知識価値（カスタマーナレッジバリュー）

顧客知識価値は、**顧客から得られたフィードバックの価値**を測定するものです。こちらに関してもＣＩＶ同様、明瞭な計算式は確立されていないようですが、「傾聴」や「共創」

を主目的にプログラムを実施するのであれば、何かしらの価値の数値化にトライしてみるべきでしょう。単純な方法としては、「傾聴」から得られた顧客のデータの件数を、リサーチ費用と比較するという選択肢もありますが、ＣＬＶが高い顧客と低い顧客でフィードバックの価値は当然異なるはずですから、単純なパネルのリサーチよりも価値の高いフィードバックが得られるという考え方もあります。理想的には顧客のフィードバックやアイデアから生まれたビジネス上の貢献度を金銭的に類推することができればベストです。前述のカルビー「それいけ！じゃがり校」のような顧客との「共創」から生まれた商品の売り上げや利益における顧客のアイデアの貢献度などが、この顧客知識価値の好例と言えるでしょう。

「ネスカフェ アンバサダー」においても、アンバサダー獲得施策において最も有効に機能している「出張デモサービス」というサービスは、アンバサダーの意見を参考にして生み出されたものだそうです。従来は、「ネスカフェ アンバサダー」に興味を持ってもなかなか社内を説得できなかった人たちが、上司や同僚に実際に「ネスカフェ アンバサダー」を体験してもらう「出張デモサービス」を活用することによって、成約率が明らかに高くなったのです。ネスレ日本にとってのこのフィードバックの価値は非常に大きかったということができます。この顧客知識価値は、非常に計算が難しい価値ということができます

図表4-❻：「アンバサダーサイクル」と既存顧客がもたらす四つの価値

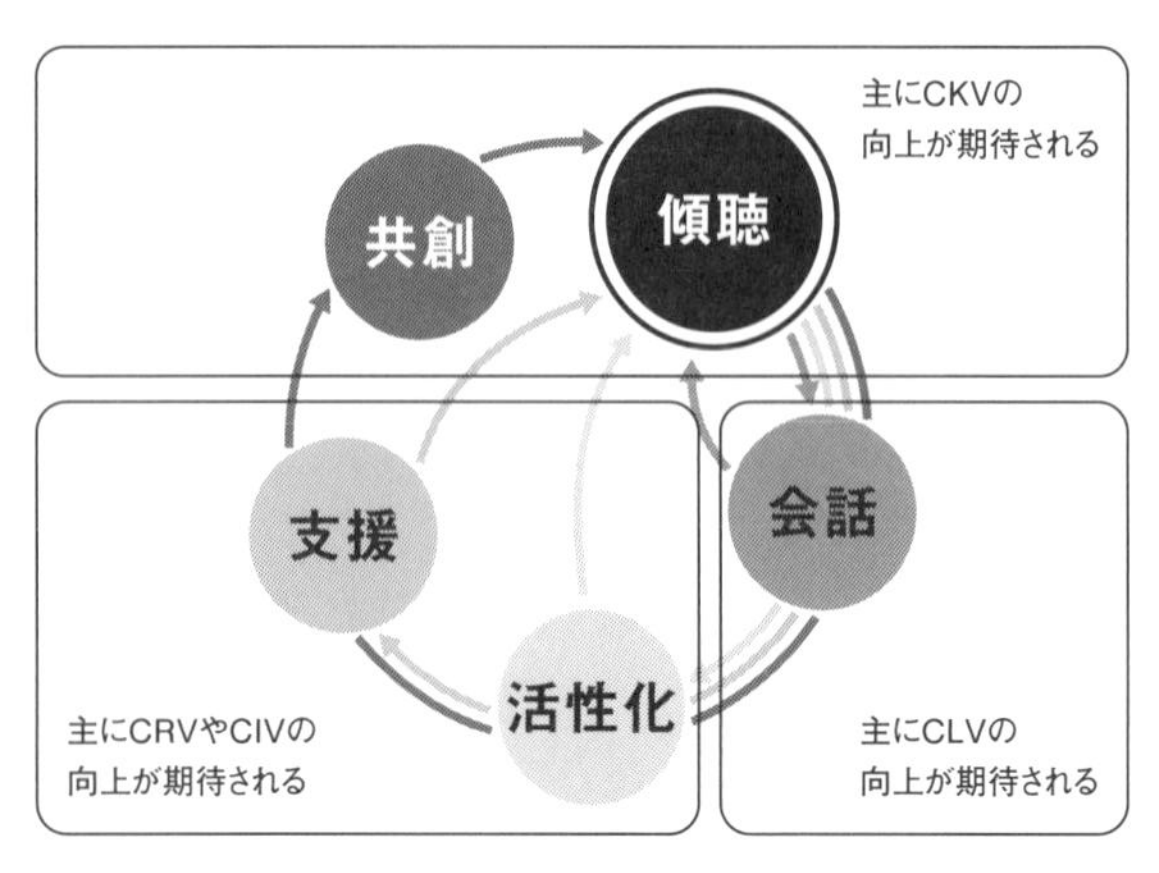

出典：アジャイルメディア・ネットワーク

が、実は「傾聴」によって必ず手に入れることができる価値でもあります。企業によっては、アンバサダープログラムのような活動を、まずはリサーチ費用のコストダウンと位置づけて実施することもあるようですが、前述の三つの価値よりも予測しやすく、失敗しにくい指標ということができるかもしれません。

プログラムの対象は人間である

この四つの価値を、「アンバサダーサイクル」の五つの要素と重ねると（図表4－❻）のようになります。つまり、「傾聴」や「共創」により得られるフィードバックは顧客知識価値（CKV）で表現できますし、顧客と「会話」を続ける行為は顧客生涯価値（CLV）を向上する可能性がある行為と言えるでしょう。「活性化」や「支援」により顧客のクチコミが増えれば、顧客紹介価値（CRV）や顧客影響価値（CIV）をもたらすことになります。

こうした価値を何らかの方法で可視化することができれば、アンバサダープログラムのような既存顧客とのコミュニケーションにマーケティング上の価値があるかどうかが把握しやすくなるはずです。当然、プログラムの目的によって、意識すべき価値や指標は異なりますし、業態によっては顧客のクチコミが測定しづらかったり、顧客が紹介して商品を買ってくれても小売の店頭で購入するために測定が難しかったりというケースも多いでしょう。特に日本の広告業界では、「効果測定」というと広告が表示された人数や、ネット上でのコンバージョンの数だけに注目しているケースがまだまだ多いようです。実際のマーケティングの効果測定はもっと複数の項目をもとに立体的に行うべきですし、本当に大事なのは、アンバサダープログラムのような活動が企業のビジネスにどのようなインパクトを引き起こすかという予測であり実績の検証です。くどいようですがアンバサダープログラムで対象となるのは顧客という人間であり、広告枠ではありません。人間が対象だからこそ、事前の予測や効果の検証が難しいのですが、先述した四つの価値のように複数の価値を生み出してくれる可能性があります。そのため、**実際にプログラムを始めてみて結果を分析してみると、当初目指していたこととはまったく違うメリットをもたらしていた**

ことがわかり、プログラムの目的が変わっていくということがよくあるのです。ぜひ、可能な限り多面的に分析することをお勧めします。

アンバサダープログラムの始め方

アンバサダープログラムの目的を設定し、当面の効果予測ができたら、いよいよ具体的な施策を実施し、効果検証を行うというサイクルに入っていきます。PDCAを回す重要性はマーケティング実施において基本中の基本ではありますが、**マス・マーケティング的な施策と、アンバサダープログラム的な施策において、根本的に異なるのが時間軸の捉え方でしょう。**第2章でもお話ししたように、従来のマス・マーケティングにおいては「キャンペーン」という形で期間を決めて施策を実施し、その期間の効果を測定していましたが、アンバサダープログラムで重要なのは中長期での積み重ねの効果を意識することです。一つひとつの施策の効果を見ることも大切ですが、より重要なのは既存顧客がファンになり、ファンがアンバサダー的な存在になってくれているかどうかです。それにより企業側にとって、前述の四つの価値のような様々な価値がどれだけ生まれているかどうか、を検証していくことが重要です。企業が顧客とのコミュニケーションを取り続ければ、その効果はキャンペーンの間だけでなく、その後も継続的に続くはずです。逆に言うと、短期的な業績を上げたいだけであれば、アンバサダープログラムは最適な選択肢ではないといえます。アンバサダープログラムを企業活動の一つとして位置づけるのであれば、第1章で述べたように企業全体の活動方針や事業目標を、新規顧客重視から既存顧客重視に、短期的な大量の認知獲得重視、リーチ重視から一人ひとりの顧客との関係構築重視、エンゲージメント重視へと重心をシフトしていくことが必要になります。

アンバサダープログラムと一口に言っても、実際には様々な形式や対象の取り方がありますアンバサダープログラムという呼び方をするのか、ファンクラブと呼ぶのか、コミュニティと言ったり、応援団と呼んだり、名称にも様々な選択肢がありますし、それによって顧客に与える印象も変わります。特にここでは、プログラムの実施形式とプログラムの対象の決め方について解説しましょう。まず、アンバサダープログラムの形式には次のような四つの形があります。

・公認型
・公募承認型
・公募登録型

・リサーチ型

それぞれについて説明したいと思います。

・公認型

もともとアンバサダーというと、第3章で述べたようにタレントや著名人をブランドアンバサダーとして起用することが多かったことから、広告業界でイメージする方が多いのがこの公認型でしょう。公認型は、ファンの中から特に影響力の高い人を公認アンバサダーとしてWebサイトに掲載したり、公認したことをプレスリリースで発表したりする形が多くとられます。この形式は、公認された側も特別扱いしてもらえているという印象を受けやすく、アンバサダーのモチベーションを高めるのに向いている方法と言えるでしょう。一方で、誰もが公認されるわけではないため、一般の顧客やファンからするとアンバサダーが自分から遠い存在になりがちな面もあると言えます。

・公募承認型

「ネスカフェ アンバサダー」の初期の頃にとられていたのが、この公募承認型です。アンバサダーの募集自体は公募の形式をとられていますが、正式にアンバサダーと認められるためには企業側の審査が入り、承認される必要がある形です。公認型に比べて、誰でも申し込めるという敷居の低さがありますが、承認を得ないと認められないため、認められた人にとっては若干の特別感を得られる方法と言えるでしょう。一方で、承認されなかった顧客に不満が溜まりやすいため、承認ルールの明確化が必須であると言えます。たとえば、カルビーの「それいけ！じゃがり校」では、年間通じていつでも申し込めるのではなく、学校形式にして入学時期を決めることで特別感を醸成することに成功しています。

・公募登録型

幅広い対象者の参加を期待したアンバサダープログラムが、この公募登録型です。公募して誰でも登録することができるため、敷居が低く、多くの顧客の登録を期待することができる形と言えます。そもそも企業側に何かしらのＣＲＭシステムが存在していない場合には、この公募登録型によって開始するのが、メール送信のパーミッション取得や個人情報の取得等の観点から一般的です。ただ、誰でも登録できる分、特別感は低くなりがちですし、ファンではなくモニター等のインセンティブを目当てにしただけの人たちが登録する可能性もあるため、施策実施の際の選考等をしっかり行わないと、通常のキャンペーンと変わらなくなってしまう面もある点には注意が必要です。

・リサーチ型

企業が表立ってアンバサダープログラムの実施を公言せず、裏側でのみアンバサダー的な活動を分析するのがリサーチ型です。アンバサダープログラムの実施を公言しなくても、企業が顧客と真摯に対峙し、既存顧客やファンを重視するコミュニケーションを継続すれば、ファンによる活性化などのマーケティング上のメリットが発生することがあります。顧客に明確に肩書きや活動方針を提示しない分、特別感や明確なアンバサダーの意識などは持ちづらい形になりますが、プログラムの形を明示していないため、アンバサダー向けの特別な活動の義務も発生しないのがメリットと言えるでしょう。

アンバサダープログラムの対象にも様々な選択肢がある

アンバサダープログラムを実施する際にもう一つ重要になるのが、何をアンバサダープログラムの対象範囲にするのかという点です。これにも次のような選択肢があります。

・商品ブランド
・企業ブランド

・テーマ／関心

・商品ブランド

最もわかりやすいのは商品ブランドを軸にするものでしょう。詳しくは第5章に解説がありますが、ネスレ日本「ネスカフェ アンバサダー」や日本ケロッグ「オールブランアンバサダー」のように商品やサービスそのもののファンを対象とするものです。これは対象が明確なためにわかりやすいというメリットがある反面、対象が狭くなってしまいアンバサダーの人数が少なくなってしまうというデメリットがあります。

・企業ブランド

商品ブランドと並ぶ選択肢となるのが企業ブランドを軸にするものです。レッドブルのように商品ブランドと企業ブランドがほぼイコールの場合にはこれはほとんど問題になりませんが、食品メーカーやお菓子メーカー、一般消費財のメーカーなどにおいては、商品単位でアンバサダープログラムを実施するとあまりに対象が細分化されてしまうので、企業単位で行ったほうが効率的なケースがあります。たとえば、森永製菓は「エンゼルＰＬＵＳ」というお菓子を好きな人たち全員が対象になったファンサイトを運営しています。森永製菓には「キャラメル」から「チョコボール」、「おっとっと」に「ハイチュウ」

に「ミルクココア」など、様々なお菓子や食品が存在しますが、それぞれにファンサイトをつくるコストを考えると一元的に森永製菓のファンとして扱うほうがメリットは大きいと言えるでしょう。特に企業ブランド型の場合は、一つの商品のファンに別の商品を紹介することが構造上容易になるのもメリットです。ただ、男性しか買わない商品と女性しか買わない商品を扱っているなど、あまりにターゲットが異なる商品のファンを同じ場所に集めることで混乱が発生するリスクもある点には注意が必要です。

・テーマ／関心

自らの商品や企業のブランドではなく、あえて顧客視点で見た「テーマ／関心」を対象にしてしまう選択肢もあります。花王の「ピカ☆ママ コミュニティ」は、「新米ママのためのコミュニティ」として花王が開始したＷｅｂサイトですが、花王の商品の宣伝が主眼ではなく、新米ママがお互いに助け合うためのコミュニティとして運営されています。また、前述したロイヤルカナンは、「ロイヤルカナンアンバサダー」ではなく「犬と猫の健康アンバサダー」という名称のプログラムを運営しています。商品名や企業名を冠した活動に参加するのは、その企業の顧客が中心となりますが、テーマ／関心を冠した活動であれば極端な話、ライバル企業の顧客も対象になり、より幅広い層を対象にすることが可能なわけです。ただ、ここで注意しなければいけないのは、活動の結果、自社の商品やサービスの顧客が増えるというポジションの企業でなければ意味がないということです。花王には紙おむつや子供向けの石鹸など、新米ママのためになる商品が多数ありますから新米ママを支援する意味があるわけです。ロイヤルカナンは「すべては犬と猫のために」というコーポレートメッセージを持っているように、犬や猫の種類に合わせて多様なペットフードがあります。そのため、犬と猫の健康にとってペットフードが非常に重要であると理解してもらえれば、他社ではなく自分たちの商品を購入してもらえるという自信があるからこそ「犬と猫の健康アンバサダー」というアプローチが取れるわけです。

これらのアンバサダープログラムの形式や対象によって、プログラム自体に名称をつける必要があるのか、どのような名称をつけるべきなのか、が変わってきます。業種や業態によってどれが正解というわけではなく、目的や企業の立ち位置によって異なります。もう少し具体的なアンバサダープログラムの始め方については、「実践レポート」でご紹介したいと思います。

図表4-❼：トリプルメディアの分類

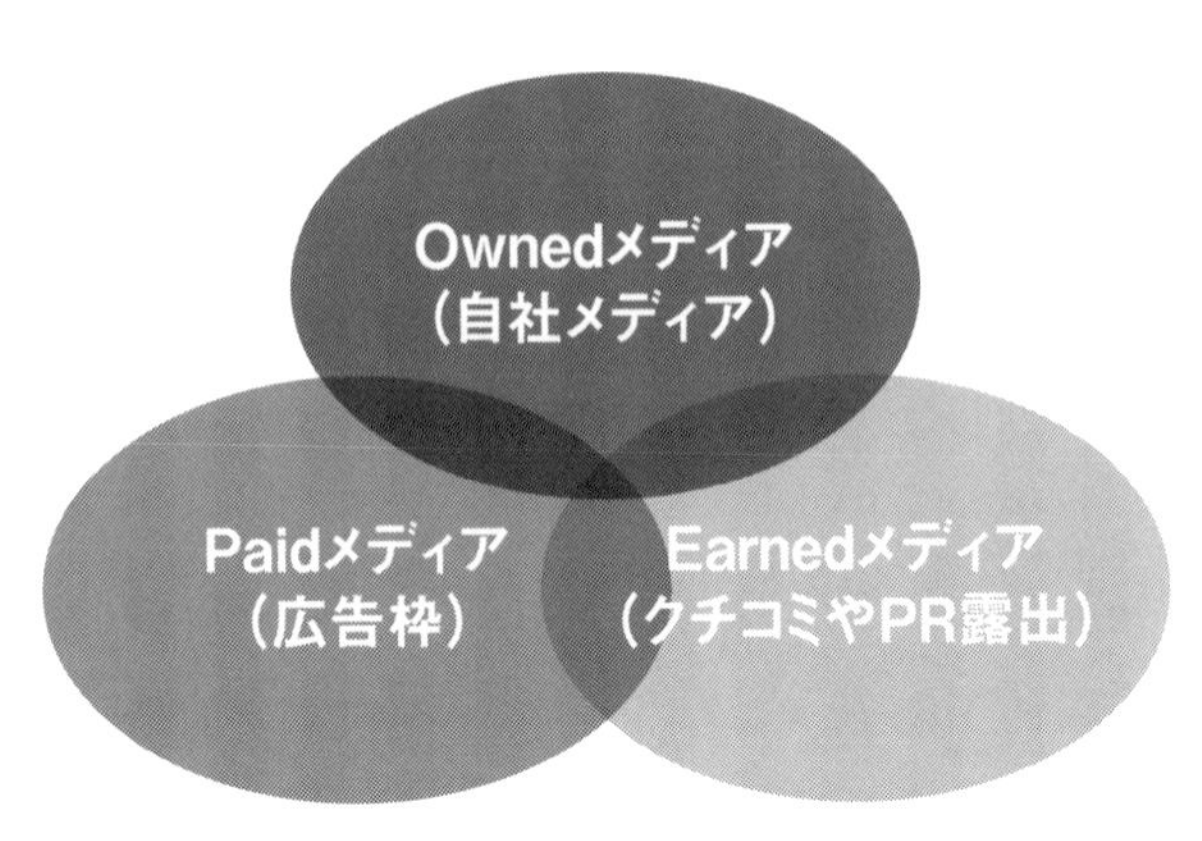

出典：アジャイルメディア・ネットワーク

顧客のクチコミにより生まれるアーンドメディアに注目する

繰り返しになりますが、「アンバサダーサイクル」で表現しているように、アンバサダープログラムの活動は顧客という人間が対象になりますので、すべてがつながっており、どれか一つだけが重要ということではありません。ただ、やはり何と言っても、アンバサダープログラムのような活動が注目されるようになった一番の理由は、顧客のクチコミの拡がりへの期待でしょう。**ソーシャルメディアの普及により、顧客がメディア化し、顧客のクチコミは一瞬で消えてしまう声ではなく、ネット上で早くもゆっくりも伝播するコンテンツに変わりました。**そのため、アンバサダープログラムに期待される一番の効果として、「アンバサダーサイクル」における「活性化」の部分をあげる企業が多くなっています。この点は「トリプルメディア」で考えるとわかりやすいかもしれません。

トリプルメディアとは、メディアを「オウンドメディア」、「ペイドメディア」、「アーンドメディア」の三つに分類して考える概念で、日本のＷｅｂ広告業界でよく使われています。オウンドメディアとは自社で所有（Own）しているメディアのこと。企業がメディア運営を行うことを表現するキーワードですが、もともとこのトリプルメディアの定義をきっかけに日本で使われるようになりました。デジタルマーケティングの文脈では、企業が運用するメディアサイトのことを意味するケースが多く、個人的には企業のＷｅｂサイトに加えて、店舗の外観や看板、商品のパッケージやサービスそのものもオウンドメディアとして考えたほうが良いと考えています。ようは自社でコントロールができるメディアというのがポイントです。一方で、ペイドメディアは文字通りお金を支払って（Pay）使うメディアのことで、マスメディアやＷｅｂメディアの広告枠のことです。ある意味、テレビＣＭや新聞、雑誌に掲載する広告もオウンドメディアのように使えるものが増えていますから、ペイドメディアとオウンドメディアの境界線も薄くなりつつありますが、ペイドメディアはお金を払い続けないと表示がされないというのがポイントです。アーンドメディアは評判を獲得する（Earn）というイメージで、いわゆるクチコミやＰＲ露出のことになります。よくアーンドメディアをソーシャルメディアアカウントのことだと定義されている文献を見ることがありますが、個人的にはそれはあくまでオウンドメディアとして定義するほうが良いと考えています。Ｗｅｂサイトも、メルマガも、ツイッターアカウントも、フェイスブックページも、ＬＩＮＥアカウントも、企業自らがコントロールできるメディアという意味ではオウンドメディアと定義したほうがシンプルだからです。ここでのアーンドメディアはあくまで自社以外の人たちのＰＲ露出やクチコミの投稿と考えてください。お金を払えば必ず買えるものでもなく、自社でコントロールできないメディアというのがポイントです。

アンバサダープログラムの活動は、このトリプルメディアの分類でいうと「アーンドメディア」を重視した活動になります。顧客がメディア化したことにより、顧客のクチコミが広告的な効果を生んでくれれば、アーンドメディアがペイドメディア同様の価値を生むことがありえるわけです。そういう意味で、この顧客によるクチコミの「活性化」が最も注目されるのは当然とも言えるでしょう。ここでは一般論ではなく、「活性化」の部分に集中してもう少し具体的な手法について掘り下げてみたいと思います。

顧客のクチコミ活性化のための公式を考える

顧客の「活性化」を目的にするうえで、まず意識していただきたいのがこちらの公式です。

クチコミ活性化の公式＝「シーン」×「シカケ」×「シクミ」

公式の後半にある「シカケ」×「シクミ」というのは、マーケティング・コンサルタントとしても著名な高広伯彦氏が提示していたクチコミマーケティングを考える際の公式です。[*1] シカケとは「人に伝えたくなるネタ・情報」のことで、シクミとは「人に伝えやすい機能・ツール」のこと。このクチコミマーケティングの公式に「シーン」という要素を組み入れたのが、クチコミ率を高めるための公式です。「シーン」とは、クチコミをする機会になり得るシーンのことです。この三つを因数分解して、それぞれをどうすれば向上させることができるかが、クチコミ率を高めるために重要な要素となります。

＊1――アドバタイムズのコラム記事『ソーシャルメディアの時代なので、クチコミマーケティングを再考しよう：4』高広伯彦の〝メディアと広告〟概論より

丁寧に書くとしたら

・「シーン」：クチコミをする機会をどう増やすか
・「シカケ」：クチコミをしたくなる動機をどう増やすか
・「シクミ」：クチコミが伝わる人数をどう増やすか

というイメージです。

たとえばある飲料を例にした場合

「シーン」：クチコミする機会　　月に3回
「シカケ」：クチコミする確率　　平均10％
「シクミ」：クチコミが伝わる人数　　平均2人

という数式が成り立ったとすると

3回×10％×2人＝0・6人

と1人のファンやアンバサダーから0・6人にクチコミが伝わるという計算になります。対象となるアンバサダーが1000人いれば600人に伝わる計算になります。それぞれの数値のどこかを倍にすることができれば、この数値は倍になるわけです。

ここでポイントになるのは、いかに顧客が自然発生的にクチコミをしてくれるかどうかです。インフルエンサーにお金を払って投稿してもらったり、プレゼントなどのインセンティブを使ったキャンペーンで一時的にソーシャルメディア上の投稿数を増やしたりすれば、特定の期間においては他社よりもクチコミ率が高い状態をつくり出すことができるかもしれませんが、これはある意味お金で投稿を買っている状態であり、本当の意味で顧客が活性化しているわけではありません。

一番重要なのは、日々の顧客による自然なクチコミや投稿がいかに増えるかです。『明日のプランニング』において佐藤尚之氏は、企業が広告を通じて顧客に直接メッセージを届けようとすることを「直接リーチ」、顧客を通じて間接的にメッセージを届けようとすることを「間接リーチ」と分類。その間接リーチの中でも最も重要なのが、ファンからその友人知人への彼ら自身の言葉で行われる「オーガニックリーチ」であると定義しています。**この公式はこの「オーガニックリーチ」と呼ばれる自然発生的なクチコミを増やすことが目的であると考えて下さい。**この「シーン」と「シカケ」、「シクミ」という三つの要素について、もう少し詳しくご説明しましょう。

「シーン」を考えるためにアンバサダージャーニーをつくる

前述した「オーガニックリーチ」と呼ばれるような友人経由のクチコミが発生するためには、その自然なクチコミが発生するための「シーン」が存在することが必須になります。クチコミ率を高めるための「シーン」を考えるために、ぜひ分析していただきたいのが「アンバサダージャーニー」です。顧客がどのように商品やブランドとの接点を持って購買までにいたるのかというプロセスを旅にたとえた「カスタマージャーニー」という言葉がありますが、このカスタマージャーニーを顧客がファンになりアンバサダーになっていくプロセスまで延長したものを「アンバサダージャーニー」と呼んでいます。

飲料におけるクチコミを考えた場合、「飲料を飲む」というタイミングがわかりやすいクチコミの「シーン」となり得ます。美味しければ美味しいとクチコミしてくれることもあるでしょうし、美味しくなくてもその事実をクチコミすることもあるでしょう。また、飲む前の購入のタイミングも、クチコミの「シーン」になり得ます。話題の新商品においては「買ったよ」、という事実を伝えることも十分クチコミになり得るわけです。毎日飲んでいるような飲料であれば、ある意味、毎日のようにクチコミをするための「シーン」

は存在していると言えます。一方で、年に数回使うかどうかという布団圧縮袋の場合は、クチコミをする「シーン」も年に数回と非常に少なくなるわけです。ただし、「シーン」の数が多いほうが、クチコミ率を高めるためには有利に見えるかもしれませんが、毎日同じ行為を繰り返しているということは、クチコミをすることの動機が薄くなるということでもあります。そのため、一概に「シーン」の数が多いほうが良い、とは言えません。どういう機会があるとクチコミしてくれる可能性が増えるのか。これが見えてくると、その商品やサービスにおける基本的なクチコミ量の最大値が見えてきます。

クチコミを動機付けるための「シカケ」を見直す

人に伝えたくなるネタ・情報としての「シカケ」を考えるうえで意識していただきたい指標が「クチコミ率」です。「クチコミ率」とは、文字通り顧客がクチコミしてくれる確率です。同じ毎日1万人が購入している飲料であっても、商品によってクチコミの数は異なります。飲料を飲んだ顧客1万人の内100人が写真をインスタグラムに投稿している場合と、1万人の内10人しか写真を投稿していない場合は、写真表示の数に10倍の差がついてしまうわけです。もちろん、ただ写真を投稿してもらえれば意味があるという話ではありませんが、まずこの比率を意識することが大事です。１００枚の写真と10枚の写真だと大差ないように感じるかもしれませんが、この状況が１００日間続けば、1万枚と1千枚の違いになります。もし、それぞれの写真が平均１００人の人に見られていれば累計で１００万人と10万人のブランド露出の違いになる可能性があるわけです。ある意味、既存顧客のクチコミが無償で発生していることを考えると、10分の1しかクチコミされていないブランドは損をしているといえます。さらに、可視化されたクチコミがその人の友達からさらに他の人に伝播したり、話題になっていることによってメディアに取り上げられたりする可能性も増えてきます。クチコミされる商品とクチコミされない商品では広告の投資対効果の効率も変わってくる可能性があるわけです。

ブランドの特徴やパッケージ、顧客層の違いなどがこのクチコミ率の差に影響しますから、この比率を変えるのは簡単なことではありません。ただ、なんらかの施策でこの比率を上げることができれば、既存顧客の長期的な顧客紹介価値（ＣＲＶ）や顧客影響価値（ＣＩＶ）を上げることができるわけです。たとえばクチコミ率を上げるための取り組みとして次のような三つが挙げられます。それぞれ解説します。

写真4-❼：「い・ろ・は・す もも」の特製パッケージ

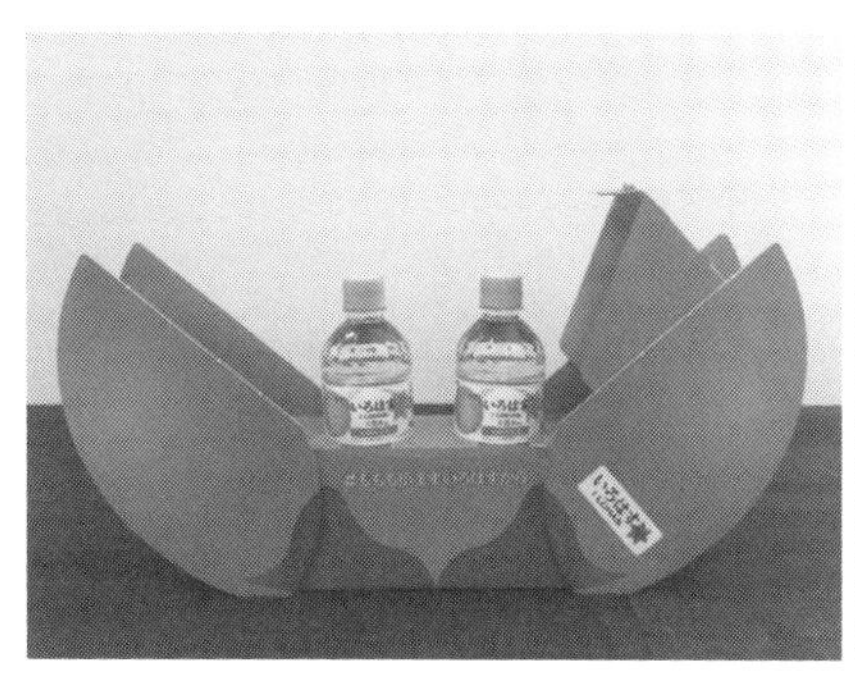
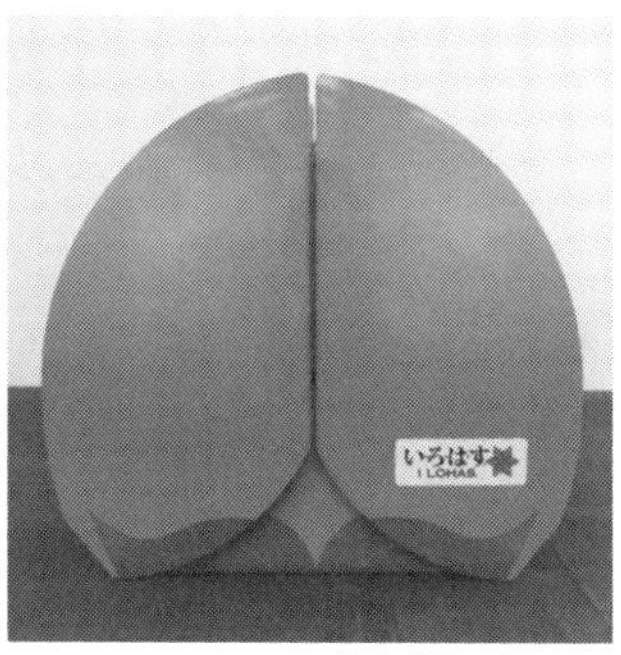

出典：日本コカ・コーラ

・話題度を増す
・知識を増やす
・関係を深める

・話題度を増す

顧客にとっての話題度が増せば、クチコミされる確率は高くなります。毎日飲んでいる定番の飲料よりも、新商品の方がクチコミされる確率は高くなるでしょう。同じカテゴリーの飲料でもパッケージがお洒落だと写真が共有される確率は上がります。日本コカ・コーラでは、「い・ろ・は・す」のフレーバーウォーターの新商品である「い・ろ・は・す　もも」を発売する前にツイッターキャンペーンを行い、桃の形をした特製パッケージを発売前の特別なプレゼントとして配布しました。桃の中から桃太郎のように「い・ろ・は・す　もも」が出てくるパッケージは非常に話題を呼び、多数の当選者が写真をツイッター上にアップしていました。同じ商品においても、こうしたちょっとした顧客にとっての話題度を意識したシカケによってクチコミ率を高めることが可能なわけです。

・知識を増やす

顧客の知識が増えることで、クチコミされる確率が高くなることもあります。同じ飲料でも、その飲料が健康に良いことを理解できれば、クチコミされる確率が上がるわけです。花王が発売している「ヘルシア緑茶」は、通常のお茶に比べて苦いことで有名です。今でもソーシャルメディア上ではこの商品が苦いことが飲んだ人たちの間で話題になっていますが、その苦さこそが健康にとって良い証だということを理解した人たちは、逆に苦いけど飲んでダイエット頑張る、という趣旨の発言をするようになっています。また、ハイボールブームの黎明期の頃、ハイボールのつくり方を学んだ人たちが積極的にハイボールのつくり方を周囲に紹介する現象がネット上で発生したことがあります。ハイボールが美味しいという情報とは別に、「ハイボールのつくり方」という知識自体がハイボールを広めることに貢献したわけです。

・関係を深める

顧客は人間ですから、企業との関係が深まれば友達同士のようになります。友達同士の関係が深まれば、相手を話題にすることが増えるのと同様に企業自体が話題になることも増えていきます。ツイッター上でブランド名について言及しているユーザーに積極的に話しかける行為は「アクティブサポート」と呼ばれていますが、このアクティブサポートで話しかけられたユーザーは話しかけられていないユーザーよりも積極的にブランドについて、さらに言及するようになることが知られています。ユーザーの投稿した写真やブログ記事をフェイスブックページで取り上げたり、企業のサイトにまとめて掲載したりする行為も、ある意味関係を深める行為と呼べると思います。このような、企業側が顧客の声を聞いているという姿勢を示すこと自体も、顧客がブランドについて言及したくなる動機を高めるための一つのシカケとして機能するわけです。もちろん、このシカケの話はオンラインだけに留まりません。自分が尊敬している先輩が同じ飲料を好きなことを知ることで、ファン度が増すこともあるかもしれません。みんなで同じ飲料で乾杯する機会が増えることで、よりその飲料に対する思い入れが増すという経験もあるでしょう。

クチコミの効果を最大化するための「シクミ」を見直す

クチコミ率を上げることを考えるうえで、シカケに比べると見落とされがちなのが人に伝えやすくする機能、可視化される確率を上げるための機能としての「シクミ」です。このシクミにおいて最もわかりやすい取り組みが、通常のクチコミだけではなくソーシャルメディア上にクチコミを上げてもらうようにすることでしょう。ある顧客が、飲食店で新メニューを食べて美味しいと思っても、そのことをリアルの場で伝える機会というのは、通常それほど多く存在しません。その話題を伝えるのはせいぜい職場で仲の良い同僚数人程度でしょう。それがソーシャルメディア上に写真とセットでクチコミしてもらえれば、その人のフォロワーに幅広く届く可能性が高まるわけです。同じクチコミでも、より多くの人に届く「シクミ」にできるかどうかで、その効率が大きく異なることになります。

この「シクミ」の具体的な取り組み方には、業種や業態によって様々な選択肢があります。一つ象徴的な例を挙げるとすると、ナイキが提供している「NIKE+ RUN CLUBアプリ」があります。このアプリは、ランニングをするランナーが自分の走った距離やルートを記録するために使うアプリですが、その走ったランニングの記録をソーシャルメディア上にシェアする機能がついています。本来、ランニングは一人で行うものですから、その人が毎日走っていても周辺の友人に可視化されません。しかしナイキのアプリを使えば、簡単にランニングの記録をシェアすることができるため、アプリのユーザーがランニング好きであることが可視化され、ナイキのアプリを使っていることも可視

写真4-❽：丸亀製麺の三角メニュー

出典：丸亀製麺

化されるわけです。

こうしたアプローチは、アプリのような複雑な要素でなくともできることが多々あります。うどんチェーンの丸亀製麺ではテーブルの上に置いてある三角メニューの余白部分にインスタグラムのアイコンと#をつけたうどんのメニュー名だけを記載したことがあるそうですが、それにより明らかにインスタグラムでハッシュタグをつけて投稿してくれる人が増えたそうです。元々丸亀製麺のような飲食店においては、自然発生的に写真を投稿してくれるファンが存在します。ただ、実はうどんのアップの写真を上げてもらうだけだと、どこのうどんかわかりにくかったり、どんなメニューなのか知らない人が写真だけだとわからなかったり、という結果になりがちです。そこでメニューを通じてハッシュタグのルールを顧客に教えてあげることで、顧客がそのルール通りに写真を投稿してくれれば、企業側もその投稿を見つけやすくなりますし、何よりその写真を見たその人の友人が、そのうどんが丸亀製麺の新メニューであることを認識する確率が上がるわけです。

イベントを開催した際にも、公式のハッシュタグを設定し、写真を自由に撮影して欲しい旨伝えた場合と、まったく何もしなかった場合では、イベントに関する写真の投稿量が劇的に違うことがわかっています。こうした取り組みは、投稿率を上げる「シカケ」として貢献する可能性がありますが、同時に投稿を拡散してくれる人の数を増やす「シクミ」としても機能します。こうした細かいシクミを見直すだけで、同じクチコミの量でも伝わりやすさや、伝わる人数が大きく変わるということはよくあるのです。

「シーン」と「シカケ」と「シクミ」の組み合わせ

この三つの要素の組み合わせは、業種や業態、商品やサービスの特徴やブランドの位置づけなどによって重要性や変化の幅が変わります。**飲料や食品であれば比較的「シーン」の回数が多くなるはずです。「シーン」の回数が多くなるとクチコミの機会がそれだけ多くな**

るので良い面が多いと言えますが、反対にあまりに日常的な行為であれば、そもそもクチコミをする動機が低いという可能性があります。みなさんが毎日牛乳を飲んでいるとして、それを毎日ツイッターやフェイスブックに投稿するでしょうか。普通は投稿しないはずです。また、牛乳を買う前にクチコミを検索して買う人は少ないですから、検索結果を意識してクチコミしてもらうよりは、日々カジュアルに言及してもらうことに意味があります。日常的な商品であれば、話題にしてもらいやすくなる「シカケ」を工夫することがより重要になると言えるでしょう。一方で、冷蔵庫や掃除機のような家電製品は、購入したタイミングや故障したタイミングぐらいしか、クチコミをする「シーン」が存在しません。しかし、高価な買い物ですから、クチコミ自体を検索する人が多いため、商品に満足している顧客のクチコミを可視化することが重要です。この場合は、数は少なくても購入を検討している人に伝わる形で、良いクチコミを見つけられるようにする「シクミ」にこだわると効果が高まるわけです。

もちろん、くどいようですがクチコミやPR露出のような「アーンドメディア」は、お金を払えば必ず露出が買える取り組みではありませんし、クチコミをしてくれるファンやアンバサダーの母数は、会社の顧客の数より当然少なくなりますから、短期間で大きな話題をつくるのには向いていません。新商品の話題を確実に大勢の人に知ってもらいたいのであれば、テレビCMに投資する方が投資対効果は確実に出ますし安全だと言えるでしょう。ただ、ファンが多ければ多いほど、顧客の日々のクチコミの機会が多ければ多いほど、もしクチコミ率を上げたり、クチコミの可視化の効果を上げたりすることができれば、日々のクチコミの量は確実に底上げされることになります。特に重要なのは顧客やファンのクチコミは、それ自体は無償で行われるという点です。仮に既存顧客の活性化にある程度のコストがかかったとしても、それにより既存顧客のクチコミ率を明らかにアップすることができれば、長い目で見ると通常の広告よりも投資対効果が高い取り組みになるというのは実は珍しいことではありません。逆に言うと、スモールスタートでできるだけコストを掛けずに投資の損益分岐点を低めに設定し、早めに顧客のクチコミの価値の可視化をすることができ、ある程度のファンのアンバサダー化を達成することができれば、明らかにやらないよりはやったほうが良いという取り組みにすることができます。

短期のキャンペーンのような即効性の成果を出したい時には、アンバサダープログラムはお勧めできませんが、長期のクチコミの底上げという意味では投資対効果の高い取り組みになるわけです。

サントリーホールディングスの坂井康文氏（広報部 デジタルコミュニケーション開発部長）は、マス・マーケティングは掛け捨ての保険で、ソーシャルメディアの取り組みは積立保険という表現をされていましたが、属性の違う二つのアプローチをどう組み合わせるかという視点が、マス・マーケティングで成功した企業にとっては重要なのです。

実践レポート

アンバサダーの体験設計

執筆
上田怜史（うえだ・さとし）
アジャイルメディア・ネットワーク 代表取締役社長 CEO
商社にて建材を取扱い、建設会社・設計事務所への営業活動に従事。IT系ネットメディアのシーネットネットワークスジャパンに入社し広告営業に従事した後、ディー・エヌ・エーにて「モバゲータウン（現mobage）」の広告企画を担当。2007年アジャイルメディア・ネットワーク入社。取締役に就任後、2014年3月より代表取締役に就任。「熱量の高いファン＝アンバサダー」と定義し、企業やブランドのファン育成・活性化を支援する「アンバサダープログラム」の設計・導入支援、講演活動を行う。茨城県いばらきインターネットテレビ事業検討委員会委員。

ここまで「顧客視点」の取り組みについて、その重要性や全体像、クチコミを活用した取り組みなどについてお話ししてきました。この実践レポートでは、「顧客視点の企業戦略」を体現する施策の一つである「アンバサダープログラム」の手順について、架空の事例を用いながら、具体的な方法論やノウハウ、考えるべきポイント、取り組む順番などについてまとめています。ここまでの章で記載したことを、具体的に実践するとこうなる、という事例です。読者のみなさんの業種・業態や置かれている状況などは違うと思いますが、一つの事例として、ぜひ参考にしていただければと思います。

アンバサダープログラム導入の前に

「顧客視点」の取り組みをスタートするには、現状を正しく捉え、アンバサダーを育成・活性化するために、企業・ブランドとして何ができるのか、どのような機会や支援が必要かを事前に検討し、「イメージ」を持っておくことがとても大切です。アンバサダープログラムでは、既存顧客を潜在ファンの分母と考え、〝理想のアンバサダーに育成・継続した活性化〟をゴールに設定します。

アンバサダープログラムの全体像について（図表R－❶）のようにまとめました。商品購入やサービスを利用してくれている「一般顧客」、そういった活動を起点として企業の公式SNSやメールマガジンに登録し、企業からの情報を受け取ることを了承している「ライトファン」が存在します。「一般顧客」から「ライトファン」になるステップがあり、次にアンバサダープログラムを通じて、ファンであることを自覚し「アンバサダー」となります。ここでは「クチコミの機会を増やす（量）」と「より説得力のあるクチコミができる（質）」という両面で活動を支援します。さらに、その活動を支援・評価（フィードバック）し、〝理想のアンバサダー＝ヒーローアンバサダー〟に育成する、という考え方

図表R-❶：アンバサダープログラムを通じて実現するポジティブループ

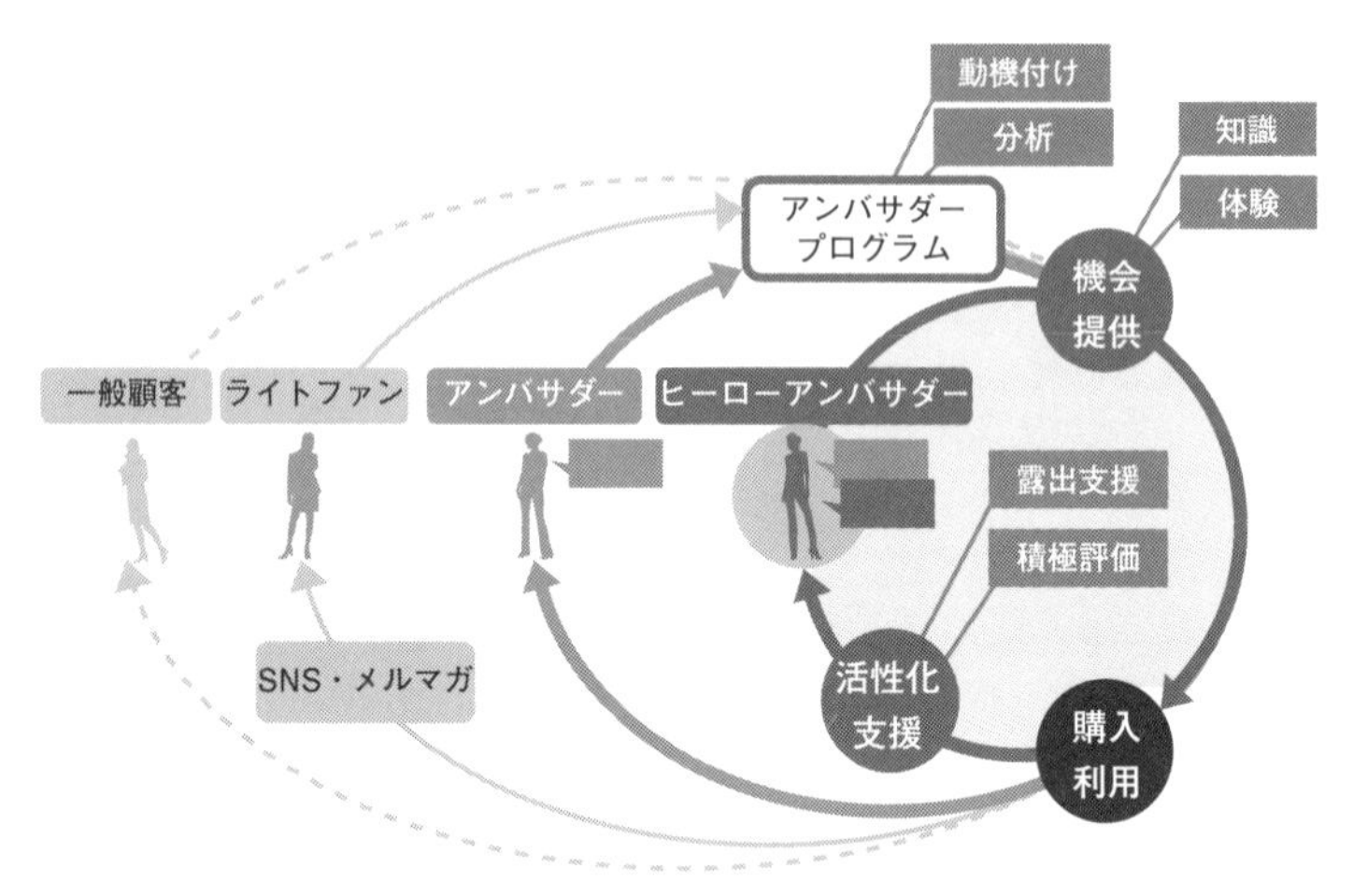

出典：アジャイルメディア・ネットワーク

です。「ヒーローアンバサダー」はブランドを理解し、より負荷の高い活動にも積極的に参加・貢献してくれる存在です。**企業の立場からは、いかに右側の「〝ヒーローループ〟に入ってもらえるアンバサダーを増やす」かが重要であり、ファンの立場からは、「定期的な活動機会があること、活動に対して反応や露出があることで貢献が評価される状態」が理想の姿となります。**このように企業、ブランドとしてどのような顧客接点があるのかを整理・分類し、「より良いループ（循環）に入ってもらうために必要な要素は何か」を考え、ファンの段階に合わせた体験を設計することが重要なのです。

アンバサダープログラム導入のモデル設定

本レポートでは最も多くの企業で採用されており、広くアンバサダーを募集する「公募登録型」を例に、架空の企業とブランドを設定し、アンバサダープログラム導入における検討の流れとポイントを解説します。

▼企業／ブランド設定▼

・企業名：アンバサダー食品
・対象ブランド：調味料ブランド「ABC」
・状況：販売開始から25年が経過、レストランや専門料理店向けの業務用からスタートし一般販売に拡大。ハーブやスパイスを幅広く扱う。特にハーブは料理人の認知・評価は高いが、一般の利用者は料理好きの愛好家を中心に限定されている。

・自社メディア：Ｗｅｂサイト、公式ツイッターやフェイスブックページを運営、またメルマガ会員を保有
・発信情報：商品情報に加え、調味料を使ったレシピを情報提供している
・広告／販促活動：グルメ雑誌掲載や店頭での販促キャンペーンを実施、数百名単位のサンプリングを定期実施
・競合：大手食品会社の調味料ブランド「ＸＹＺ」が業界トップシェア（対ＡＢＣ売り上げの２・５倍）。ＡＢＣと比較し商品グレードは劣るが、価格が安く大々的な広告展開で広く普及している

＊本企業及びブランドは架空のものであり、実在の人物や団体とは一切関係はありません。

ここでは簡略化して各検討の段階を説明していますが、実際の導入検討では、プログラムの内容についてデータや、課題など様々な要素をもとに、関係者で議論を通じて決定することになります。あくまでも導入にあたり、検討すべき要素と流れの把握として理解いただき、「自社のブランドではどうなるだろうか？」という思考のきっかけにしていただけると幸いです。

図表R-❷：アンバサダープログラム導入の流れ

1.クチコミ状況の把握
2.課題から考えるアンバサダーの活動
3.設計図「アンバサダーステップ」の作成
4.アンバサダーの貢献を把握する
5.アンバサダープログラムの成果を継続的に高める

アンバサダーステップ検討項目
①アンバサダーに期待する活動
②活動に至らない障壁
③育成/活性化
④クチコミの露出・流通支援
⑤友人の感情/影響
⑥友人の行動/態度変容

出典：アジャイルメディア・ネットワーク

アンバサダープログラム導入の流れ

アンバサダープログラム導入では、次の項目（図表R－❷）を段階的に進めていきます。各ステップ内では、調味料ブランド「ABC」のアンバサダープログラム導入について、順を追って検討を進めていきます。

それでは各段階を順に見ていきましょう。

1. クチコミ状況の把握

まずは企業やブランドがどのように語られているか、調べてみましょう。ツイッターやブログは無料のサービスで簡単に調べることができますが、クチコミ分析ツールを活用することで、「発言のボリューム（量）」、「発言の内容（質）」について期間や競合との差で比較ができるため、実態を掴むのに適しています。以下、実施の様子をまとめています。

図表R-❸：ブランドごとのクチコミ量と発言内容

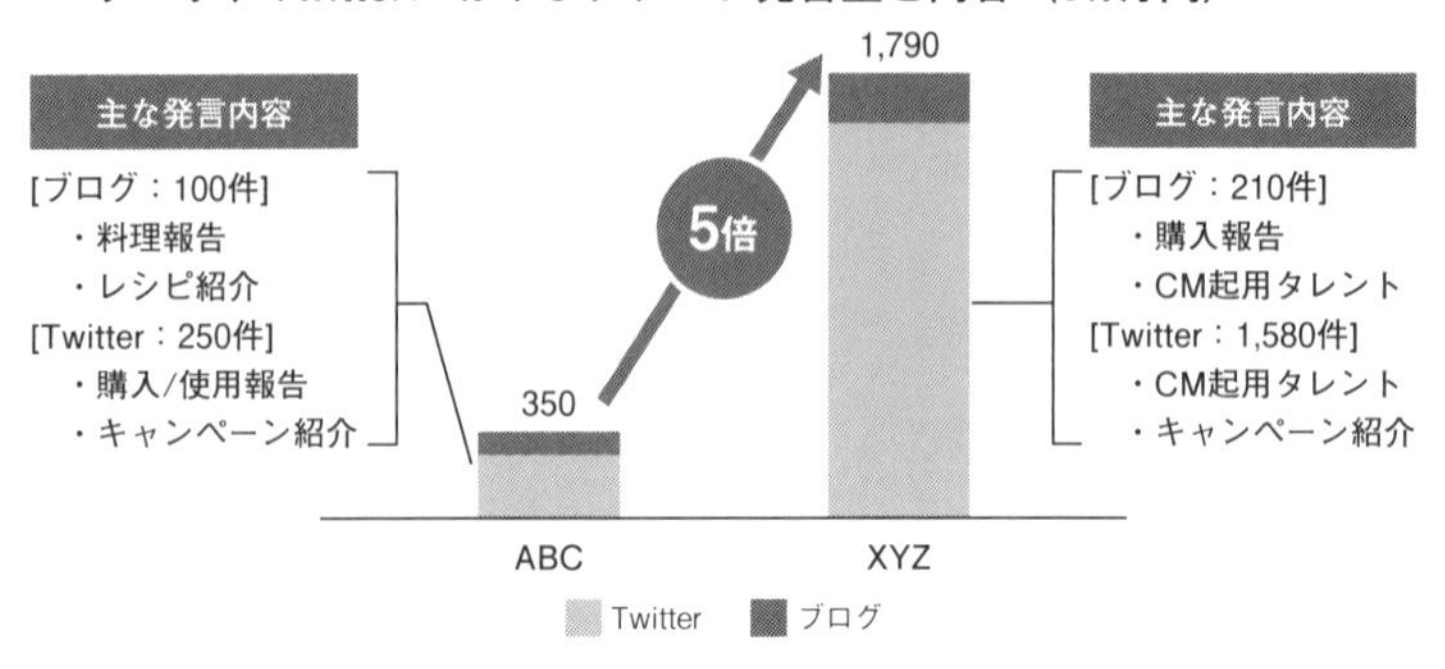

出典：アジャイルメディア・ネットワーク

アンバサダープログラム導入に向けて、初期検討を任されたマーケティング部のメンバー。「熱心なファンである〝アンバサダー〟を通じて価値を伝える」というミッションに対して、果たしてそんなファンはいるのだろうか？という疑問も感じながら、まずはブランドの現状がどのように語られているのか〟を把握するためクチコミ調査から手を付けることにしました。

クチコミ分析ツールを活用し自社商品「ABC」と競合商品「XYZ」の二つのブランドについて、発言量を比較してみると、XYZのクチコミはABCの約5倍あることがわかりました。ABCに対する発言の中身は「買いました」という〝購入報告〟がほとんどでしたが、一部は料理と共に商品写真を撮影しブログにアップする、レシピを共有するといった活動が見受けられました。一方、XYZはCMで起用したタレントやキャンペーンに関するツイッターの発言が多くあ

図表R-❹：発言内容別構成比（発言総数を100%積み上げ）

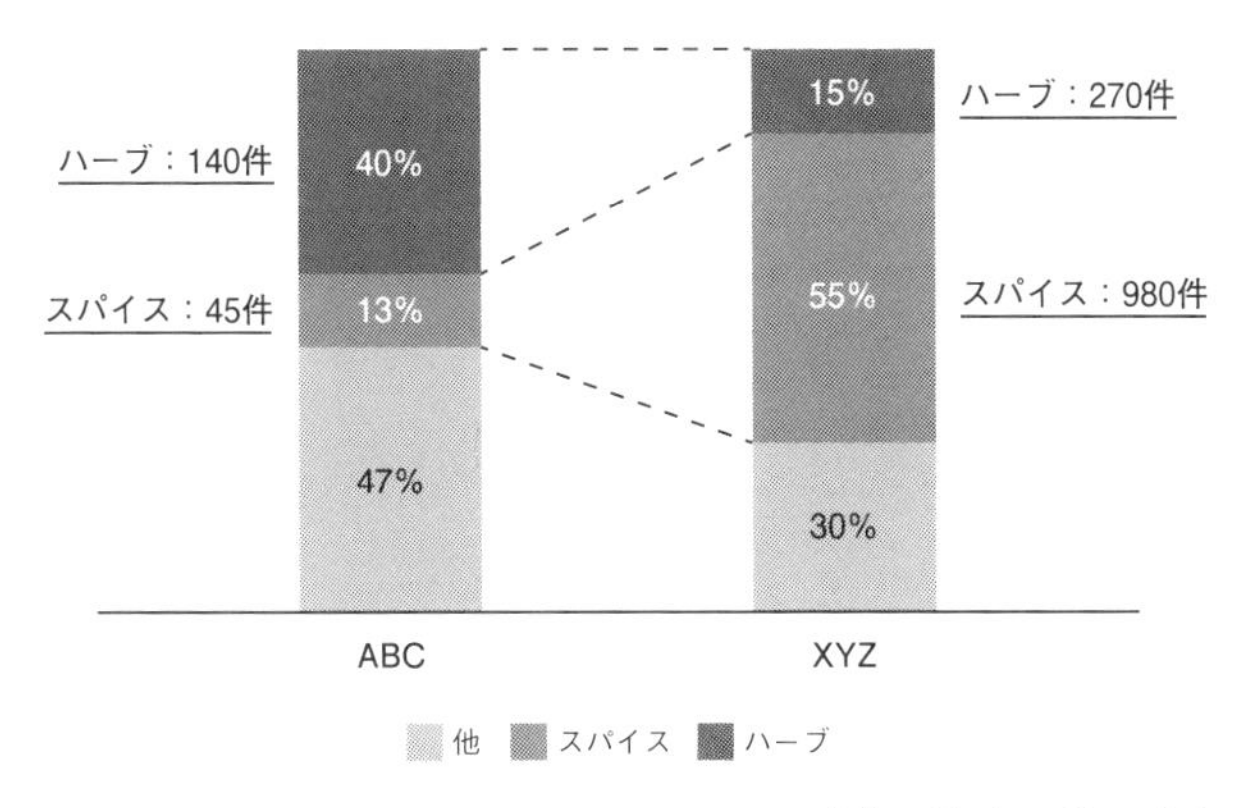

出典：アジャイルメディア・ネットワーク

り、両ブランドの発言の内容については大きな差があることがわかったのです。売り上げの差は2・5倍なのに、クチコミでは5倍の差が付けられている、このデータは今まで知らなかった事実でした（図表R－❸）。

おおよその傾向がわかったところで、もう一歩分析を進めてみました。先ほど計測したABCの350件の発言を分母とした時、「ハーブ」、「スパイス」について語られる発言数は「ハーブ」140件（全体の40%）、「スパイス」45件（同13%）と大きな差があることがわかりました。同様にXYZについての発言についてもハーブとスパイスがどのくらい含まれているか見てみると、XYZではハーブ（270件：15%）よりもスパイス（980件：55%）の発言が多いことがわかりました（図表R－❹）。

ＡＢＣの発言者は、競合と比較し、数は少ないものの特徴であるハーブについて活発な発言をしていることや、スパイスについては発言の量自体が少なく、現状のプロモーションではクチコミにはつながりにくいという課題が見えてきました。また、発言の内容に関しては「ＡＢＣのハーブを買った（購入報告）」や、「つくった料理の説明（使用報告）」に少し登場する程度であり、同社が伝えたい特徴や価値が〝クチコミには反映されていない〟という状況があることもわかりました。

・クチコミ調査では紹介した「企業／ブランド」という軸に加えて、特定の要素で絞り込むことが傾向把握に有効です。たとえば発言ごとに「発言したきっかけ（動機）」や「態度（好意的／中立／否定的）」といった視点で分類するとより深い気づきを得ることができます。
・対象をスパイス、ハーブそれぞれの全体の発言量を見ることで、そのカテゴリーに興味を持ち、語ってくれる人の〝潜在する可能性〟としてボリュームを捉えることも有効です。

2．課題から考えるアンバサダーの活動

次は活動を設計するうえで、主となる要素について整理を行います。まず順番を、以下

の流れで考えてみましょう。

・クチコミの課題：現状自社／商品ブランドの評判において課題となっていることは何か
・期待する活動：アンバサダーにどんな活動をしてもらえれば課題が解決するか

・クチコミ状況から課題を設定する

課題についてはクチコミの「量」、「質」の両面から課題を導き出しました。何よりも、商品の流通量に対してクチコミの量が少ない、なぜ使ってくれているのか、なぜ満足してくれているのか、といった愛用者の思いが語られていないことに着目しました。メンバーからは「そもそも調味料について何かを語るのは無理では」という意見もありましたが、少数ながら実際に語られているクチコミを共有すると、利用者の〝生の声〟に興味を持ったマーケティング部のメンバーが前のめりになり、クチコミをどう増やすか、どうやったら質を上げられるかを議論するようになりました。

・理想のアンバサダーをイメージする

この課題を解決するために、「アンバサダーにどんな活動をしてもらうべきか」を考えていきます。〝理想とするアンバサダー〟とはどんな人かをイメージするのです。この段

図表R-❺：既存顧客／ライトファンとアンバサダーの整理

項目	一般顧客（接点のない購入者）	ライトファン（既存会員）	アンバサダー
クチコミにおける課題	—	送付/投稿した情報への反応が少ない	[量的課題] 商品流通量に対して、クチコミ数が少ない [質的課題] 愛用者による「選択理由」や「満足」が語られていない
期待する活動	購入	・情報取得による好意度増加 ・提供情報の拡散	・ハーブやスパイスを活用した料理の様子をSNSやブログで発信する ・周囲のひとに活用法をアドバイス/推奨する ・スパイスやハーブの知識をもち、レシピ開発ができる ・販促物や商品開発など共創活動に積極的に参加してくれる
取得情報	無	・メルマガ：メールアドレス ・SNS：アカウント情報や全体属性	・属性/利用状況 ・影響力（ブログ/SNS） ・ブランドに対する発言（ブログ/SNS/リアル発言）

出典：アジャイルメディア・ネットワーク

階で重要なのは**「アンバサダーは既存の顧客をベースにして考える」**ということです。つい通常のプロモーションの延長で、現状接点がない属性を設定しがちですが、そもそも「商品の利用者でなければ語ることはできない」ということを念頭に考えましょう。以下、実施の様子です。

当初、ABCのプロモーションの注力対象である「20代の女性にすべき」という意見が出ました。しかし、現状で接点がないうえに活動・発言してくれるのか不安があり、不確定要素の強い計画になってしまうため、継続愛用してくれている既存のABC顧客／ファンを対象としました。

「クチコミの多かったハーブに絞ったアンバサダープログラムにすべきでは？」、「スパイスにも拡げるべきだ」という二つの意見に対しては悩むことになりました。たしかにハーブで絞るほうが活動の目的が明確になり、参加者も興味の対象がわかりやすくなるというメリットがあります。一方、せっかくアンバサダーを集めるのにハーブ商品のみが対象ではもったいない、スパイスも活用できる資産がある、という意見も多く挙がり、最終的には対象を拡げたほうが良いという意見でまとまりました。アンバサダーに期待する活動はＡＢＣに関わることに限定せず、語りやすさを優先し、「ハーブやスパイスを使った料理全般についての知識や情報を発信をする人」と定義しました（図表Ｒ－❺）。

次の段階ではもう一歩考えを進めて「どうやって実現するか」を一つの〝設計図〟に落とし込んでいきましょう。

・この時点では現状手元にある情報と、クチコミの内容などからアンバサダーの活動を設定しましょう。実際プログラムを開始・運用する過程で改善・再設定するものだという考えで割り切ることも大切です。

・企業として「やって欲しいこと」をピックアップする進め方で問題ありませんが、逆に「自分がアンバサダーだったら手を挙げて参加したいと思うか」という視点は忘れないようにしなければなりません。

3．設計図「アンバサダーステップ」の作成

いよいよアンバサダーを育成・支援するためのプログラムの設計図をつくる段階です。アンバサダープログラムは〝単発のキャンペーン〟ではなく、ファンを活性化し、理想のアンバサダーへと育成する継続的な取り組みです。いくら「ファンは大切だ」と勢いよくスタートしても、短期的な取り組みで力を使い果たしてしまい、意義や価値は理解しているが〝続かない〟のが最も残念な状況です。**そこでアンバサダーの育成ステップごとに目的や活動を整理するフレームワーク「アンバサダーステップ」が、継続的な運営において効果を発揮します。**

・アンバサダーステップとは

何のためにやっているのかわからなくなる、取り組み開始前後でイメージとギャップがある、関係者に協力を求める際に上手く理解してもらえない、といったことは往々にしてあるものです。アンバサダープログラムにおいても、このような課題を解決し、アイデアを発想しやすくするための〝地図〟となるのが「アンバサダーステップ」です。実際には企業や商品ブランド、アンバサダーに期待する活動によって内容は異なりますが、今回は簡易サンプル版のフォーマットをもとに考えていきましょう（図表R－❻）。

アンバサダーステップの項目は以下の構成になっています。

A：アンバサダーの育成ステージ

↓現状「理想のアンバサダー」がいない（もしくは少ない）場合は、手前の育成ステージを段階的に設定します

B：アンバサダーの活動

↓アンバサダーに期待する活動や障壁、提供機会を設計します

C：周囲の友人の態度変容と活動

↓アンバサダーから受ける影響、より多くの人たちに伝えるための取り組みを設計します

図表R-❻：「アンバサダーステップ」のフレーム構成

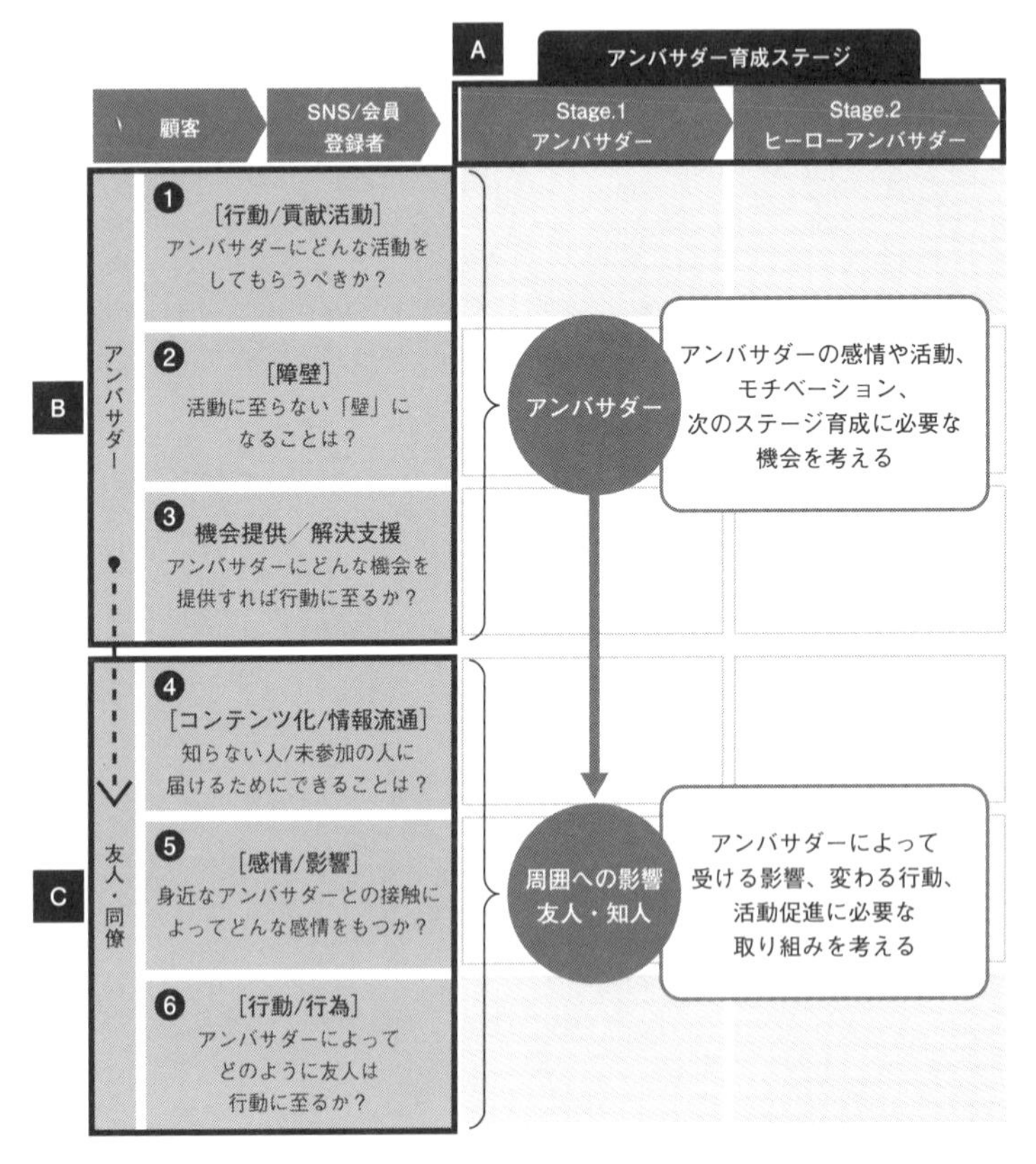

出典：アジャイルメディア・ネットワーク

図表R-❼：「アンバサダーステップ」検討の順序

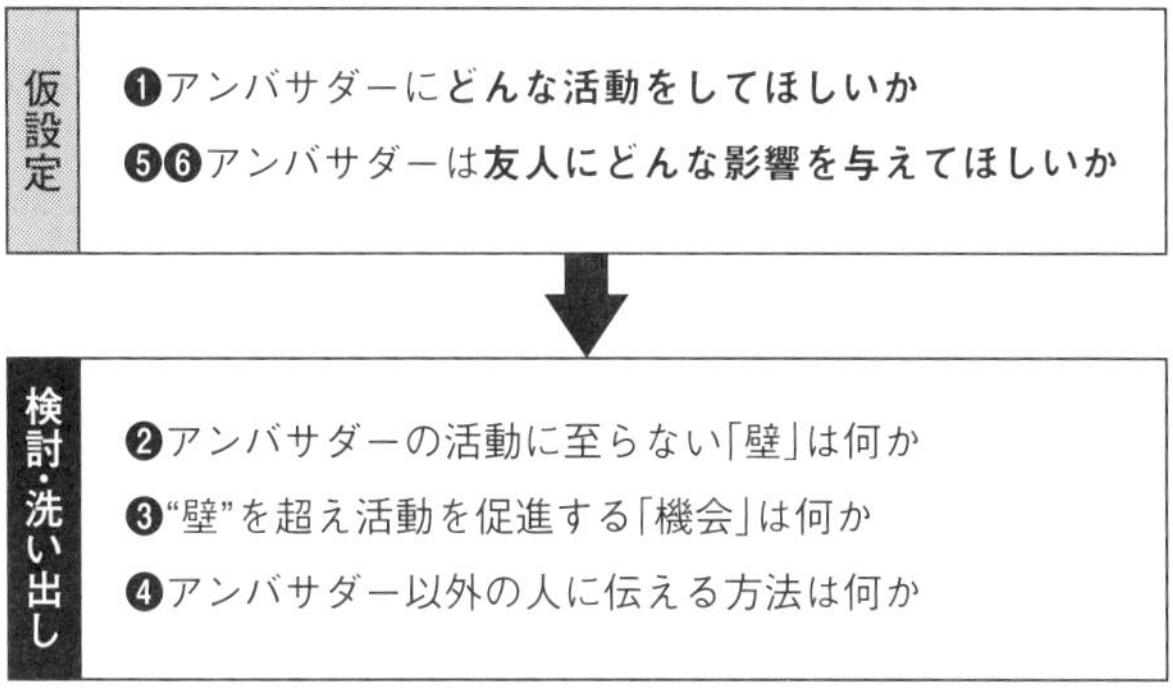

仮設定	❶アンバサダーに**どんな活動をしてほしいか** ❺❻アンバサダーは**友人にどんな影響を与えてほしいか**
検討・洗い出し	❷アンバサダーの活動に至らない「壁」は何か ❸"壁"を超え活動を促進する「機会」は何か ❹アンバサダー以外の人に伝える方法は何か

※❸❹については自社の資産活用を重点的に考える

出典：アジャイルメディア・ネットワーク

「アンバサダーステップ」のフォーマットをもとに自社商品「ABC」ブランドの関係者で議論しながら、一つひとつ埋めていきます。「アンバサダーステップ」を考える際には、（図表R－❼）の順序で検討するとスムーズです。

ポイントは、「①アンバサダーにどんな活動をしてほしいか？」、その結果「⑤友人は何を感じ、⑥どのような影響を与えるか」から先に考えることです。ここは今後アンバサダーとの取り組みを進めるうえで、〝目的〟として立ち返る場所となります。①⑤⑥が決まったら、なぜその活動に至らないかという「②障壁」、その障壁を解消・活性化を促す「③機会提供／解決支援」、その活動をいかに拡げられるかを考える「④コンテンツ化／情報流通」のステップへと検討を進めていきます。また、「アンバサダーステップ」は一度決めたからといって変えられないものではありません。企業、顧客を取り巻く環境は常に変化していきますので、取り組むことで見えてくるデータや実感値を加味して、改善・改良をしていくことが重要です。お伝えしたいのは〝地図を持って旅に出よう〟ということであり、変化があれば、その地図を描き変えていけば良いのです。

さあ、どうすればもっとブランドについてファンは語ってくれるか、〝ファンの視点〟をもって「アンバサダーステップ」を埋めていきましょう。

①アンバサダーに期待する活動

ここからは各部門の担当者にもプロジェクトに加わってもらい進めることになりました。今までの過程で、アンバサダー像の整理をしていましたので、埋めやすい箇所から取り組んでいきます。まずは、Aのアンバサダー育成ステージについては、「ステージ1：アンバサダー」と「ステージ2：ヒーローアンバサダー」の二段階に設定しました。以下、チームによる「アンバサダーステップ」作成過程です。

期待する活動として、周囲の友人へハーブやスパイスについて教える〝先生〟という役割を、いきなり果たしてもらうのは難易度が高いため、まずは「アンバサダー」として積

図表R-❽：「アンバサダーステップ」：期待する活動/友人の感情・行動

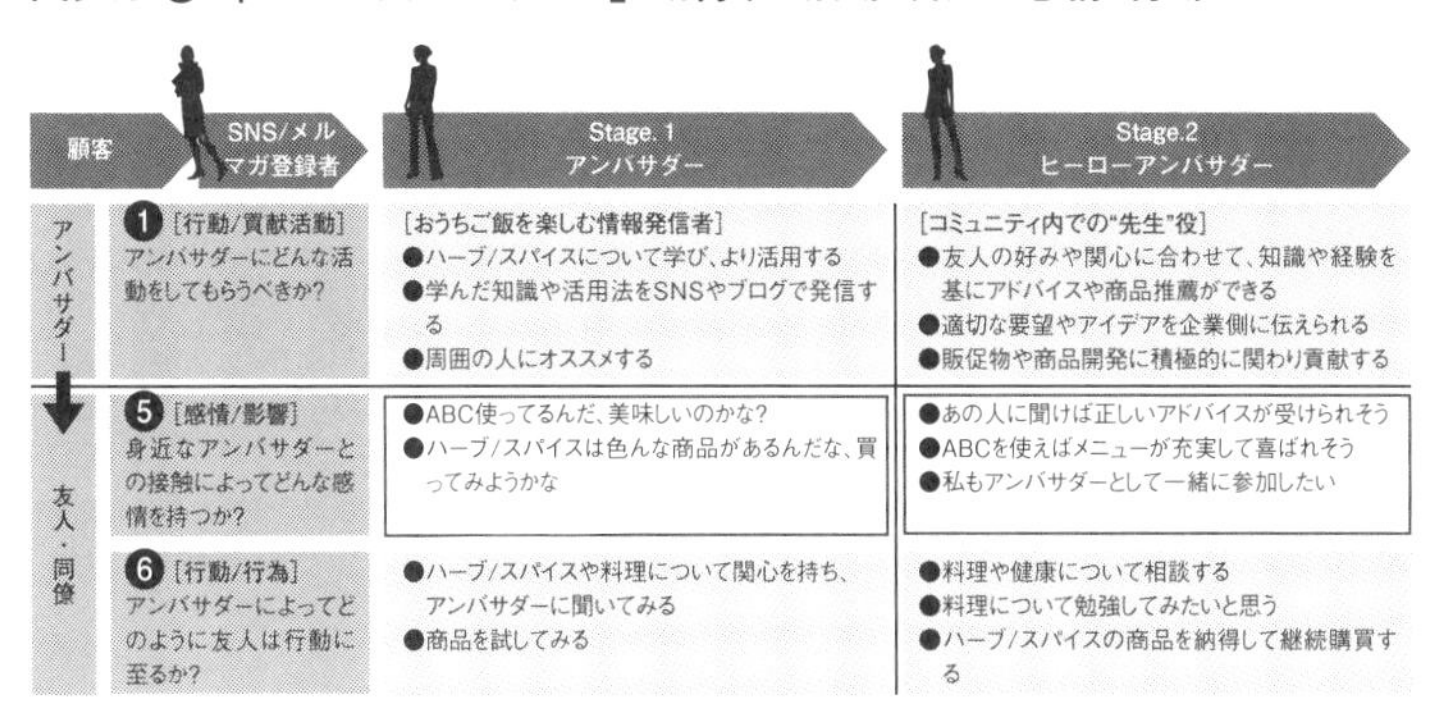

出典：アジャイルメディア・ネットワーク

極的に情報発信する〝おうちご飯を楽しむ情報発信者〟へ、その中からさらに「ヒーローアンバサダー」として、周囲へのアドバイスをする〝コミュニティ内の先生〟へと育成するという方向性でまとまりました。アンバサダー育成ステップを二段階にしたことによって、「2・課題から考えるアンバサダーの活動」で決めたアンバサダーに期待する活動も、「ステージ1：アンバサダー」と「ステージ2：ヒーローアンバサダー」それぞれ分けて設定しました（図表R－❽）。

「アンバサダー」と「ヒーローアンバサダー」に期待する活動と、それぞれのアンバサダーの存在が周囲の友人に対してどのような影響を与えるかが明確になりました。

②活動に至らない障壁

次にアンバサダーの活動を阻む、「壁」になっている要因を洗い出します。この「障壁」についてもアンバサダー

図表R-❾：「アンバサダーステップ」：活動に至らない障壁

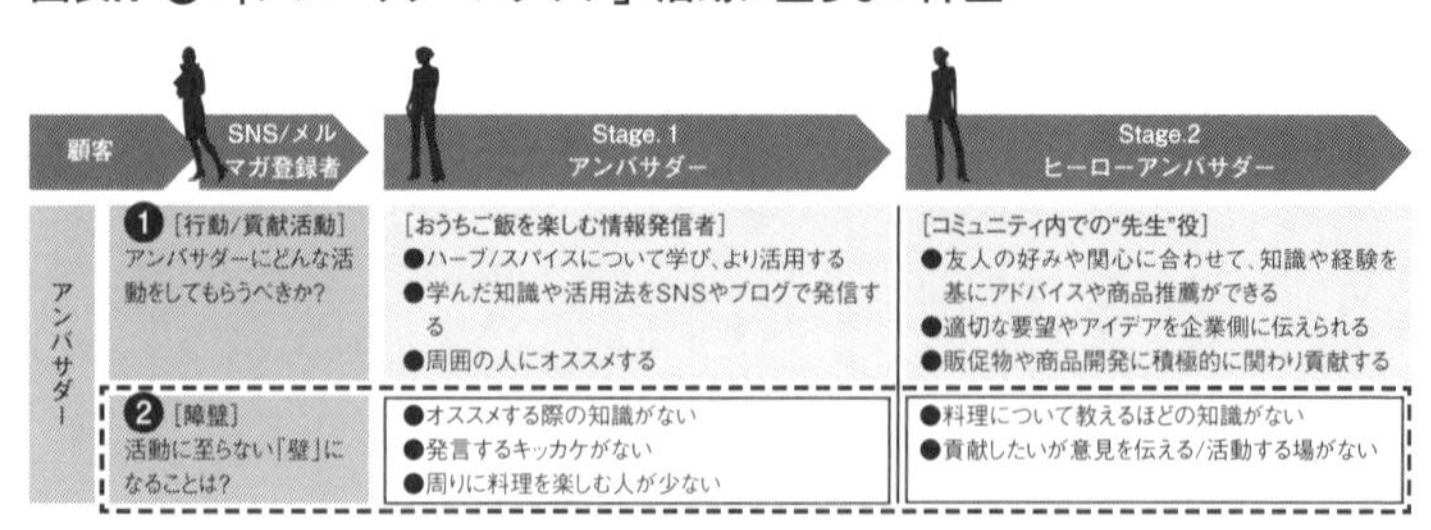

出典：アジャイルメディア・ネットワーク

の二つのステージごとに期待する活動も違いますので、それぞれ分けて考える必要があります。ABCの「ステージ1：アンバサダー」に期待する活動は、ハーブやスパイスについて「知識の習得・活用」、「情報発信」、「周囲への推奨」の三つです。クチコミ調査からも、これらの活動が現状ほとんど行われていないのは明らかですが、何が課題になるでしょうか？

議論の過程で出てきたのは「ハーブやスパイスは種類も多く、シェフはともかく、一般の利用者が特徴や使い方を理解するのは難しい」という意見でした。「オススメするには知識がなく、使い方がわからない」というのは大きな課題になりそうです。また、「そもそもハーブやスパイスって、友達と話題になるかな？」という意見も出ました。自分たちは毎日取り扱い、話題にしているハーブやスパイスですが、利用者にとっては料理で使う「調味料」の一つであり、**利用行為自体は〝日常に埋没している〟**のです。このことから「話題にする機会が少ない」という課題が浮かび上がってきました。加えて、「友人の誰が料理に興味があるのかわからない」という状態だと、活動を継続する「壁」になるという潜在的な課題も出ました。同様に「ステージ2：ヒーローアンバサダー」の活動の「壁」となる要素を議論して埋めたものが（図表R－❾）です。

ステップを見るとアンバサダーに期待する活動をしてもらうには「壁」が多く、この状況を変える支援ができるのか、メンバーに不安がよぎります。「この状況でクチコミしてくれているABCのファンは、ある意味〝孤軍奮闘〟状態ですね」そう言った広報担当の言葉を受け、各メンバーが「どうすれば期待する活動を支援できるか」という視点でアイデアを出し始めました。

・「アンバサダーステップ」作成の過程には、できるだけ関連する部署の担当者にも参加してもらいましょう。何がアンバサダーにとって価値ある体験になるかは各部署の担当者がアイデアを持っていることも多く有意義です。
・②「障壁」の抽出において、たまに陥る〝罠〟が「自己否定」や「競合比較」です。「競合よりも機能や品質で劣る」、「シェアが低い」、「広告投下量が違う」といった要素がファンにとって「壁」になっているのかは冷静に判断すべきです。

図表R-⑩：ブランド体験が話題に上らない要因

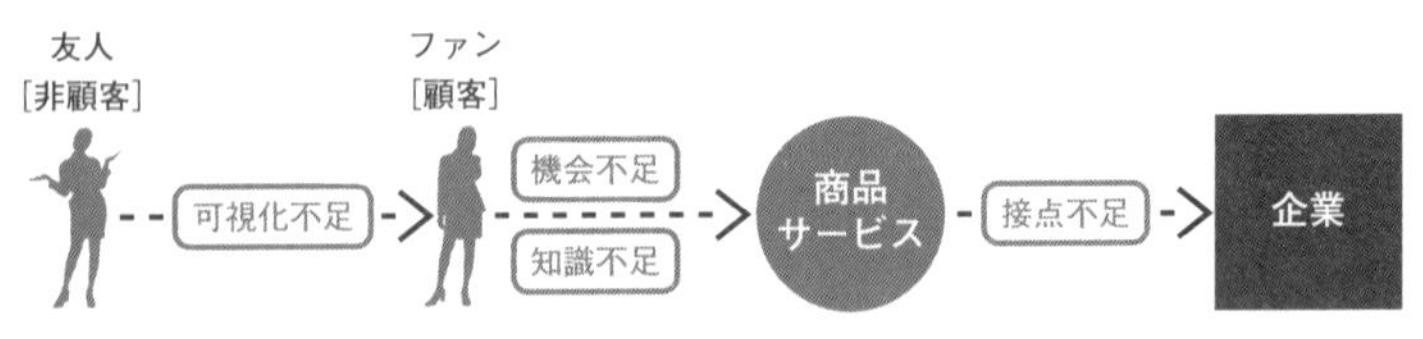

出典：アジャイルメディア・ネットワーク

③機会提供／解決支援

次はアンバサダーに期待する活動を促進するために「③機会提供／解決支援」を決めていきます。ここではまず「②で設定した〝壁〟を越えるために、企業として何ができるか」をシンプルに考えていくのですが、毎日利用する愛好者であってもブランド体験が〝日常生活に埋没〟してしまい、クチコミに至らないという状況が存在するということを前提に考えましょう。なぜブランド体験が話題に上らないかには、様々な理由があります。**クチコミするきっかけがないという「機会の不足」、語りたいけれど伝える際に説得力のある理由を持ち合わせていないという「知識の不足」が大きな要因です。また、話題になりにくい要因の一つとして、周囲の友人から見た際に〝この人は○○ファンだ〟という目印がないという「ファンの可視化不足」が挙げられます**（図表R－⑩）。

このような状況を解決するために企業側からの働きかけや支援が重要です。ファンに対して情報提供や参加・体験の機会など、伝えたくなるきっかけを提供することで、アンバサダーへと育成、あわせて周囲にその価値が伝わる仕組みの構築が大切です（図表R－⑪）。

図表R-⑪：アンバサダープログラムを通じて企業が提供する機会と支援

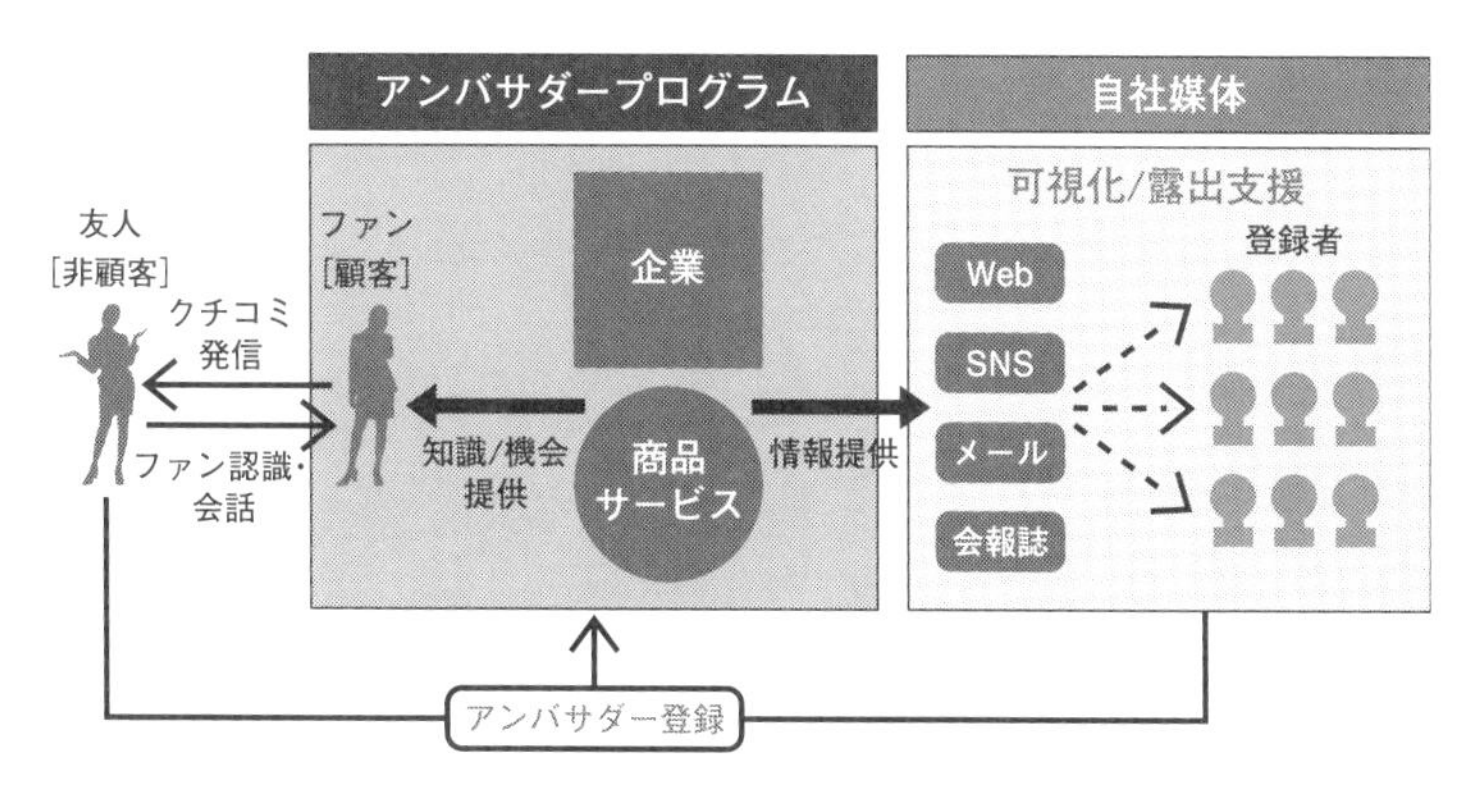

出典：アジャイルメディア・ネットワーク

それでは自社ブランド「ABC」のアンバサダーにどんな機会を提供すべきか、チームの取り組みを見ていきましょう。今までは時には悩みながら、思い切って絞る判断をしてきましたが、ここからは自分たち（企業、ブランド）が何を提供できるかを拡げて考えます。これまで項目を埋めてきた「アンバサダーステップ」を見ながら、それぞれの立場でアイデアを出し合っていきます。アンバサダーの活動をする際の〝壁〟は、「知識不足」、「機会不足」、「仲間／場の不足」でした。

まず、広報担当者からは毎年数万人が訪れる「工場見学」に招待するというアイデアが出ました。一方で、遠方の工場には頻繁に訪問することが難しいため、会社の会議室で開催する「ハーブやスパイスの勉強会」も開催し、社内のスパイスマイスターとハーブマイスターに講義をしてもらうというアイデアが出ました。ハーブやスパイスの知識・香り・味といった難関のテストに合格した研究員のマイスター制度があり、アンバサダー向けの説明には適した人選です。宣伝・マーケティング部門のメンバーからの「知識を付けると実践（料理）したくなるはず」という意見から、社内にあるキッチンスタジオで「アンバサダー料理会」の開催提案がありました。加えてプロモーション契約している料理家の先生に登壇してもらい、レシピを調理、試食してもらうアイデアも追加するなど、みなが自分の担当領域で何が勉強会の〝ネタ〟になり得るのか頭をひねります。

するとここで、プロジェクトリーダーから、「ちょっとリアルの施策に偏りすぎていないか？　特別なイベントは大切だが、もっと広く多くのアンバサダーが参加できる機会も必要では？」という問題提起がありました。それであればと、Ｗｅｂサイトを管理するメンバーから普段は企業側で作成・発信している「レシピ情報」を、アンバサダーから写真付きでＳＮＳに投稿してもらう企画ができるのでは、という意見が出ました。それに対し、投稿してもらった料理をＳＮＳで紹介しつつ、自社が持つ過去掲載したレシピを紹介するという〝資産の二次活用〟のアイデアも生まれました。

また、アンバサダーの成長を支援するという視点で、ネットで誰もが参加できるハーブ

図表R-⑫：「アンバサダーステップ」：動機付けと活性化の機会提供

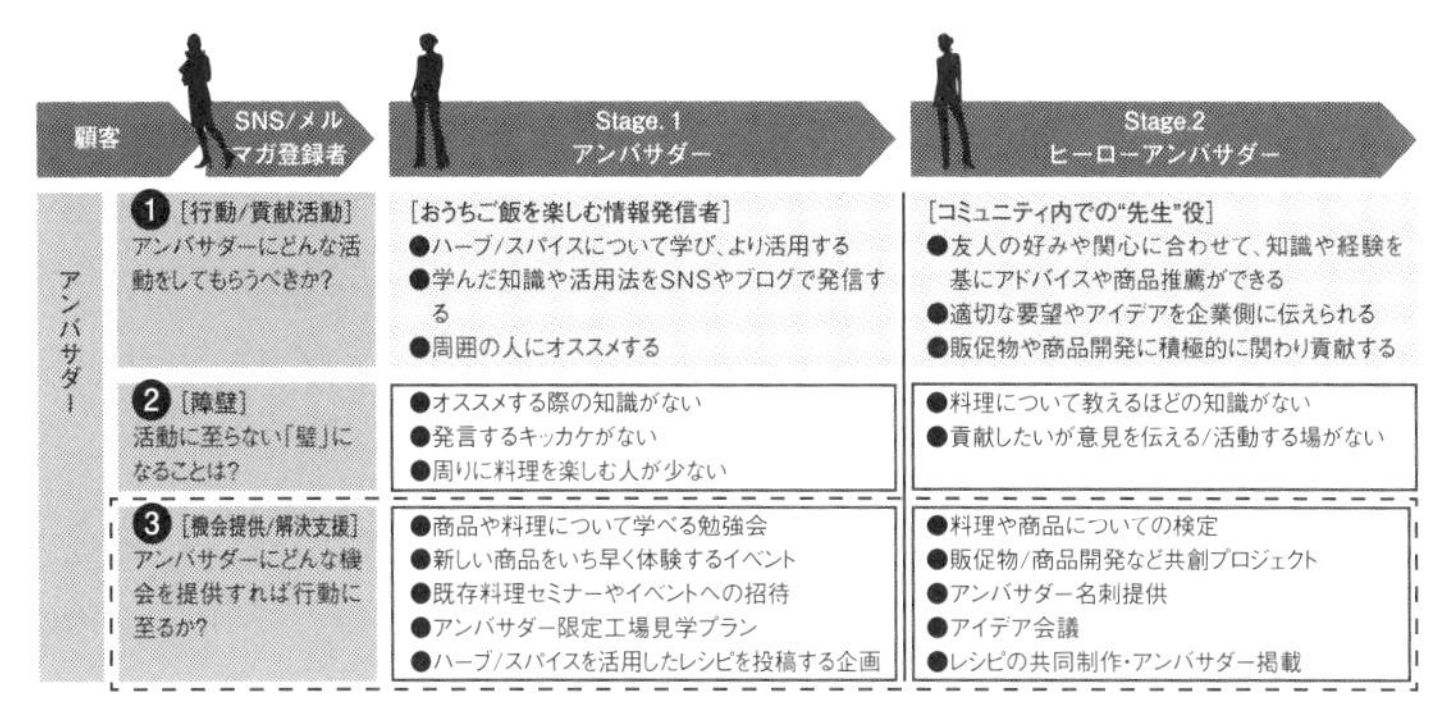

出典：アジャイルメディア・ネットワーク

やスパイスの知識に絞った「検定コンテンツ」を用意するというアイデアも採用されました。その後の議論で、検定は難易度を極端に高くせず「ABC」のWebサイトを見れば答えがわかる程度の内容にすること、合格者には賞状と商品セットを送付するアイデアが追加されました。以降、「共同の商品開発」や「アンバサダーの年間表彰」など次々アイデアが生まれたため、一旦リストアップされたアイデアの中で実現性や効果の視点で整理し、③に取り組みの内容をまとめました（図表R－⑫）。

「何を提供できるか」というアイデアは、会社の〝内側〟に目を向けると活用できる資産がたくさんあることに気付きます。以下の視点で洗い出しをしてみましょう。

・企業の資産として、人・情報・施設などアンバサダーが語りたくなる要素はないか
・すでにやっている、やろうとしている施策にアンバサダーが参加できないか、配分を変えられないか
・提供する機会は、アンバサダーの「承認」「貢献」「成長」の欲求を満たす要素はあるか

・アンバサダーに提供する「機会」を考える際によく出てくるのは、「金銭報酬」と「インセンティブ」をどうするべきかという話題です。アンバサダーにとってのインセンティブは〝特別な体験〟であり、金銭報酬はふさわしくありません。
・クチコミはブログやSNSで公開する方も多いと思います。もっと発信したくなるためにも「写真の撮影テクニック」や「写真の加工テクニック」の上達支援をすることで、発信の質や量を高めることにつながります。このように〝隠れた課題〟を解決する切り口にも目を向けましょう。

④コンテンツ化／情報流通

アンバサダーの価値は、ブログやSNSを通じて〝周囲の友人〟へ魅力を伝えられることです。インフルエンサーと比較するとその影響力は小さくなりがちですが、価値のある

図表R-⑬：「アンバサダーステップ」：情報流通と露出支援

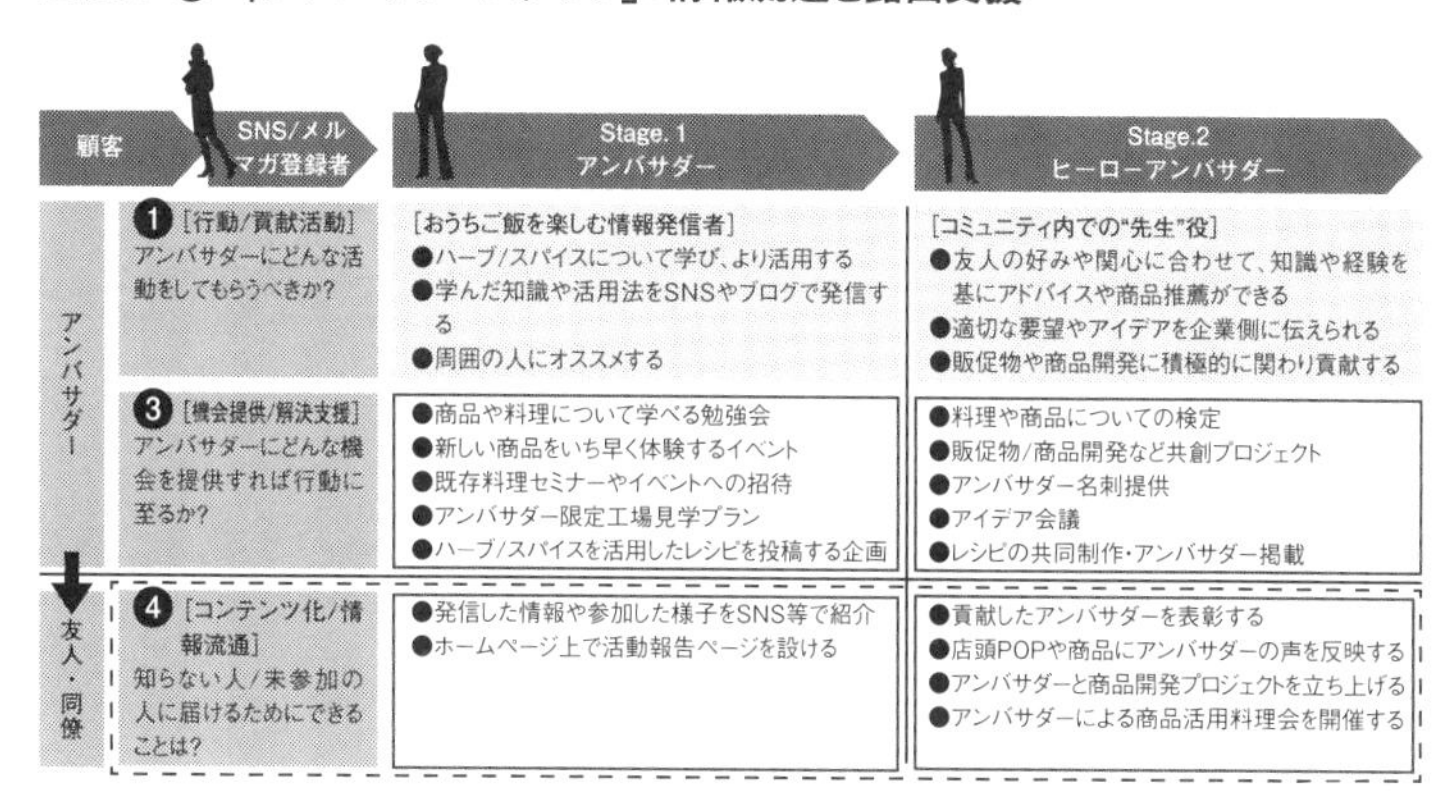

顧客	SNS/メルマガ登録者	Stage.1 アンバサダー	Stage.2 ヒーローアンバサダー
アンバサダー	❶［行動/貢献活動］アンバサダーにどんな活動をしてもらうべきか?	［おうちご飯を楽しむ情報発信者］ ●ハーブ/スパイスについて学び、より活用する ●学んだ知識や活用法をSNSやブログで発信する ●周囲の人にオススメする	［コミュニティ内での"先生"役］ ●友人の好みや関心に合わせて、知識や経験を基にアドバイスや商品推薦ができる ●適切な要望やアイデアを企業側に伝えられる ●販促物や商品開発に積極的に関わり貢献する
	❸［機会提供/解決支援］アンバサダーにどんな機会を提供すれば行動に至るか?	●商品や料理について学べる勉強会 ●新しい商品をいち早く体験するイベント ●既存料理セミナーやイベントへの招待 ●アンバサダー限定工場見学プラン ●ハーブ/スパイスを活用したレシピを投稿する企画	●料理や商品についての検定 ●販促物/商品開発など共創プロジェクト ●アンバサダー名刺提供 ●アイデア会議 ●レシピの共同制作・アンバサダー掲載
友人・同僚	❹［コンテンツ化/情報流通］知らない人/未参加の人に届けるためにできることは?	●発信した情報や参加した様子をSNS等で紹介 ●ホームページ上で活動報告ページを設ける	●貢献したアンバサダーを表彰する ●店頭POPや商品にアンバサダーの声を反映する ●アンバサダーと商品開発プロジェクトを立ち上げる ●アンバサダーによる商品活用料理会を開催する

出典：アジャイルメディア・ネットワーク

クチコミ情報をよりたくさんの人に伝えるための支援を企業側で行うことで、アンバサダープログラムの成果を高めることが可能です。とはいえ、興味のない人にクチコミを露出・接触しても反応が得られるか未知数ですので、まずは「好意的で情報を求めている層」に伝えるべきです。では好意的で情報を求めている人はどこにいるのか。これはポジティブループ上の「ライトファン」です。メルマガやSNSに登録してくれている人たちは、関心を持って情報を受け止めてくれる人たちであるといえるでしょう。以下、チームによる「コンテンツ化/情報流通」です。

ABCのアンバサダーと取り組む様々な活動アイデアが出てくる一方、イベントなどの〝濃い体験〟は参加者の人数が限られているので、もっとアンバサダーの活動や発信されたクチコミをどうやって拡げるかという議論になりました。活用できそうな自社資産として、自社ホームページ、メルマガ、ＳＮＳで紹介といったアイデアが出てきました。また、工場見学をする人たちに知ってもらうことはできないか、広告に取り組みを掲載すれば沢山の人たちに知ってもらえるのでは、といった意見があり、実際に発信されたクチコミの内容を確認したうえで、より積極的に露出していこうという話でまとまりました（図表Ｒ－⑬）。

クチコミを様々な顧客接点で伝えることで、アンバサダープログラムに参加していない人は活動の中身を知ることができ、新たなアンバサダーを獲得する機会となります。また、自分の発言が取り上げられる、誰かの役に立つという体験は、よりクチコミを活性化させる効果があります。このように、あなたの活動を「ちゃんと見ています」、「感謝しています」とフィードバックをすることで、お金をかけなくても活性化は十分実現可能なのです。

・アンバサダーのクチコミは広告と異なり、内容も伝えたいポイントも様々です。その多様性が魅力である一方、自社のメディアで掲載する場合には注意が必要です。

図表R-⑭：「アンバサダーステップ」：完成版

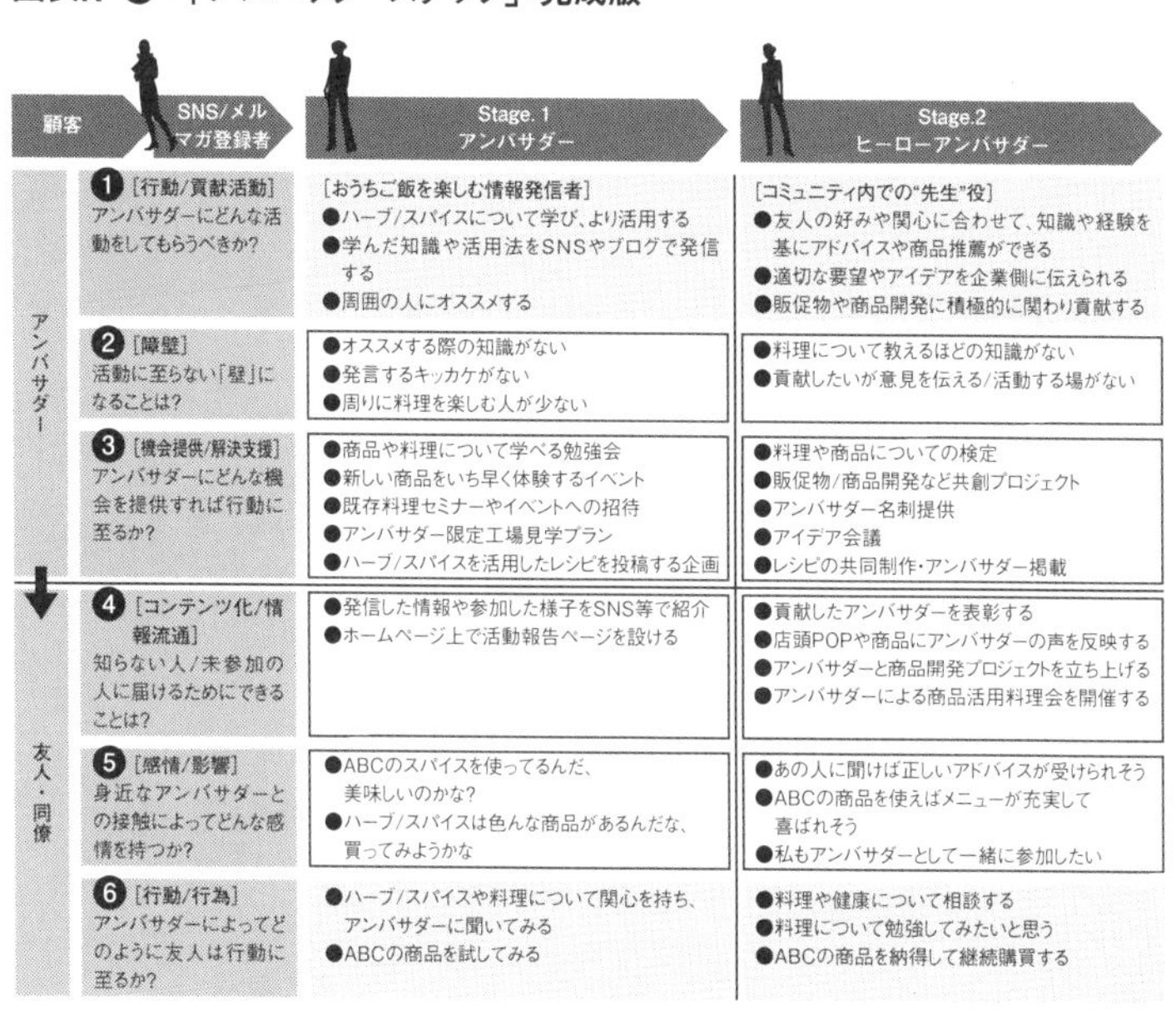

顧客	SNS/メルマガ登録者	Stage.1 アンバサダー	Stage.2 ヒーローアンバサダー
アンバサダー	❶［行動/貢献活動］アンバサダーにどんな活動をしてもらうべきか?	［おうちご飯を楽しむ情報発信者］ ●ハーブ/スパイスについて学び、より活用する ●学んだ知識や活用法をSNSやブログで発信する ●周囲の人にオススメする	［コミュニティ内での"先生"役］ ●友人の好みや関心に合わせて、知識や経験を基にアドバイスや商品推薦ができる ●適切な要望やアイデアを企業側に伝えられる ●販促物や商品開発に積極的に関わり貢献する
	❷［障壁］活動に至らない「壁」になることは?	●オススメする際の知識がない ●発言するキッカケがない ●周りに料理を楽しむ人が少ない	●料理について教えるほどの知識がない ●貢献したいが意見を伝える/活動する場がない
	❸［機会提供/解決支援］アンバサダーにどんな機会を提供すれば行動に至るか?	●商品や料理について学べる勉強会 ●新しい商品をいち早く体験するイベント ●既存料理セミナーやイベントへの招待 ●アンバサダー限定工場見学プラン ●ハーブ/スパイスを活用したレシピを投稿する企画	●料理や商品についての検定 ●販促物/商品開発など共創プロジェクト ●アンバサダー名刺提供 ●アイデア会議 ●レシピの共同制作・アンバサダー掲載
友人・同僚	❹［コンテンツ化/情報流通］知らない人/未参加の人に届けるためにできることは?	●発信した情報や参加した様子をSNS等で紹介 ●ホームページ上で活動報告ページを設ける	●貢献したアンバサダーを表彰する ●店頭POPや商品にアンバサダーの声を反映する ●アンバサダーと商品開発プロジェクトを立ち上げる ●アンバサダーによる商品活用料理会を開催する
	❺［感情/影響］身近なアンバサダーとの接触によってどんな感情を持つか?	●ABCのスパイスを使ってるんだ、美味しいのかな? ●ハーブ/スパイスは色んな商品があるんだな、買ってみようかな	●あの人に聞けば正しいアドバイスが受けられそう ●ABCの商品を使えばメニューが充実して喜ばれそう ●私もアンバサダーとして一緒に参加したい
	❻［行動/行為］アンバサダーによってどのように友人は行動に至るか?	●ハーブ/スパイスや料理について関心を持ち、アンバサダーに聞いてみる ●ABCの商品を試してみる	●料理や健康について相談する ●料理について勉強してみたいと思う ●ABCの商品を納得して継続購買する

出典：アジャイルメディア・ネットワーク

i　掲載する際に、アンバサダーの許可を得る（事前許可でも可）

ii　掲載したクチコミの内容については個人の感想である旨を明記する

iii　写真などを掲載する際は中身をチェックすることが望ましい

iv　肖像権、薬機法、景表法など関連法を配慮する

これで「アンバサダーステップ」もすべて埋まりました（図表R－⑭）。

プロジェクトメンバーはプログラムの立ち上げに向けて、この「アンバサダーステップ」を使ってそれぞれの部署や上長に説明と協力を依頼していきました。もとになるデータや、今までの思考の過程を〝設計図〟に落とし込んでいるので、なぜ必要なのか、なんのためにやるのかはスムーズに理解してもらうことができました。それから2カ月後、無事に「ABCアンバサダープログラム」が発足しました。

自社のメルマガ会員やSNSで告知し、工場見学者にもチラシを配布するなど継続的に募集告知をするサイクルを事前に決めていたため、着実に登録者が増えていきました。応募時のメッセージにも取り組みに期待するコメントが多く寄せられ、好意的に受け止められていることがわかり、プロジェクトメンバーの不安は少しずつ手ごたえに変わっていきました。予想外だったのは、商品の購入者として料理好きな女性がメインの登録者になるだろうと考えていましたが、意外にも男性の登録者も多く、手の込んだ料理をつくる際にハーブやスパイスを使う層が登録してくれたのです。また、自社商品の「ABC」を使っていない人や、普段は競合の「XYZ」を購入している層も登録者が一定数いることがわかりました。「ハーブやスパイスを学んで、おうちご飯をもっと楽しく」という応募ページで呼びかけたメッセージに対して多くの人が共感をしてくれた結果、今までは接触できなかった層の人たちも参加してくれることになったのです。

4. アンバサダーの貢献を把握する

アンバサダーの活動による成果の把握は「デジタル」側と、「リアル」側の両面で貢献指標を設定し把握していきましょう。

・デジタル貢献指標

主にブログやSNSといったサービスを通じて、クチコミによる影響を把握します。企業が運営する公式SNSアカウントの投稿への反応や、キャンペーンに参加した際の反応だけを見ていてはアンバサダーの貢献を正確に把握することはできません。登録者それぞれのブログやSNSで発信される「ブランドについての発言」を継続的に把握・計測すること、発言者の「影響力」の大きさの両面で把握する必要があります。

[全体指標]
・全体：アンバサダーステージごとの人数や活動量
・発言量：登録したアンバサダーによるブログやSNSのクチコミ数の総量と変化
・リーチ：アンバサダーを通じて友人にクチコミが伝わった数の総量と変化

［個別指標］

・発言者数：発言者の総量と変化
・発言活性度：一定期間のブログやＳＮＳ上での発言増減
・発言頻度：一定期間の発言回数（頻度）
・積極性：企業からの投げかけやイベント等への参加状況
・影響力：アンバサダーの発言に対する反応量

・リアル貢献指標

アンバサダーの活動はデジタル上だけではなく、直接友人にクチコミする活動も日常的に行われています。**また、メインの顧客層に年配の方が多く、ＳＮＳやブログでの情報発信があまり活発ではないブランドもあるため、「リアル」の貢献も見ていくことが重要となります。**リアルの指標については参考となる計測方法について紹介します。

＜アンバサダーによる推奨活動を把握する＞

ＮＰＳ（ネット・プロモーター・スコア）[*1]は顧客ロイヤルティ（企業やブランドに対する愛着や信頼）を把握するための指標であり、アンバサダープログラム及び、公式ＳＮＳアカウントなどの顧客接点においても活用できます。ＮＰＳでは「あなたは○○○（商品

図表R-⑮：NPSの算出

「あなたは（商品/サービス/ブランド名）を友人や同僚に薦める可能性は、どのくらいありますか？」

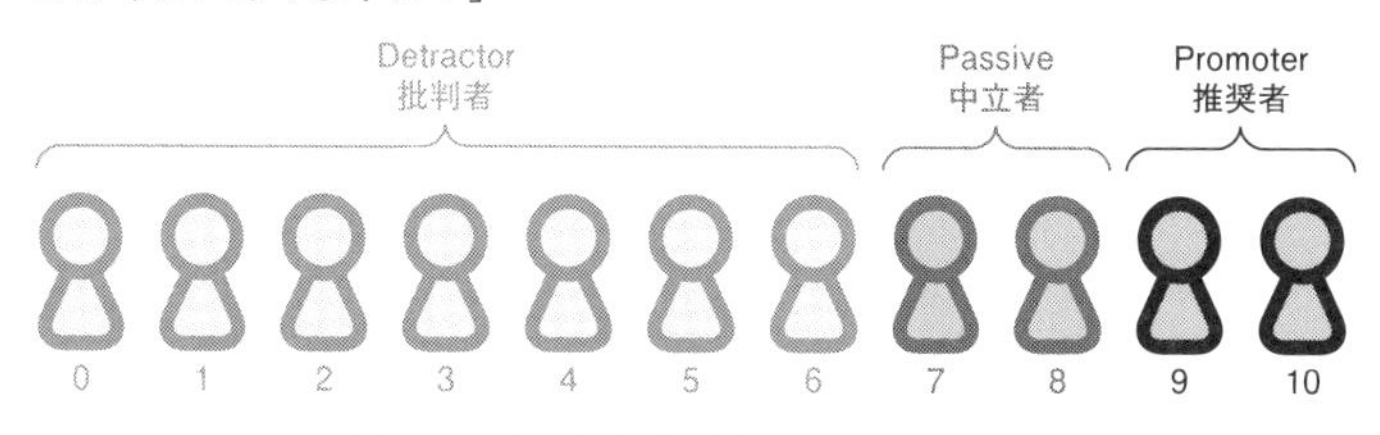

NPS＝推奨者の割合－批判者の割合

例：推奨者が40%で批判者が25%であれば、NPSは＋15%となる。
もし推奨者が20%で批判者が35%であれば、NPSは－15%となる。

出典：アジャイルメディア・ネットワーク

／サービス／ブランド名）を友人や同僚に薦める可能性は、どのくらいありますか？」というシンプルな質問に対し、強く薦めたい人は10、薦められない人は0という、0～10までの11段階で評価してもらいます。評価した数値により「推奨者」「中立者」「批判者」の三つのグループに分類し、「推奨者」から「批判者」を引いた割合が「推奨者の正味スコア＝NPS」となり、プラス100%からマイナス100%の幅で表されます（図表R－⑮）。

＊1――Net Promoter®およびNPS®は、ベイン・アンド・カンパニー（Bain & Company）、フレッド・ライクヘルド（Fred Reichheld）、サトメトリックス・システムズ（Satmetrix Systems）の登録商標です。

提唱者であるライクヘルド氏によると、NPSのスコアは事業の売り上げや収益性と相関性がある指標として有効であると述べています。これは「推奨

図表R-⑯：顧客による推奨活動の貢献を測る設問例

推奨意向
友人や知人にお薦めしたいと思うか？（NPS）

推奨実績
友人や知人に実際に薦めたか？

推奨規模
薦めたことがある人は、何人に薦めたか？

購買促進実績
薦めたことで知人や友人が購入に至ったか？

出典：アジャイルメディア・ネットワーク

者」はリピート購入、顧客生涯価値（LTV）が高く、紹介客の80％は「推奨者」から薦められているそうです。一方、「中立者」は受け身な購入者であり、「批判者」は文字通り批判的な層です。否定的なクチコミの大部分はこの層から生まれてくると言われています。アンバサダープログラムにおいてもNPSを活用し、スコアを改善・向上させていくことはもちろん、アンバサダーのリアルの貢献を把握するために定期的にアンケート調査の実施が有効です。その際はアンバサダープログラム登録者だけでなく、顧客データベース登録者、公式SNS登録者といった複数の顧客接点で比較調査を行うことが重要です。また、設問についてもNPSの共通の設問である「推奨意向」（〇〇〇をお薦めしますか？）

図表R-⑰：アンバサダー名刺を通じた紹介貢献の把握

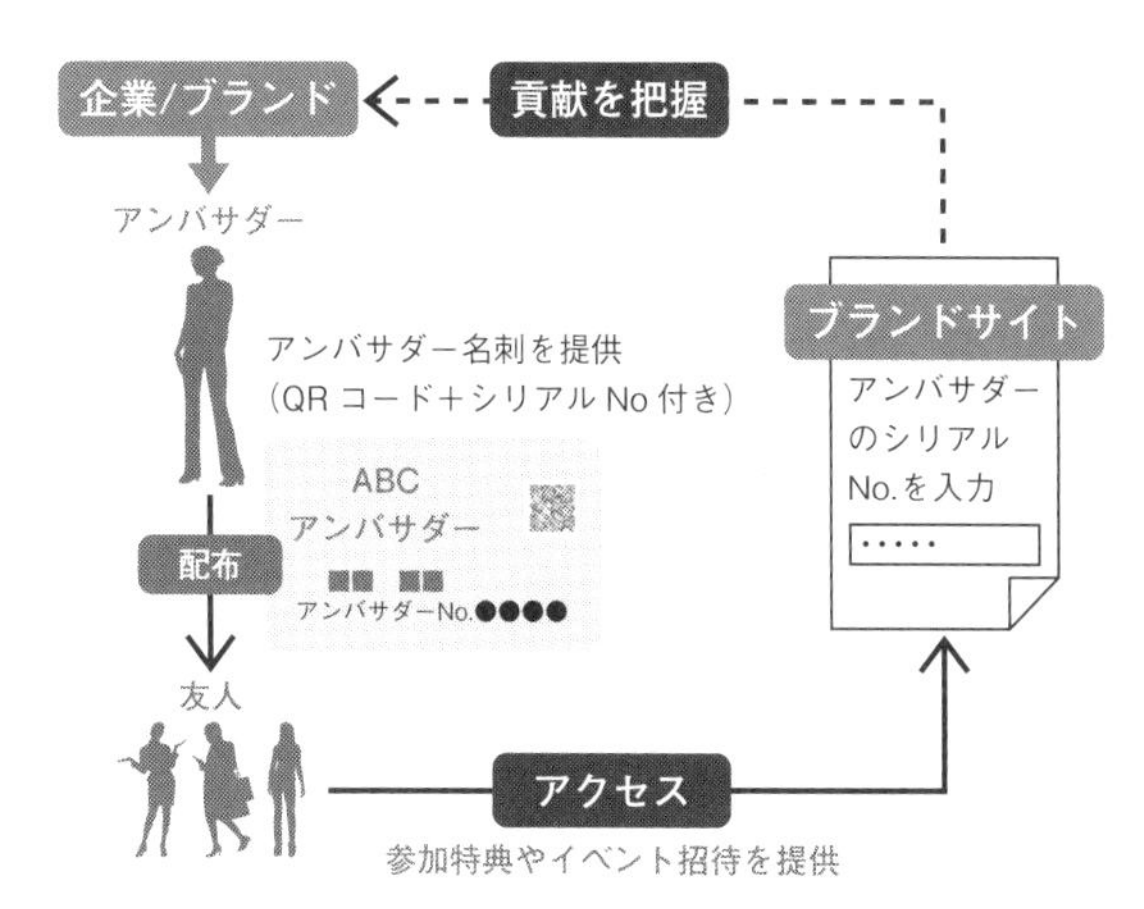

出典：アジャイルメディア・ネットワーク

だけでなく、「推奨の実績」や「推奨の規模」について把握することで、各接点の顧客による貢献活動をより深く把握することができます（図表R－⑯）。

＜アンバサダーによる紹介活動を把握する＞

アンバサダーを通じた紹介活動による貢献を把握する仕組みとして「アンバサダー名刺」を提供します。名刺に「QRコード」と「アンバサダーNo」を印刷することで、名刺を受け取った人が特典を受けられる仕組みにしておくと、〝アンバサダーがリアルの活動で貢献してくれているのか〟を把握することが可能です（図表R－⑰）。

このように、ブログやSNS上の貢献活

図表R-⑱：アンバサダープログラムの見直しフロー

アンバサダープログラム見直しに必要な情報整理

①全体のデータ取りまとめと共有(例:登録者、発言量、露出量、NPSなどの数値)
②アンバサダーステージごとのデータ共有(例:ステージ所属数、活動状況)
③期間中の活動内容振り返り(例:実施したイベントやサンプリング、情報提供など)
④関係部門トップ／担当者のフィードバック共有
⑤設定した目標・指標に対しての進捗・達成度合い

アンバサダープログラム改善検討ポイント

❶アンバサダーの課題の解決状況と再発見
❷提供する機会の改善・改良・発見
❸活動の露出支援の拡大・創出

出典:アジャイルメディア・ネットワーク

動と、リアルの貢献活動の両面を把握する視点が大切であり、キャンペーン期間のみ着目するのではなく、継続的に貢献を把握する仕組みが重要なのです。

5. アンバサダープログラムの成果を継続的に高める

・アンバサダープログラムを改善・改良する

アンバサダープログラムを導入し、実際に登録者の発言状況を把握する、取り組みを実施すると当初の想定と異なる動きや、新たな参加者の要望などが見えてくるでしょう。実際に活動して得られた経験やデータ、企業として感じられる可能性や要望によって、やり方を変化させていく必要があります。

アンバサダープログラムの振り返りに必要な情報収集を行い、関係者のフィードバックももらったうえで、以下のポイントについて議論すると良いでしょう（図表R－⓲）。

①アンバサダーの課題の解決状況と再発見

今までの取り組みを通じて、当初置いていた「課題（＝アンバサダーが活動に至らない障壁）」は解決されたのか、新たな課題は何かを確認します。

②提供する機会の改善・改良・発見

アンバサダー向けに提供する機会について、改善や改良の余地はないかを検討します。プログラムを通じて知識や成長は提供できたか、情報発信の量や質を向上させる機会が提供できたか検証します。

③活動の露出支援の拡大・創出

企業によるアンバサダーの活動露出は適切か、反応が得られているかを検討します。発信されたクチコミの内容をチェックしつつ、新たな露出先の獲得も検討しましょう。

改善・改良・発展を継続して取り組むというと、「終わらないキャンペーン」を想像し

図表R-⑲：アンバサダーは企業/ブランドから近いところに存在する

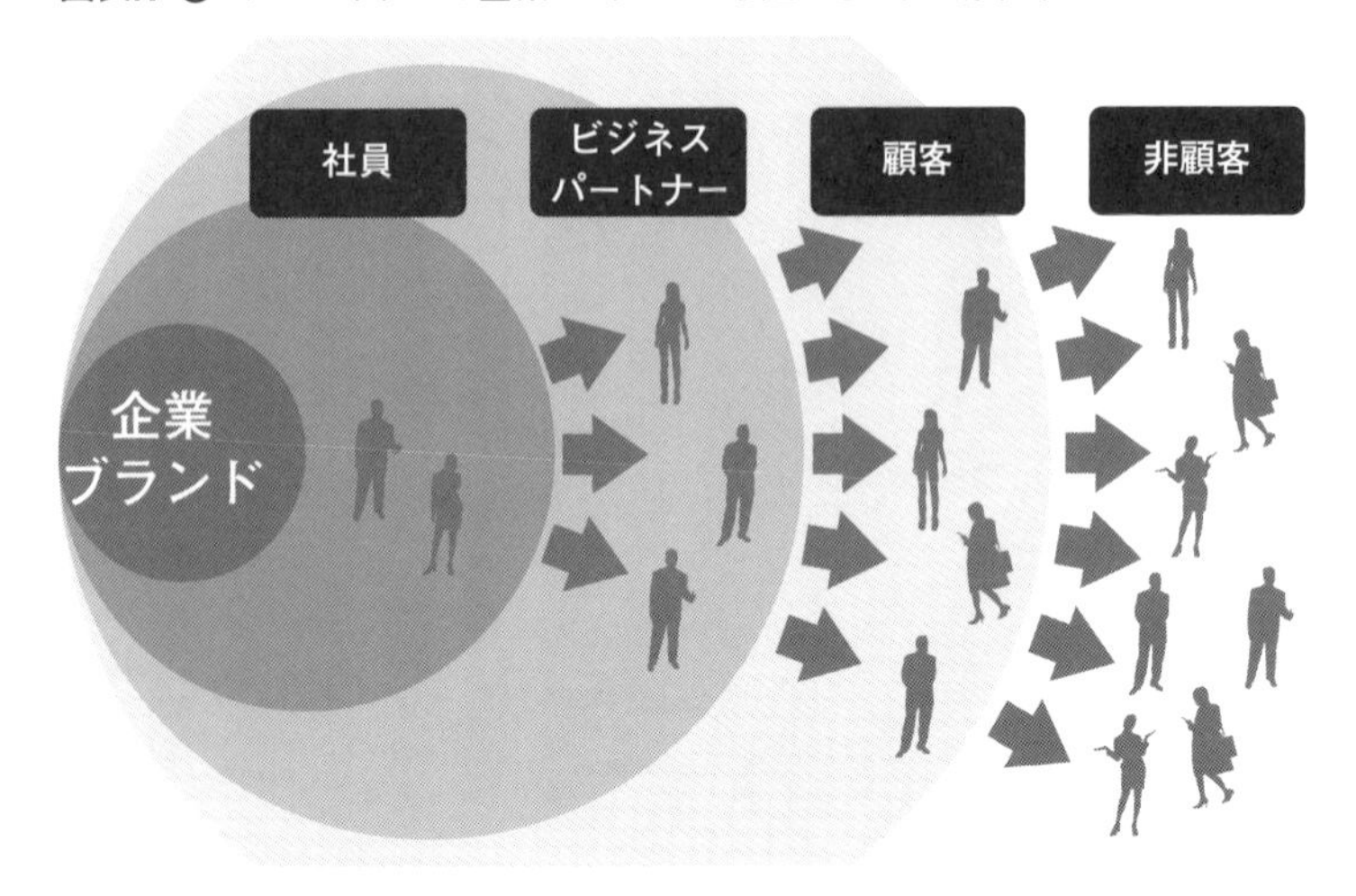

出典：アジャイルメディア・ネットワーク

て二の足を踏む方もいるかもしれません。しかし、ビジネスやコミュニケーションとは元来そういうものであり、これらの課題や改善すべきポイントに〝気付ける〟という機会こそが重要だといえるでしょう。上手くいっていること、上手くいかなかったこと、チャレンジしたいことを分けて整理をしながら、何よりも熱心な顧客であるアンバサダーがより活動しやすい支援を続けていきましょう。

・社内にフィードバックする「インナーブランディング」効果

企業のプロモーションやPR活動は社外に対して価値を発信する活動（エクスターナルブランディング）が主目的です。アンバサダープログラムも同様に、社外へクチコミを通じて価値を伝える活動であるといえます。

一方で、アンバサダープログラムの活動はその企業で働く社員の方々に対して、ファンやそのクチコミを通じて、ブランドがどのような存在であるかを理解する「インナーブランディング」の役割も担っています。アンバサダーによるクチコミや、満足した様子、要望を社内に対してフィードバックしましょう。なぜ社内へのフィードバックが必要なのか。**アンバサダーは〝企業やブランドに近いところに存在する〟**と考えるのが自然です。つまり、企業やブランドに一番近いアンバサダー候補とは「社員」なのです。そして、アンバサダーの対象は「社員」と「顧客」だけに留まりません。たとえば、お酒を扱うメーカー企業にとって、お酒を飲んでくれる「顧客」はもちろんアンバサダーの対象ですが、お酒の楽しさを顧客に伝えてくれる「バーテンダー」の方もアンバサダーとなり得ます。つまり、「ビジネスパートナー」も顧客にとって〝先生〟の役割を果たし、価値を伝えてくれるアンバサダープログラムの重要な登場人物なのです（図表R－⑲）。

アンバサダープログラムとは、アンバサダーの活動を、「顧客」だけではなく、「社内／社員」にも伝えることで、社内の協力を得られる環境をつくっていくこと、また「ビジネスパートナー」に対しても積極的に働きかけることで、さらに骨太なプログラムへと発展させていくことができる企業活動なのです。

アンバサダープログラムの本質とは

本レポートでは導入の際の基本的な検討項目と流れを紹介しました。当然ですが企業やブランドによって中身も違いますし、ファンも違うでしょう。ここまで読んでいただいたケースと異なり、順調に進まないことも多くあります。だからこそ、〝なぜ必要なのか〟を議論するためのフレームワークの必要性と、「アンバサダープログラム」が全体のコミュニケーションの中で、どのような位置付けで役割を果たすのか整理しておかなくてはなりません。その際に留意いただきたいのは、アンバサダープログラムは広告と違い、ブランドに対して〝興味のない人に振り向いてもらう〟ことが目的ではないということです。アンバサダープログラムの対象は、あくまで「ファン」です。「ファン」が喜んで参加してくれる、成長できる機会を提供するという視点が重要なのです。そして、アンバサダーがブランドについて〝語る言葉を増やす〟ことで、ブランドの価値や魅力を身近な人たちに正しく伝えてもらう取り組みであることを忘れてはいけません。みなさんの会社やブランドにもファンは必ずいます。そして、ファンの方たちは企業やブランドとのつながりを求めているのです。ぜひ、顧客視点の取り組みを実践していただければと思います。

第　5　章

アンバサダーが企業にもたらす変化

ここまでファンやアンバサダーを軸に、顧客視点でマーケティングやコミュニケーションを考え直す必要性と、方法論について、様々な角度から見てきました。この章では、2017年現在、実際にアンバサダープログラムに取り組んでいる企業のケーススタディを取り上げます。そしてアンバサダープログラムの背景にある考え方や思想、顧客視点の戦略がもたらした影響などを、企業担当者へのインタビューも交えて見ていきたいと思います。

現在、多くの企業が顧客視点の名のもと、様々なマーケティングに取り組んでいます。しかし、今までお伝えしてきたように、たとえばマス・マーケティングの枠組みの中で顧客視点に取り組んでも、実際には顧客視点になりきれないケースがほとんどです。そもそも顧客を主役に据えない顧客視点は、結局は企業主導だからです。

対して発想を顧客の側に寄せて行うアンバサダープログラムの場合、まだ歴史も浅いため手法の確立や、効果測定の方法などでは課題が残るものの、企業担当者のみなさんは今までにない効果を実感したり、新しい可能性を感じたりしています。顧客との新しい取り組みには、今までにない手応えがあると企業担当者のみなさんは口を揃えます。

では、企業担当者のみなさんは、どんな思いでアンバサダープログラムに取り組んでいるのか。プログラムの取り組みとその背景にある顧客視点の戦略についても合わせてご紹介していきます。

顧客視点の戦略をカタチにする

アンバサダープログラムは、今までにない新しい取り組みです。したがってマス・マーケティングのように決まった成功パターンがあるわけではありません。また決まった形もないので各企業の現状や課題に合わせて、カスタマイズして運用していく必要があります。その意味では、各企業ともに手探りで施策を行っているのが現状です。しかし、ここで最も大切なことは、たとえ方法論が確立されていなくても、各ブランドが現状の課題を解決して前進していくためには、アンバサダープログラムという「顧客視点の戦略」に踏み出す必要性があったという点です。

これまでもお伝えしてきた通り、もちろんマス・マーケティングでしか実現できないこともあります。しかし、認知獲得を目的とするマス・マーケティングだけでは解決できない課題がすでにたくさん生まれています。そうした現実の状況に対して、人一倍頭を悩ませているのが、実務に携わる企業のブランドマネージャーであり、マーケターでしょう。では企業担当者は、物事をどのように考えてアンバサダープログラムに取り組んだのでしょうか。以下の二つの視点から様々な事例を概観していきます。

(1) どのような課題に直面し、なぜ顧客視点で解決しようと考え、どのような顧客視点の戦略で解決しようとしたのか。
(2) その戦略を実行に移す際には、どのような思考があったのか。

それらを知ることは、マス・マーケティングの限界を知ると同時に、顧客視点の戦略の可能性を知ることです。事例では様々な業種が登場しますが、みなさんの業務との共通点も多いはずです。

なぜアンバサダープログラムに着目したのか、何を解決したかったのか

ケース1 お客さまと直接会話をする。それが私たちの顧客視点です（ネスカフェ アンバサダー）

▼マス広告だけではなく、お客さまに喜んでもらうことでマシンを広げることにした

2012年の秋に始まった「ネスカフェ アンバサダー」プログラムはファンを組織化したプログラムというだけでなく、新しいビジネスモデルでもあります。したがって通常のアンバサダープログラムと比べると、よりスケールの大きな取り組みです。ここで「ネスカフェ アンバサダー」を取り上げるのは、すでに説明の必要もないくらい有名なプログラムであるにもかかわらず、当時直面していたマーケティング上の課題や、アンバサダープログラム誕生のきっかけが、あまり知られていないからです。「ネスカフェ アンバサダー」プログラム誕生の裏側には、他の企業も参考にできる顧客視点の発想がありました。そしてプログラムが行っている取り組み自体も、知れば知るほど顧客視点に、忠実に運用されているのです。「ネスカフェ アンバサダー」の企画を立ち上げた中心人物が、ネ

右：津田匡保氏（ネスレ日本 Eコマース本部　ダイレクト＆デジタル推進事業部　部長）
左：藤崎 実（著者）

スレ日本の津田匡保さん（Eコマース本部　ダイレクト&デジタル推進事業部　部長）です。津田さんは、当時どんな課題に直面していたのでしょうか。

津田　当初は「ネスカフェ アンバサダー」も、ビジネスモデルの構想もありませんでした。当時、私は弊社の家庭向けのコーヒーマシン「ネスカフェゴールドブレンド バリスタ」のマーケティング担当でした。発売当時から担当しており、2010年頃に大ヒット家電の仲間入りをすることができ、家庭用コーヒーの飲用スタイルを変えることができました。「ネスカフェゴールドブレンド バリスタ」はおかげさまで日本一売れているコーヒーマシンになることができましたが、日本には3000万世帯以上のソリュブルコーヒー市場がありますので、まだまだこのマシンのポテンシャルはあるはずだと社内で話していました。そこで、テレビCMをはじめとしたマス広告を行いながらも、2010年の年末からお客さまにマシンを知っていただく新しい告知方法を模索していたのです。

今でこそ「ネスカフェ アンバサダー」のCM等でもよく見かけますが、もともと「ネスカフェゴールドブレンド バリスタ」というコーヒーマシンは家庭用に販売されていたマシンだった（もちろん今も販売されています）というのは、意外と知らない人が多いのではないでしょうか。津田さんは、その「ネスカフェゴールドブレンド バリスタ」のマーケティング担当として、大ヒット家電のヒットをさらに広げ、次につなげるにはどうしたらいいのか、新しい告知方法で頭を悩ませていたというのです。これは大変よくわかる話です。それまでもきっと限られた予算の中、あらゆるマーケティング手法を試してきたのだと想像できます。その結果、大ヒット家電の仲間入りを果たすことができたのです。では、「ネスカフェゴールドブレンド バリスタ」をさらに広げるための次の一手はどうしたらいいのでしょうか。再び、広告で宣伝すれば、さらにヒットさせることができるのでしょうか。

津田　ちょうどそんな時、2011年に東日本大震災がありました。

津田さんは1995年に阪神・淡路大震災を経験していました。当時、高校生だった津田さんは、その時にコーヒーの温かさやおいしさを体験し、コーヒーが持っている素晴らしさを伝えたいと思い、ネスレ日本に入社したのでした。そこで、今度は自分が被災地の方のお役に立てることはないかと考え、「ネスカフェ ゴールドブレンドバリスタ」を持って、すぐに被災地に行くことにしました。そして仮設住宅でコーヒーを淹れていると、どんどん人が集まってきて、多くの方に喜んでいただけたそうです。

津田 もちろん被災地は大変な状況でしたが、コーヒーマシンによって、仮設住宅がいわばカフェのようになったのです。その時、「人が集まる場所にコーヒーマシンを置かせてもらうことで、みなさんに心から喜んでもらえるんだ」「やっぱりコーヒーには、人に和んでもらえる力があるんだな」と実感しました。それが「ネスカフェ アンバサダー」プログラムの一つのヒントになっています。

とかくビジネスモデルのあり方に注目が集まる「ネスカフェ アンバサダー」ですが、そのきっかけに、津田さんによる二つの震災体験が少なからず関係していたのです。通常、商品を広げるにはマス広告で宣伝するのが一般的です。しかし津田さんはその二つの体験から、**広告だけではなく、お客さまに喜んでもらうことで商品を広げることができるのではないかというヒントを得るのです。商品やサービスを広めるために津田さんが考えたこと。それは、お客さまと良い関係をつくるというものでした。**

津田　広告に加えて、東日本大震災での経験がヒントになり、人が集まる場所やコミュニティにマシンを置かせてもらうことで、広がるきっかけになると考えたのです。そこから発展して最終的にはビジネスモデルの構想となりました。

「ネスカフェ アンバサダー」の原点に、人に喜んでもらうことでマシンを広げ、ファンを根付かせるという発想があることはとても重要です。一般に「お客さまのために」とはよく言われる言葉です。そして「お客さまのため」を充実させてビジネスを成立させるのが商いの原点です。「ネスカフェ アンバサダー」の場合、コーヒーによって人と人が近づけたり、気持ちが和んだりできるという、いわばコーヒーがもたらす価値の提供に考え方をシフトしたことが素晴らしいと思います。こうした成功事例は後から見ると、とてもシンプルで理に適っていることが多いようです。しかし、答えを見たら簡単そうでも、真正面から向き合うとなかなか答えが見つからない、まさに手品のような事例だと思います。

▼重要なのはお客さまと直接会って、話をして決めていくこと

「ネスカフェ アンバサダー」プログラムの特徴として、ネスレ日本の社員や津田さんがアンバサダーと直接会うことを重視し、そういう機会をたくさん用意していることは、一般に知られていないようです。ネスレ日本では定期的にアンバサダーのみなさんに集まっ

てもらい、毎回テーマを変えて座談会のようなことをしています。たとえばユーザーとして一番困っていることや、ＣＭをつくる際にどんな要素を入れたらもっと響くものになるのかなど、ネスレ日本の取り組みの中身そのものに関してアンバサダーのみなさんに意見を求めているのです。その一つの成果として、たとえば「アンバサダーになろう」篇というＣＭが挙げられます。これは社内での「ネスカフェ アンバサダー」の日常を描くＣＭですが、まさにこのＣＭに登場する女性こそ、アンバサダーのみなさんそのものです。このように「企業と広告会社」がＣＭの企画をつくるのではなく、「企業とアンバサダー」でＣＭの企画を立てるというのは大変新しい取り組みと言えます。しかし、よく考えれば、アンバサダーのみなさんはネスレ日本のことを誰よりも考えてくれるファンの方々です。ファンでありながら、一般のユーザーでもあるので、普通の人に響くメッセージを描くには最もふさわしいプランナーだと言えます。また、こうした企画に関する座談会や会議に参加することで、彼らのモチベーションはさらに高くなるそうです。自分たちの声が企業のＣＭや様々な企画に反映されれば、アンバサダーの方々にとってもうれしいことは間違いないでしょう。津田さんはアンバサダーのみなさんと会うことに関して次のように述べています。

津田　アンバサダープログラムを行っていて良かった点は、お客さまの話を直接聞けることです。ネスレ日本には昔からお客さまとの良好な関係を構築する専門のチームもあり、お客さまの意見を取り入れることへの理解がありました。そうした企業文化もあり、反対する声はありませんでした。実際、アンバサダーの方々との対話では、商品やサービスを日頃から使ってもらっているということもあって、建設的な議論ができていて、社内からも意見がすごく的を射ていて、新鮮だという感想が出ています。

従来、企業がユーザーの声を聞く、あるいは消費者の声を反映させるといった場合、企業は調査会社に依頼して消費者に集まってもらい、グループインタビューなどを行ってきました。しかし、アンバサダーの方々のほうがファンとしての熱意やモチベーションの高さという点で、純度の高い活発な意見が聞けるようです。**これはファンだからこそ、厳しい意見を述べることもあるという意味です。**ネスレ日本では昔からお客さまの声に耳を傾ける文化があったということですので、アンバサダープログラムのような自社のファンと積極的にリレーションを行っていく素地をもともと持っていたと言えるかもしれません。津田さんは次のようにも述べています。

津田　私も今までいろいろなグループインタビューやイベントに参加してきましたが、アンバサダー同士の集まりほど盛り上がる座談会やインタビューはありません。みなさん本当に熱心で純粋な方々が多いです。また、現実的で建設的なご意見をいただけるので、私たちとしても大変助かります。

企業が次のステージへ向かうために、実際の顧客であるアンバサダーのみなさんと会って、様々な意見をお聞きして事業に反映させていく。**その流れは、近年注目されている「共創」と呼べるものかもしれません。**つまり、一般的に共創は商品開発などを指すことが多いようですが、そのような高い目標を掲げなくても、メーカーがお客さまと一緒にできることはまだまだたくさんあるということです。また、企業が自社のファンと会って一緒に話をすること自体、今まで企業はおろそかにしてきたのではないでしょうか。

「ネスカフェ アンバサダー」プログラムは、いろいろな意味でマス・マーケティングに一石を投じる試みです。中でもビジネスモデルの根底にある、企業がファンと直接会って意見を吸い上げる取り組みには、顧客を重視するネスレ日本の企業姿勢が反映されているのです。

ケース❷ ファンと一緒に洋楽カテゴリーそのものを拡大させる（ユニバーサルミュージック）

▼ファンを重視するのは「リアルな声」が問われる時代だから

ご存知のように音楽業界はインターネットの発展でビジネスの形態に大きな影響を受けた業界の一つです。音楽はレコードやＣＤを購入するものでしたが、いまや音楽はインターネット上の専用サイトから簡単にファイルをダウンロードして購入できる時代です。また無料で視聴できる動画共有サイトなどの存在は音楽ビジネスにとって複雑な状況を生み出しています。では、ユニバーサルミュージックは、この環境変化にどのように対応し、どんな課題を解決するためにファンを重視することにしたのでしょうか。

「UNIVERSAL INTERNATIONAL アンバサダープログラム」は、２０１３年12月にスタートしました。このプログラムの特徴は個別のアーティストではなく、「洋楽」全体のファンを対象としている点です。つまり個々のアーティストのファン拡大だけではなく、洋楽という大きな括りで考えることで、洋楽カテゴリー全体を大きくすることを目標としているのです。

ここで読者のみなさんのために、洋楽の売り上げに関する知識をあらためて整理しま

右：佐藤宙氏（ユニバーサルインターナショナル洋楽本部マーケティング部 部長）
左：著者

UNIVERSAL
UNIVERSAL MUSIC
UNIVERSAL INTERNATIONAL
アンバサダー・プログラム

す。それは、洋楽のシェアは音楽市場全体で見ると80年代や90年代と比べるとたしかに低下傾向に見えますが、それはＣＤ市場の話であり、デジタルでの販売を加えると洋楽の売り上げは下がっていないという点です。むしろ、ネットの発展によって購買ルートが多様化した結果、デジタルでの音楽販売やストーリミングの売り上げでは洋楽は上昇傾向にあるというのです。ではインターネットの発展によって生じた音楽会社の課題は、どのような点にあったのでしょうか。ユニバーサルインターナショナルの佐藤宙さん（洋楽本部マーケティング部 部長）に洋楽業界が直面している課題をお聞きしました。

佐藤　洋楽のプロモーションは２０１１～１２年頃まで、「アーティストを日本でどうやって紹介するか」が主な仕事でした。かつては音楽会社の宣伝チームが様々なメディアを通じてアーティストを紹介してきました。しかし、今はツイッターやフェイスブックなど色々なソーシャルメディアの普及によって、レコード会社発のアウトプットだけで情報を伝えようとすることに限界が生じています。

ユーザーがネットで調べれば、いくらでも情報があるという状況になったのです。

たしかに音楽会社による情報をはるかに超えるアーティスト情報がネット上に存在します。音楽会社の仕事が難しくなったのもわかる気がします。

佐藤　さらに重要な変化は、情報の信頼性です。音楽会社がいくら「流行っている」という情報を流しても、それが本当かどうかはネットで調べればすぐにわかります。つまり、ネット上でユーザー同士が「これって、いいよね」と盛り上がっていない限り、音楽会社からの情報が受け入れてもらいにくい状況になったのです。

それは大きな課題です。一般にインターネットによって音楽市場が直面した課題は、購買サイトを通じた購買行動の多様化だと思われがちですが、**もっと大きな課題は「情報の多様化」にあったというわけです。そう考えると、ユニバーサルミュージックの事例は、音楽業界という特別な業界だけの問題ではなく、他の業界にとっても直面している一般的な課題として参考になるのではないでしょうか。**そもそも音楽は趣味性が高く、消費者に密着する必要があるため、常に最先端のマーケティング手法が実践されてきました。ユニバーサルミュージックも、今のアンバサダープログラムに取り組む前は、「ストリートプロモーション」に取り組んできました。「ストリートプロモーション」とは、草の根的なプロモーション活動のことで、音楽に詳しい人からのクチコミを活用したものです。たとえば、クラブで活躍しているＤＪやダンサーにサンプルを渡して試聴してもらい、良かったら広めてもらえるようにお願いするものです。音楽は趣味性が高いので、マスメディアからの情報発信ではなく、音楽に詳しい人からのクチコミを重視したのです。しかし彼らのようなインフルエンサーを重視する流れが変わってきたのだと佐藤さんは語ります。

佐藤　もちろん音楽会社からの発信や、ＤＪやファッションリーダーのようなインフルエンサーからの情報発信も大切です。**しかし、今は圧倒的に一般の人たちの声が重要なのです。大切なのは「どこまでリアルな声なのか」に尽きます。**今はソーシャルメディアの発展によって、個人が情報発信できるようになりました。そこで、洋楽の知識があり、拡散力を持った一般の人たちに直接情報を提供することで、新しいプロモーションができるのではないかと考えました。

いかがでしょうか。今の時代は一般のユーザーの発信力にこそパワーがあるというのです。まさに顧客に主導権があるのです。また、プログラムの際立った特徴として「洋楽」全体のファンを対象としている点が挙げられます。これはどういうことなのでしょうか。

佐藤　アーティストは個性も売り出し方もそれぞれ違います。その一方で、洋楽全体で括ると、そのカテゴリーの中でのクチコミが波及効果を生んだり、クロスオーバーできたりすることが多いのも事実です。また日本には昔から〝洋楽ファン〟という人たちが存在しています。つまり、洋楽という大きな括りで考えることで、カテゴリー全体を大きくすることができるのではないかとずっと考えてきたのです。洋楽文化への貢献といってもいいかもしれません。

このように、クチコミが重視される音楽プロモーションの世界で、洋楽アンバサダーと一緒に洋楽を盛り上げていこうという発想そのものが顧客視点だと言えるのではないでしょうか。

▼アンバサダーとのリレーションで重視した「リアルな声」とは

では、ユニバーサルミュージックがアンバサダープログラムで実現したかった「リアルな声」とは、どのようなものなのでしょうか。佐藤さんの言葉をそのままご紹介します。

佐藤　**「リアルな声」の中身は、三つあります。一つは「情報の内容」です。**いくらレコード会社やインフルエンサーからのアウトプットがあっても、それが本当か嘘か、今のユーザーは色々調べればわかります。「リアルな声」は、ユーザーの実感をともなったり、事実をベースにしたものだったりしなければなりません。**二つ目は、「情報の近さ」です。**今の時代、たくさんの人たちに共感を持ってもらうために大事なのは、彼らのすぐ隣にいるくらいの距離感の人たちがどれだけ話題にしているのかということです。つまり、少し前はＤＪの卵さんからの情報発信でも良かったのですが、今やそれ以上に身の周りにいる普通の人が影響力を持っています。**三つ目に大切なのは「多様性」です。**これは先の二つと同時に成立するものですが、たとえ同じアーティストが好きでも、人それぞれに異なる感想や意見があるということです。なので、ファンそれぞれの好みを大切にしたいと考えています。

ユニバーサルミュージックのアンバサダープログラムは、以上の三つの「リアルな声」と、どう付き合うか、あるいはつくり出すかを目的にしています。また、佐藤さんはアーティストとファンの関係づくりが最大の財産だと話してくれました。音楽プロモーションにおいて、音楽会社がアーティストのファンを大切にするのは当たり前に思えるかもしれません。しかし、それは音楽業界だけの特殊な話ではないはずです。佐藤さんは次のように語っています。

佐藤　アーティストとファンとの距離感は大切です。ファンが母体となって、アーティストを支えている関係なので、その距離感をいかに近いものにするかが重要です。プロモーション対象とファンが近い関係にあったほうがよいというのは、一般の商品にも当てはまりますよね。たとえば、誕生した背景に物語があるブランドであれば、熱狂的なファンがいますよね。

たしかにその通りです。**アーティストにファンクラブがあるのは当たり前だと思っていましたが、商品哲学がしっかりしているブランドであれば、当然ファンがいるはずです。**そうしたブランドであればファンを重視したアンバサダープログラムの運営が可能だというわけです。その際には佐藤さんが指摘した「いかにリアルな声か」という三つの指摘「情報の内容」「情報の近さ」「多様性」はそのまま参考になるはずです。定期的に行っているアンバサダーミーティングは、ユニバーサルミュージックのオフィスで行うそうです。ファンが、自分が好きなアーティストの会社と関わる機会は、普通はなかなかないはずです。彼らにそういう機会を提供していることで自社のブランディングにもなっているはずだと佐藤さんは教えてくれました。

顧客視点の戦略から、実際に得られた成果や価値、今後の可能性

これまで各企業がアンバサダープログラムを始めた理由や取り組みにおける思考をご紹介してきました。では、今度は実際の実行プロセスや、得られた成果を見ていきましょう。以下、第4章でご紹介した「アンバサダーサイクル」による五つの戦略から、「会話」「活性化」「支援」「共創」の順にご紹介していきます（「傾聴」は常に重要な姿勢です。また調査的な意味合いが強いので、他の四つの施策を取り上げます）。

▼「会話」での成果

ケース③「CLUB Panasonic」のファンイベント

企業やブランドは、アンバサダーとどのように接して、意見を交換するのか。そしてその会話をどう活かしたらいいのか。ここではパナソニックのファンイベントをご紹介します。パナソニックはファンに会員登録をしてもらう無料会員コミュニティ「CLUB Panasonic」の取り組みを進めています。このサイトは2007年11月に開設されましたが、当初は「愛用者登録の場」という位置づけでした。開設の理由は、それまで商品ごと

中村愼一氏
（パナソニック　コンシューマーマーケティングジャパン本部　クラブパナソニック運営部　部長）

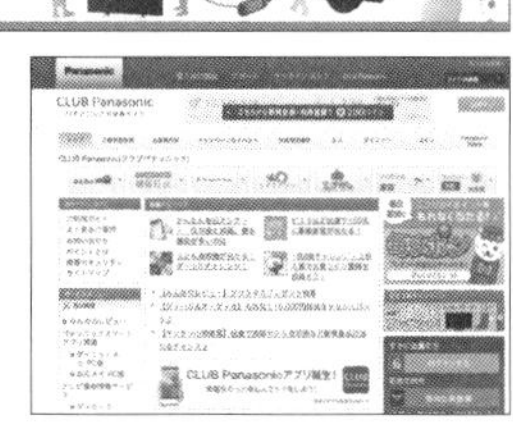

に「愛用者登録」のある商品とない商品があり、顧客データも個別に収集・管理されていたため、商品ごとのサポートサービスにムラがあったためでした。それまではいわば企業の組織体系に合わせたお客さまとのお付き合いだったわけです。このサイトの開設を機に、商品の垣根を越えたパナソニックファンへの取り組みを強化するために「CLUB Panasonic」は進化していきます。たとえば、2008年からは「商品認知」を重点施策にファンによるクチコミの拡散や、商品の特徴をわかりやすく伝える「動画」の視聴促進などに取り組みを拡げてきました。そして現在に至るまで、とにかく多くのお客さまに登録してもらうことを目標に取り組んでいるファンのクラブ化と言えます。その規模は、2016年夏の時点で会員数850万人を突破、月間アクセス数2・2億PVと、日本の企業サイトとしては最大規模のサイトです。

「CLUB Panasonic」のサイトは、今では商品レビューや、お得なキャンペーン情報、クイズなどのエンターテイメント、商品の体験レンタルなどの企画を始め、リアルなイベントのご案内まで、多くのコンテンツを用意し、ファンの方にできるだけ毎日アクセスして楽しんでもらえるように工夫されています。**その目的は企業がファンといわば友達のような関係を持つことです。企業がファンであるお客さまと様々な接点を持つことで、いざ家電を買おうと思った時に、パナソニックが候補に挙がるような、そんな関係づくりを目指しているというわけです。**２０１３年からは、ファンとの接点づくりとして、ネットだけではなくリアルなイベントにも誘導を実施しています。顧客のニーズをつかんだり、ファンの商品体験や商品への懸念を解決したりするために、社員とファンの直接的な対話ができる場を用意しているというわけです。各種会員データを活用してロイヤルティが高いファンに声をかける仕組みをとり、ロイヤルティの高いファンだからこそ、熱気あふれる人気のイベントになっています。そんなリアルな場におけるファンとの会話の重要性について、パナソニックの中村愼一さん（コンシューマーマーケティングジャパン本部　クラブパナソニック運営部　部長）にお話をお聞きしました。

中村　２０１５年の秋には東京ドームシティプリズムホールを会場として会員限定・完全招待制「CLUB Panasonic ファン・フェスタ」を2日間で計6回、開催しましたが開場前には400人ものファンが行列をつくるほどの盛況となりました。このイベントの特徴は、集まったお客さまがみなさんパナソニックの大ファンだという点です。来場目的は商品の体験です。つまり実際に興味があったり、購入を検討したりしている人たちに向けて、企業がまずは体験してみましょうと体験の機会を提供したわけです。このイベントの特徴は企業の担当者がすべての商品説明を行う点です。

考えてみれば、企業の商品担当者とユーザーが触れ合う機会は、一般的にほとんどありません。こうしたイベントは企業にとってはファンと接する大変貴重な機会です。もちろんファンにとっても、企業の担当者に直接質問や相談ができる貴重な場です。

中村　どのコーナーも説明員の周りにファンたちが集まり、会場は大変な熱気に包まれファンたちの熱心さには説明員も驚くほどでした。たとえば、冷蔵庫の商品説明に300人が集まりましたが、これは普通ではあり得ないと思います。そして何より嬉しかったのは、アンケートの結果です。「イベントで商品を体感した結果、商品を購入しようと思った人」が72％にも上ったのです。やはり直接の商品体験と、企業の担当者との触れ合いは大切だということです。今後はこのようなリアルなイベントを全国に展開できないか現在、検討中です。

リアルなイベントでファンと会話をすることは、企業にとっては顧客のニーズを知ることにつながります。ファンの声は正直です。商品の良いところも改善点も指摘してくれることでしょう。最後に中村さんが教えてくれた点も大変興味深いのでご紹介します。企業がリアルな場を設けてファンと直接会話を行ったり、情報を提供したりする価値がよくわかります。

中村　ファンのみなさんは、インターネットで情報をいろいろ調べますので、当然、ネット上のクチコミも目にするわけです。で、**そのクチコミが本当なのかどうかメーカーの担当者に直接聞いて確かめたい、そういう気持ちが非常にあるようです。やはりメーカーの人は商品について一番よく知っているので、頼られているというわけです。**

企業がファンとの関係を強めていくには、ネットだけではなくリアルなつながりをつくり、ファンと会話を持つことが大切だということがよくわかります。

▼「活性化」（レビュー）での成果

ケース❹ ルンバ　認知率90%だからこそ、クチコミに意味がある

今や「ロボット掃除機」の代名詞として知られる「ルンバ」ですが、市場の開拓と普及には、消費者のクチコミと上手に付き合ってきた戦略がありました。そもそも「ロボット掃除機」という存在自体が今までにないカテゴリーだったため、これまでの掃除機とは違った存在として、いかに世の中に価値を認めてもらうかがスタートだったのです。日本でルンバを普及させるために２００４年から事業を手掛けるアイロボット日本総代理店セールス・オンデマンドの徳丸順一さん（取締役 第一事業本部マーケティング部部長）は、次のように語ります。

徳丸　広告は認知度を高めるのに適していて、クチコミは「納得感」の土台になります。ロボット掃除機は今でも新カテゴリーの商品です。どんなメリットがあるのかまだイメージしにくい商品なので、**市場拡大に向けては、最終的には利用者の声やクチコミが消費者の不安を払拭するのに最も役立つものになります。**

いわゆる少額商品でしたら、試しに買ってみようということもありますが、ルンバはあ

右：徳丸順一氏（アイロボット日本総代理店 セールス・オンデマンド　取締役　第一事業本部 マーケティング部　部長）
左：著者

る程度高額な耐久消費財ですので検討してから購入することになります。その段階で十分な理解を得られるような情報が必要なのです。それには企業からの謳い文句だけでは不十分です。「本当に使えるのかな?」という懐疑的な気持ちを払拭するためには、消費者のリアルな声が非常に大きな説得力を発揮するのです。したがって購入検討者の不安を払拭するためには、顧客のリアルなクチコミを活性化させることが重要だというのです。ルンバの場合、認知率は非常に高いので、あとは利用者のクチコミを増やして購入検討者の参考になるコンテンツをいかに増やしていくかがポイント。「アイロボット ファンプログラム」は、そのクチコミを増やすためのプラットフォームだと徳丸さんは考えています。そのための施策に、常時行っているSNSでの投稿キャンペーンがあります。お題はとてもシンプルで「ルンバの一番の魅力はなんですか?」というものです。これは利用者にとっては実感を込めて投稿しやすく、購入検討者も知りたい内容です。つまり、両者にとってそれぞれの満足が得られる情報発信を促す取り組みとなっているのが特徴です。

徳丸　消費者は今まで知らなかった情報を知りたがっています。だから、我々はファクトベースのコンテンツをつくり、さらに、使っていただいた方々のリアルな生な声を伝えていきたいと思っているのです。ルンバのように体験することで価値を確認できる商品の場合、より多くの人に体験してもらうことも必要です。とはいえ、「モニター」や「ファンイベント」に参加できる人は限られてしまいます。だからネットでのクチコミや、利用者のレビューは大きな意味があるのです。

実際の効果や目標との関係はどうなっているのでしょうか。「アイロボット ファンプログラム」の運営にあたっては、定量面と定性面の両方にKPIを設定して施策を行っています。具体的な数字は出せませんが、定量面は「プログラムに参加するファン数」です。定性面はクチコミの数とパワーに着目して「クチコミがどこまで広がっていくか」というものです。その結果、2016年は、定量と定性の両方でKPIを大幅に超えた2倍という結果になりました。徳丸さんは、次のように語っています。

徳丸　今は、長期的な展開を考えるうえでの基礎をつくっている段階です。直近の成果もKPIの2倍を出せたので、さらに良いものにしていくためにはどうしたらいいのかを常に考えています。とはいえ、デジタルの場に関してはSEO効果などには実感を伴う手応えがあります。特にファンイベントで紹介したり、消費者にモニターしてもらったりしているタイプのルンバは、SEOの効果が非常に高いです。ファンイベントにお越しくださった方のブログや、モニターの使用後の感想を書いたブログが表示されるのは我々にとってだけではなく、ルンバについての情報が欲しくて検索している人のニーズに合っていると思います。やってみて本当に良かったと、非常にポジティブな評価を持っています。**アクティビティを発信する確固たるプラットフォームができたことは大きな価値があると捉えています。**今後はいろいろな部署も絡めてこのプラットフォームの有意義な活用方法を探していこうと考えています。いわば「クチコミの底上げ」も目指したいところです。

▼「活性化」(リーチ)での成果

ケース5 オールブランは売り上げに貢献

日本ケロッグの「オールブラン アンバサダープログラム」は売り上げに貢献したと言える取り組みになりました。2015年に行ったアンバサダープログラムを含む100周年キャンペーンで売り上げが上がったのです。2015年の売り上げは、**対前年比で「オールブラン」シリーズ全体の売り上げが7%アップ。中でも商品ヒーローとして打ち出している「オールブラン ブランフレーク フルーツミックス」は対前年比で25%も伸びまし**

右：五味田里美氏（日本ケロッグ合同会社
マーケティング部　グループマネージャー）
左：著者

た。もちろんこれには複合的な理由が考えられますので一概にアンバサダープログラムだけの成果とは言い切れません。しかし、以前から市場で販売され続けている商品という点を鑑みると、アンバサダープログラムによって、クチコミが活性化し、少なからず貢献したのではないかと考えられます。日本ケロッグの五味田里美さん（マーケティング部グループマネージャー）も、大きな手応えを感じていると語っています。

五味田　アンバサダープログラムが効果を発揮して、「オールブラン オリジナル」が抱えていた「おいしさ」に対するバリアに対しては、食べてみれば意外とおいしい、というクチコミが起きました。「オールブラン ブランフレーク フルーツミックス」は「最近はこういうおいしい商品もあるんだよ」というクチコミを醸成することができ、それが結果的に数字にも結びついたと分析しています。「オールブラン ブランフレーク フルーツミックス」も新商品ではないので、トレンドとして多少は下がってしまう傾向もある中で、ここまで数字が伸ばせたのはとても良かったと思っています。

日本ケロッグは、アンバサダープログラムの目標設定として「量的な目標」と「質的な目標」の二つを設けました。その目標設定の特徴は、どちらもできるだけシンプルな目標にすることでした。そして2015年、プログラムに取り組んだ1年目は、その両方で当初の目標をクリアする結果となったのです。まず「量的目標」は、「アンバサダーの人数」と、発言がSNSに載った時の「広告換算金額」の二つの指標を設定しました。1000人の登録を年間目標にしていたのですが、1年で3500人まで増やすことができました。これは誘導に予算をかけたことと、「オールブラン」とアンバサダープログラムの親和性などが相まって得られた数字です。「広告換算金額」も計算して立てた当初の金額をクリアすることができました。

「質的な目標」に関しては、商品的な課題だった「おいしさ」と「効果効能」に関するクチコミ量の増加を目指しましたが、これもアンバサダーの非常にパワフルなクチコミによって多くの感想が生まれました。その結果、良質なクチコミが数多く発生し、さらに両者の目標がクリアでき、売り上げアップという成果になりました。当初考えていた目標以外の効果としては、企業がファンの方と定期的に直接触れ合う機会が生まれたことが挙げられます。これは企業として、あるようでなかなかない機会です。日本ケロッグの役員もミーティングに参加し、アンバサダーと交流を持ちました。**実際にイベントに参加した社員は、それ以降、ファンをイメージしながら仕事ができるようになったそうです。つまりアンバサダーとの交流が企業内における意識変化につながったとのこと。**五味田さんは次のように話してくれました。

五味田　私は、今のいわゆるマスメディアで足りない部分を、アンバサダープログラムがいろんなカタチで埋めていってくれると期待しています。アンバサダープログラムには将来的な可能性がたくさんあることに気付きました。これは実際にやってみてわかったことで、私たち自身が本当に驚いています。社内でもとても評価され、期待されています。この取り組みは、今後もマス広告と両輪で行っていくつもりです。

▼「支援」での成果

ケース❻ 花王「ピカ☆ママ」が行っている新米ママのための情報交換の場

花王が運営する「ピカ☆ママ　コミュニティ」の特徴は、新米ママへの解放性が挙げられます。同じような悩みをもった新米ママ同士が情報を交換し合い、お互いが助け合える場を花王が提供しているのです。こうした取り組みは「アンバサダーサイクルによる五つの戦略」に照らし合わせると「支援」にカテゴライズされます。**つまりユーザー同士が交流する場を企業が支援しているというわけです。**このサイトが目指した考え方や、現在の状況について、サイトのオープン時から運営を行っている花王の板橋万里子さん（デジタルマーケティングセンター　コミュニケーション企画室　室長）にお話をお聞きしました。

板橋　「ピカ☆ママ　コミュニティ」はコミュニティとして運営していますが、最初からコミュニティとして開設されたわけではありません。当初は「はじめてママの暮らし応援サイト」というコンセプトのもと、「GO GO pika★pika MAMA」というＷｅｂサイトとして２００４年にオープンしました。これは新米ママへ向けた、育児や家事の伝承を行うための情報サイトでした。

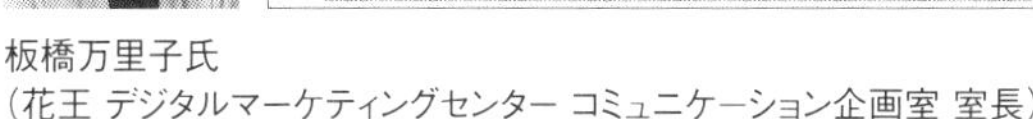
板橋万里子氏
（花王 デジタルマーケティングセンター コミュニケーション企画室 室長）

その背景には、日本の核家族化によって、母親から娘への育児や家事の伝承が以前ほどスムーズではなくなったという変化がありました。たしかに赤ちゃんが生まれたばかりの新米ママにとっては、すべてが初めての体験です。育児に関する内容は、頼りになる情報サイトだったことでしょう。

板橋　たとえば花王の生活者コミュニケーションセンターによく寄せられていた質問に、「お父さんの靴下と赤ちゃんの産着は一緒に洗っていいものか」といったものがありました。それらは日常生活のほんの些細なことですが、育児を始めたばかりの新米ママにとっては大きな不安であったりします。そうした疑問や不安の解決に役立つ情報サイトを目指しました。

2004年、2005年は、育児に役立つ情報提供に努めたそうです。そこにはもちろん花王が持っている知識や今までの研究成果が十分に反映されていたことでしょう。しかし、新米ママに必要な情報は花王が持っている情報以外の分野、たとえば「離乳食」「夜泣き」「寝返り」などといった育児全般に及ぶと考え、情報の拡充が必要だと考えるようになってきたそうです。

板橋 そこで2005年からサイトの方針を〝伝えるだけのメディア〟から、〝新米ママ同士の交流メディア〟へと進化させました。つまりママ同士で情報交換していただいた方がよいのではないかと考え、コミュニティを目指すことにしたのです。当初は完全クローズ型でしたが、ソーシャルメディアの普及もあり、2012年にはSNSを意識した構造に進化させたり、ファンとの関係を強化させたりしながら今に至ります。

「ピカ☆ママ コミュニティ」は、情報サイトを提供することでユーザーを支援する取り組みですが、ユーザーの要望や、社会的な背景に合わせてコミュニティ自体のあり方も進化させてきているわけですね。ところで、「ピカ☆ママ コミュニティ」の特徴として、家事・育児の伝承がコンセプトだったこともあり、開設当初は花王商品の宣伝は一切しない方針で運営されていた点が挙げられます。つまり、花王の商品プロモーションとは切り離したものとして、企業色を出しすぎないように注意していたのです。しかし、コミュニティに集まってくれたユーザーから「花王の商品についてコメントしたい」「花王の商品紹介はなぜしないんですか」という声が次第にあがってきました。そして参加者から後押しされる形で、ある時から花王の商品情報を前に出すことになったのです。**その経緯にファンと企業の良い関係を見ることができます。つまり、ファンはきちんと企業のことを見てくれているというわけです。**ユーザー同士が交流できるサイトを用意し、企業の存在をできるだけ控え目にしてきた姿勢がファンの方々に評価されてきたからこそ、「ピカ☆ママ コミュニティ」は２００４年の開設から長きにわたり、新米ママから愛されてきたのでしょう。企業がユーザーを支援する取り組みの好例がここにあります。

▼「共創」での成果

ケース⑦ カルビー
「それいけ！ じゃがり校」ファンの声を反映させた新商品開発

カルビーの「じゃがりこ」は、１９９５年に発売されて今なお人気のロングセラー商品です。その人気の秘密に発売以来ファンを大切にするコミュニケーションを続けている点が挙げられます。まず「手紙」によるコミュニケーションをご紹介します。カルビーには毎年「じゃがりこ」ファンからの手紙がたくさん届きますが、**その中で手書きの手紙に対しては、「じゃがりこ」の担当者が一通一通、手書きで返事を書く習慣を続けています。**カルビーが手紙での対応を続けている理由は、**こうした地道な積み重ねがファンとの絆づく**

松井淳氏
（カルビー マーケティング本部 素材スナック部 じゃがりこ課）

りになると考えているためです。この習慣は１９９５年の「じゃがりこ」発売時から今日まで続けられています。そして、手書きの手紙を始めて10年後に企画されたのが「それいけ！じゃがり校」です。当時のブランドマネージャーの悩みは、どうしたらファンのお客さまと、もっと広く深いコミュニケーションができるかというものでした。そこで着目したのが当時、急速に発展していたＩＴです。インターネットを使うことでファンと直接対話できるのではないかと考えたのです。そして「それいけ！じゃがり校」は２００７年2月にファンとの双方向のコミュニケーションサイトとして開校しました。これは、今までできなかった顧客を主役にする取り組みが、テクノロジーの進化によって実現できるようになったと言い換えることができます。その時から、カルビーは「それいけ！じゃがり校」の内容を充実させて今に至ります。「それいけ！じゃがり校」の特徴は、完全クローズドの会員制にあります。これは年に一度の受験に合格することで入学でき、3年たったら卒業しなければならないというものです（ただしＯＢ制度があります）。こうした独自のルールは、企業とファンの濃いやりとりを目指すための工夫であり、さらにマンネリ化の防止にも役立っています。「それいけ！ じゃがり校」で生徒が取り組む一番大きなプロジェクトは、期間限定商品の商品企画開発です。これは商品をつくる楽しさを体感してもらうことで、「じゃがりこ」をもっと好きになってもらおうという狙いで毎年実施されています。では、ファンは実際にはどんなことを行うのでしょうか。カルビーの松井淳さん（マーケティング本部 素材スナック部　じゃがりこ課）に、話をお聞きしました。

松井　まず、カルビーが開発した商品とファンとの関係をお伝えします。カルビーでは新商品を一部のエリアや小売業でテスト販売を行うようにしています。ファンには、そのテスト販売情報を「それいけ！ じゃがり校」でお伝えし、アンケートが実施されます。ファンは商品を食べて、味やパッケージの感想をすぐに書き込んでくれます。カルビーはアンケートの声をもとに改良を加えて、翌年に全国で本発売するという流れができていまず。２０１３年４月にテスト販売を行った「アボカドチーズ」はテスト販売では好評でしたが、ファンからは「アボカドの味が期待したよりも薄い」という声が多かったため、より満足度を高めることができるように改良を加えてから、本発売をいたしました。**このようにファンの声を重視するという姿勢は、企業とファンの関係を密接にする効果があると思います。**

みなさんはご存知でしたか。毎年発売される「じゃがりこ」の新商品にはファンの声が反映されていたんですね。ファンはこのようなアンケートを通じて実際の商品開発に関わることで、「じゃがりこ」がより身近に感じられるというわけです。

松井　そして全校生徒が取り組むのが「じゃがりこ」の商品開発プロジェクトです。これはすべてをゼロベースから始める点が特徴です。「食べたい味・コンセプト」「パッケージ案」「キャラクター案」「ダジャレ&キャッチコピー案」「プロモーション案」など、すべてに関してファンのみなさんからアイデアをもらい、投票で決めていくという流れをとっています。2014年の新商品開発プロジェクトでは、味に関して1000案を超える案が集まりましたが、そこからファンの投票で絞り込み、最終的な商品として形にしていきました。「じゃがりこ」と言えばパッケージのダジャレが有名ですが、新商品に向けたダジャレも募集します。2014年では509案が集まり、みんなの投票で決まりました。「それいけ! じゃがり校」では入学直後から味のアイデア募集が始まります。そして1年かけて生徒と一緒に商品開発を進めていきます。この取り組みは、2016年3月発売の「じゃがりこ おめで鯛味」で第8弾となり8年も続いています。今、こうしている間も、生徒による商品開発が進行しているというわけです。

１年かけて、ファンの方が楽しめる様々な仕組みを用意し、ファンと一緒に楽しみながら開発が続いていくのが素晴らしいですね。実際に味の試食品もつくって、希望者には郵送して意見を募り、改良を重ねていきます。ファンにとっては実際の商品開発をいろいろな側面から体験できるわけです。

松井　このプロジェクトの特徴として、売り上げへの貢献も挙げられます。「じゃがりこ」は、毎月のように期間限定商品を発売しますが、ファンと一緒につくったプロジェクトで生まれた商品は、２０１２年、２０１３年、２０１４年と年間売り上げの１位も獲得することができました。今後も１位になれるように、ファンと一緒に魅力的な商品開発を行っていく予定です。

ファンを生徒とみなし、生徒と企業が一緒に取り組んでいく「それいけ！　じゃがり校」は、学校というユニークな仕立てもあり、ファンと企業の大変良い関係づくりの場になっています。ファンの心理を徹底的に考え、ファンに楽しんでもらおうというカルビーの姿勢からは学ぶ点がたくさんあります。

長期的視点の大切さ

この章では、企業の具体例を取り上げ、各事例の背景にある考え方や企業担当者の思い、プログラムが企業にもたらした成果や影響などを見てきました。各プログラムはここでご紹介した内容以外にも様々な取り組みを行っており、こちらでご紹介した内容はほんの一部になります。それぞれの企業によって課題も、置かれている環境も違いますので、一言で各社のアンバサダープログラムを総括することはできませんが、**従来のマス・マーケティングのあり方と比べた時の一番大きな違いは、〝長期的な視点に立った取り組み〟だという点ではないでしょうか。**

短期的な売り上げを意識して短期的な視点で取り組むのではなく、ファンに愛され、ファンに支えられることで、ファンと一緒に長期的に共生していこうというのが、アンバサダープログラム的思考の、もう一つの側面です。アンバサダープログラム的思考が、企業活動そのものと密接に関わることができ、企業を支えたり、企業を前進させたりする可能性に溢れていることをご理解いただければと思います。

＊写真撮影：四家正紀（P262,270,282,285）

第 6 章

顧客視点経営がビジネスを変える

成長を続ける企業の姿勢

なぜ、日本企業の多くが「失われた20年」と呼ばれるような長期にわたって、低迷してしまっているのか。その問いへの一つの仮説が、日本企業の多くがマス・マーケティング時代の成功の過程で、顧客視点を見失ってしまっていたのではないか、というものです。第1章でも述べたように、この本で書いてきた「顧客視点の企業戦略」とは、まったく新しい考え方というわけではありません。ある意味、江戸時代の経営者や商売人がこの本を読んだら、何を当たり前のことを長々と書いているんだ、と思う人のほうが多いのかもしれません。読者の方々も、自分自身が顧客の時の視点で想像していただければ、この本に書かれていたことは「普通の話」であることに気がつかれると思います。

実は、「顧客視点の企業戦略」を考えるうえで非常に難しいのは、**我々は企業組織の中で顧客と向き合うと、ついつい「企業視点」で、「マス・マーケティング時代の常識」で、物事を考えてしまうことが多いという現実です。**第1章で、フィリップ・コトラー教授が、「日本のマーケティングは1960〜70年代の高度経済成長期のマーケティング1・0のままではないか」と問題提起されていた、という話をご紹介しました。この話を聞いてぜひみなさんに考えていただきたいのは、自社の経営や事業の停滞の原因を、日本経済の不況だけに求めていないだろうか、ということです。

日本企業の多くは、高度経済成長期に躍進を遂げ、大きな成功を収めました。その後、バブル経済がはじけ、日本は長い不況に苦しむことになりますが、それと並行してインターネットやソーシャルメディアが登場し、新しい産業が次々に生まれています。日本企業の中にも、不況に負けず新しいビジネスモデルを見つけて躍進を遂げた企業や、日本以外の国に活路を見いだしグローバルな成功を成し遂げている企業が複数存在します。それらの企業に共通しているのは、**世界の市場をマス市場と捉え、今まで通りのマス・マーケティングを続けるのではなく、変化する顧客のニーズや、国ごとに異なる顧客のニーズに耳を傾け、自らの強みを顧客の問題解決のために活かした商品やサービスを開発するという「顧客視点」の姿勢です。**

「顧客視点」から新しい顧客の問題を解決したネスレ日本

象徴的な話としてワールドマーケティングサミット2016でネスレ日本の高岡社長が

講演した「The New Reality in Japan（日本の新しい現実）」を直視するという視点をご紹介しましょう。

日本は、これから高齢化と同時に人口減少が急速に進行することが予測されています。当然ネスレ日本のような食品メーカーにとって、人口減少ということは胃袋が減ることを意味しますから、大きな死活問題です。普通に考えたら、縮小していく市場において、事業が縮小するのは当然ですから、環境のせいにして今まで通りの事業のやり方を続けていくのが、一般的な選択と言えるでしょう。ただ、ネスレ日本はその選択をしませんでした。あえて自ら変化を生み出す挑戦を行っていきます。

高岡社長が紹介されていた取り組みは次の三つです。

・「ネスカフェ ゴールドブレンド バリスタ」のような専用コーヒーマシンの開発
・「ネスカフェ アンバサダー」によるオフィス市場への参入
・「キットカット ショコラトリー」によるブランドイメージの刷新

一つ一つ簡単にご紹介しましょう。

・「ネスカフェ ゴールドブレンド バリスタ」のような専用コーヒーマシンの開発

日本における高齢化や人口減少は、一般的な家庭環境の急速な減少を意味します。従来の一般家庭では、コーヒーを飲む人も複数いましたから、お湯を沸かしてインスタントコーヒーをたくさんつくり、みんなでコーヒーを楽しんでいました。それが、現在では単身世帯や夫婦のみの世帯が増加し、一杯のコーヒーのためだけにお湯を沸かすことが面倒になる時代がきていることが明確になっていました。そこで、ネスレ日本が取り組んだのが、「ネスカフェ ゴールドブレンド バリスタ」や「ネスカフェ ドルチェ グスト」に代表されるような、一杯からでも家庭で手軽に美味しいコーヒーを飲むことができる家電製品の提供です。

食品メーカーであるネスレ日本が、コーヒーマシンという家電業界に参入するということは、ビジネスの常識で考えると、明らかに事業ドメインの大きなジャンプがあります し、マシンの開発コストや在庫問題などの様々なリスクがあります。しかし、ネスレ日本はそのリスクを取り、日本市場の環境変化に対して、自らコーヒーの飲み方を変えるコーヒーマシンをつくり、家庭におけるコーヒー飲用の市場自体を自ら積極的に変化させるポジションを取りにいったわけです。この「バリスタ」や「ドルチェ グスト」の成功が、

第5章でもご紹介した「ネスカフェ アンバサダー」の成功につながります。

・「ネスカフェ アンバサダー」によるオフィス市場への参入

前述の問題と並行してネスレ日本が取り組んだのがオフィス市場への参入です。ネスレ日本はもともと家庭市場で非常に強い存在でしたが、オフィス市場は弱かったそうです。ただ、人口減少により家庭市場は縮小することが明確です。そこで、ネスレ日本が挑戦したのが「ネスカフェ アンバサダー」により、オフィスでも家庭同様に低コストでコーヒーを楽しめる手段を提供するという、新しいビジネスモデルへの挑戦でした。

オフィス市場に参入したいという思い自体は、顧客視点ではなく企業視点です。ただ、「ネスカフェ アンバサダー」においては、参入の仕方を単純な企業視点での端末無料配布のモニタープログラムとせずに、アンバサダープログラムとして、顧客を「コーヒーの素晴らしさを共に広めるパートナー」として定義した点が大きいと言えます。高岡社長も、本来であればサービス提供者側であるネスレ日本自身がやらなければならないような、端末の清掃や管理、商品の発注などを、「ネスカフェ アンバサダー」に登録した人たちが積極的に実施してくれるようになるというサイクルが生まれたことに驚いた、と話されていました。これは、「ネスカフェ アンバサダー」というプログラム自体が、30万人近くの顧客と日々直接コミュニケーションを取りながら、顧客の声を聞き、顧客と共にサービスをつくるという共創の姿勢を保ち続けていることが大きいと言えるでしょう。

・「キットカット ショコラトリー」によるブランドイメージの刷新

人口減少や高齢化は、キットカットのような低単価のチョコレートの市場が縮小していくことも意味します。ただ、ネスレ日本ではデフレが問題視される日本市場においても、ショコラティエによる高価なチョコレートが売れている事実に注目しました。実はチョコレート市場においても、低単価なチョコレートと高価なチョコレートの二極化が進んでいたのです。そこで、ネスレ日本が取り組んだのが、著名なパティシエである高木康政氏が監修したキットカットの専門店としての「キットカット ショコラトリー」の展開でした。この「キットカット ショコラトリー」は、価格を一般のキットカットの約20倍の価格帯に設定。キットカットというナショナルブランドにおけるクラフトマンシップの存在をアピールすることに注力し、キットカットのブランドイメージを拡げることに成功したわけです。これらの取り組みにより、ネスレ日本はネスレグループの先進国における平均成長率の倍以上の成長を達成することができ、ネスレグループの中では「ジャパンミラクル」と呼ばれているそうです。

このネスレ日本の事例から我々が学ぶべきことは、ネスレ日本の高岡社長をはじめとした社員の方々が「日本の新しい現実」を直視し、市場が縮小するピンチと捉えるのではなく、市場が変化するチャンスと捉え、顧客視点から顧客の問題の変化を分析し直した点です。普通に考えると、食品メーカーであるネスレ日本がバリスタのようなコーヒーマシンを開発することは、強みや企業ドメインから考えるとリスクがある選択です。同様に、「ネスカフェ アンバサダー」というサービス事業に参入することも、従来のネスレ日本の事業ドメインからすると大きなジャンプでしょう。キットカットの専門店を出店するというのも、メーカーが小売の領域に進出する行為であり、リスクがあります。ただ、ネスレ日本は、こうした大きな挑戦を徹頭徹尾、顧客視点で「日本の新しい現実における顧客の問題解決」として取り組んでいるため、ブレずに自らの事業領域の拡大に挑戦できているわけです。もちろん、ネスレ日本のようなグローバル企業における日本法人にとっては、日本市場こそが直面すべき唯一の市場のため、他の日本企業のように海外展開に注力することで、日本市場の問題から目を背けるという選択肢がないことが、前述の逆転の発想につながっている面もあるようです。ただ、同じ逆転の発想で考えれば、**日本企業も日本市場を減少する市場と捉えるのではなく、変化している市場と捉えて、「顧客視点」から顧客の抱える問題の変化を捉えることができれば、新しいビジネスチャンスを発見することができるはずです。**

すでに世界のネスレグループからは、こうしたネスレ日本の成功事例を学ぼうと、引く手あまたの状態になっているとのこと。つまり、世界に先んじて高齢化や人口減少に直面している日本において、その変化を先取りした新しいビジネスモデルを確立することができれば、それを世界の国々に展開していくことができる可能性も見えてくると言えます。

なお、このネスレ日本の事例を聞くと、外資系企業は経営トップの発想が進んでいていいな、と思ってしまう人も多いかもしれません。しかし、**こうした顧客視点で顧客の抱えている問題を再定義し、新しい市場をつくろうとする行為こそが本来の「マーケティング」の役割だといえるのです。**高岡社長は、バブル以前の日本の成長は、勤勉な労働力を安いコストで活用できたことに起因していたのに、バブル崩壊後の大きな変化を無視して、本質的なマーケティングを学び実践しようという姿勢が日本になかったことが、現在の日本企業の苦境をつくっているのではないか、と問題提起されていました。

本書でも繰り返し述べているように、日本ではマーケティングと聞くと、まだまだ広告宣伝をイメージする人が多いようですが、本来のマーケティングとは「市場創造」であり、「顧客の問題解決に集中すること」です。多くの日本企業は高度経済成長期に、顧客視点での真のマーケティングが不在のまま成功を遂げてしまったため、自らの成功の源を誤解している経営者が、実は多いのではないでしょうか。

この100年くらいのマス・マーケティング時代が特殊だったと思えばすべては簡単だ

歴史を振り返ってみると、成功した日本企業には必ずといって良いほど「顧客視点で事業を捉えていた逸話」があります。ソニーがウォークマンを成功させることができたのは、「音楽を持ち運ぶことができたら絶対に楽しいはずだ」という顧客視点のイメージがあったからでしょう。ホンダがスーパーカブを成功させることができたのは、「蕎麦屋が片手で運転できるような手軽なバイクがあったら便利なはずだ」という顧客視点のイメージがあったからでしょう。日清食品がカップヌードルを成功させることができたのは、「紙コップで手軽にラーメンを食べることができれば便利になる」という顧客視点のイメージがあったからでしょう。そうした顧客視点で開発された優れた商品は、当然のように世界を席巻したわけです。

今、変化に苦しんでいる日本企業の多くは、こうした顧客視点での商品開発から離れてしまい、自らの事業領域を狭く定義してしまっていることで、時代の変化についていけていないケースが多いように感じます。そういう意味で、顧客視点の戦略を考える時に、まず意識していただきたいのは、第1章でも書いたような「この100年ぐらいのマス・マーケティング時代が特殊だったと思えばすべては簡単だ」という考え方です。マス・マーケティング時代は、マスメディアの力が非常に強いこともあり、商品やサービスそのものの魅力よりも、テレビCMにかけられる広告予算を持っているかどうか、店頭の重要な棚を独り占めできるような全国規模のマス営業力を持っているかどうか、というマス・マーケティング企業の「規模の原理」が最も有効に機能した時代だと言えます。ただ、もはやそれだけで勝つことができた時代は、終わりを告げようとしています。マスメディアから発信される企業の宣伝情報は、ソーシャルメディア上を伝播する顧客のクチコミに追いつかれてしまいました。マス・マーケティング以前の江戸時代のように、顧客のクチコミこそが最も重要な時代に戻ろうとしているのです。

中小企業が開発した非常に特徴のある商品のほうが多くのファンをつくり、クチコミで売り上げが拡がっているのに対し、大企業が開発したあまり特徴のない商品が低迷する、というケースも増えてきています。長野の地ビールメーカーであるヤッホーブルーイングは、地道に自らの商品のファンを増やしながら、着実に販売ルートを拡大し、ついにはコンビニでも買えるクラフトビールになりました。いまや、大手ビールメーカーが事例を参考にしようとするほどの存在です。パナソニック出身者によって設立された家電ベンチャーのセレボは、ライブ配信専用の配信機器など、大手家電メーカーが扱わないようなニッチな家電を開発し、世界で販売しています。自動車メーカーのマツダは、トヨタやフォルクスワーゲンのような、巨大自動車メーカーと同じような万人受けするクルマを開発するのではなく、「ZOOM-ZOOM」というキーワードに表現されるような走る喜びを感じるクルマが好きな人向けの開発に特化することで、過去の経営危機がウソのように見事な復活を遂げました。顧客とのコミュニケーションを続け、顧客視点での新しい商品開発に挑戦し続けることこそが、ソーシャルメディア時代においても成功を続けている企業の特徴と言えます。

具体的な事例として、もう一つご紹介しておきたいのはエナジードリンクメーカーのレッドブルです。レッドブルは、レッドブルガールと呼ばれる女性スタッフが、レッドブルカラーのミニクーパーに乗って日本各地でサンプリングをしています。特徴的なのは、そのサンプリングの方法です。従来のマス・マーケティング的なサンプリングにおいては、道ばたでアルバイトスタッフがとにかく大量に配っていくという、配布個数を重視していました。しかし、レッドブルのサンプリングは違います。大抵の場合、レッドブルガールが「翼を授かったことはありますか?」などと話しかけながら蓋を開けて渡してくれるのです。その場でサンプリングをされた人はレッドブルを飲んでいる間、レッドブルガールと会話を交わすことが多くなるでしょう。これはマス・マーケティング的には明らかに効率の悪いやり方です。配布個数というリーチを重視するのであれば、会話をしているヒマがあったら次の人にサンプリングしたほうが良いでしょう。しかし、エンゲージメントがあり、受け取った人の記憶に残るのは、明らかにレッドブルガールによるサンプリングのはずです。実際、ソーシャルメディア上にはたくさんのレッドブルガールとの記念写真があがっており、サンプリングという体験自体が、レッドブルファンにとってクチコミの機会になり、レッドブルを知らなかった人がレッドブルのファンになる機会となっているわけです。このレッドブルガールを、江戸時代から日本で実施されていた「チンドン屋」の原型ともいわれる「飴売」の現代版と言ったらどうでしょうか。江戸時代の「飴売」は、薬店の店主がビロードの巾着を下げ、赤い頭巾をかぶって市中を歩き広告をした、という記録があるそうです。そういう意味で、ソーシャルメディア時代における成功のヒントは、実は江戸時代のようなマスメディアがなかった時代にあると言えるかもしれません。

「本当に顧客が必要としていることは何か」、「顧客が抱えている問題は何か」を考え、顧客が感動するような新しい商品や体験を提供することができれば、顧客が他の顧客をクチコミで連れてきてくれる。そんな江戸時代と同じ当たり前の商売のサイクルが、ソーシャルメディアによってメディア化した顧客によって、時にマスメディアにも影響を与えるようなスピード感で伝播するようになった「だけ」といえるのではないでしょうか。マス・マーケティング時代は、マスメディアの「伝える力」が強すぎたため、企業の宣伝メッセージそのままでも伝わりましたが、クチコミの世界では、ただの宣伝メッセージは伝播せず、人々の話題にならなければ拡がりません。クチコミのエネルギーというのは、「企業が飾り立てた宣伝文句」ではなく、「顧客が感動するような商品や感謝するようなサービス」である、という当たり前のことから生まれてきます。

マス・マーケティング時代は、マスメディアを通じたマス広告を力技で実施することで、ある程度確実に売り上げを上げることができる「資産のある企業」が強い時代でした。**ソーシャルメディア時代は、ある意味、顧客にとって価値のある商品をウソ偽りなく正直に届け、「顧客が感動するようなおもてなしができる企業」の評判がクチコミで拡がるという、真っ当な時代に戻っただけなのです。**小手先のクチコミ施策を行うことが重要なのではなく、本質的に重要なのは顧客視点で顧客の問題を解決すること。それができなければ、本書の後半でご紹介したような手法を、形だけ整えたところで何の意味もありません。企業全体で顧客と向き合い、顧客の声を聴き、顧客と対話し、顧客に喜んでもらい、顧客に助けてもらい、顧客と共に新しい事業に挑戦し続けていく姿勢こそが、最も重要なのです。

あなたの会社は顧客に何を提供する会社なのか？

会社として「顧客視点の企業戦略」を考えるうえで、最も重要なのは、「あなたの会社は顧客に何を提供する会社なのか？」という問いです。『マーケティング近視眼』という論文で有名なセオドア・レビット氏は**「顧客は商品を買うのではない。その商品が提供するベネフィットを購入しているのだ」**という主張をしています。ナイキは、ランナーのランニングを支援するスマートフォンアプリを提供することで、自らが「靴を売る会社」ではなく「ランニングを楽しむ人を支援する会社」であることを表現しています。花王は、「ピカ☆ママ　コミュニティ」のような新米ママの情報交換を支援するコミュニティを運営することで、「一般消費財を売る会社」ではなく「母親になったばかりで不安な新米ママを応援する会社」であることを表現しています。ネスレ日本は、「ネスカフェ　アンバサダー」という顧客と共に運営するサービスを通じて、「コーヒーを売る会社」ではなく「コーヒーを通じて職場のコミュニティを支援する会社」であることを表現しています。

この「あなたの会社は顧客に何を提供する会社なのか？」という問いに答えるうえで、最も重要なのは長期的な視点です。今、自社が抱えている商品やサービスをどう売るかという発想ではなく、「今まで」「現在」そして「これから」あなたの会社は顧客にとって何を提供する会社なのか。自分たちの会社がどういう顧客の問題解決のために登場した会社なのか、その歴史を経てこれからどういう顧客の問題解決のために存在する会社であるべきなのか。この答えは、今この瞬間に売っている商品にあるわけではありません。会社の歴史や遺伝子、ビジョンや企業理念、そして会社の文化や社員の価値観の中にあるとも言えます。**多くの日本企業が失われた20年と共に忘れてしまっているのは、この「あなたの会社は顧客に何を提供する会社なのか？」という問いに対する答えのように感じています。**

グローバル化のかけ声のもとに、日本においても四半期決算が導入され、経営陣が3カ月単位での売り上げや利益、そして株価に一喜一憂することが増えたと聞きます。経営者からすると、短期的な業績や株価は自らの活動を評価するものとして重要な指標であり、それを意識するのは当然でしょう。ただ、そうした短期的な指標を意識するあまり、その数字を良く見せる短期的な対策をとると、顧客を置き去りにした企業視点での施策ばかりに走ってしまうことが多くなってしまいます。これは必ずしも歴史のある会社だけの問題ではありません。ベンチャー企業においても、短期的な利益を重視する結果、社会的に批判されるような手法に走ってしまい、業界全体の印象を悪くしてしまうようなことも起こっています。創業から歴史が短く、実績のないベンチャー企業でも、いや、実績のないベンチャー企業だからこそ、なぜ、その会社が生まれ、新しい挑戦を始めたのかという創業者の思いやストーリーが重要なのです。ゼロから始まったベンチャー企業が成長するために重要なのは最初の顧客であり、その最初の顧客がファンになってくれるかどうか、ファンになった顧客が次の顧客を連れてきてくれるのか、というサイクルが回って初めて、成長することができます。**どんな大企業も最初はゼロから始まります。一人目の顧客から始まり、顧客の評判が次の顧客を呼び、その長年の積み重ねこそが、ゼロから始まったベンチャー企業を大企業と呼ばれる歴史ある企業に変えていくのです。**ベンチャー企業だから多少顧客の信頼を裏切って良いという話でもなく、大企業だから慢心しても良いという話ではありません。実はベンチャー企業も大企業も、顧客視点で考えることの重要性は変わりなく経営の基本は同じなのです。

日本には昔から「三方良し」という言葉があります。「売り手良し」「買い手良し」「世間良し」の三つの「良し」をいかにバランス良く成立させるか。売り手と買い手がともに満足し、さらに世間も満足できるのが良い商売である、という近江商人の心得です。売り手である企業が成功していても、買い手に不便を強いていたり、社会に悪影響をもたらしていたりするような商売は、長期的に見れば長続きしないはず、という考え方と言えるでしょう。実はこの概念は、コトラー教授が提唱したマーケティング3・0とも通じるところがあり、ある意味で日本は近江商人の時代から高い次元でのマーケティングの意識を持っていたということができるのではないか。そんな思いを筆者は2016年にコトラー教授に質問してみたことがありました。コトラー教授からは「まさにその通り。アメリカ企業のマーケティングには短期の売り上げ重視で行き過ぎた面がある。日本には昔からマーケティング3・0的な視点で経営を続けている企業がたくさんあるんだから、もっと自信を持って彼らから学ぶべきだ」とエールをいただいたことがあります。

振り返って調べてみると、戦前や戦後に創業し成功した日本企業の多くが、顧客だけでなく日本の将来を当然のように考えて事業を立ち上げた背景や歴史を持っていることに気づかされます。そうした理念を忘れ、短期的な業績のお化粧のために不正に走ってしまった企業もある一方で、今もその創業の理念からブレず、時代に合わせた変化を続けている企業は日本の不況をものともせずに成長を続けているのです。**今こそあらためて「あなたの会社は顧客に何を提供する会社なのか?」という問いに対する答えを、真剣に考える時がきているのです。そのヒントは、まさに顧客の中にあるのです。**ぜひ、顧客視点で、顧客の声に耳を傾けることから始めてください。

おわりに

「顧客視点が大事？　そんなこと当たり前じゃないか」

この本のタイトルを見て、そう思った人は少なくないはずです。何を隠そう、私自身も企業のほとんどが顧客を大事にしていて、日々、「顧客視点」で顧客のことを考えているはずだと思っていました。日本では「お客さまは神様だ」というフレーズが頻繁に使われますし、「おもてなし」や「三方良し」など、日本企業が歴史的に顧客を大事にすることが重要だと考えていることが伝わってくる言葉がたくさん存在します。

しかし、私がいちネットユーザー、いちブロガーというマーケティングの素人の立場から日本の広告業界に足を踏み入れたときに直面したのは、その想像とは大きく異なる世界観でした。

「うちの会社は消費者と直接商売をしている『B to C』の企業ではなく、販売店と対面している『B to B to C』の企業なんですよ」

ソーシャルメディアブームの頃に、ある飲料メーカーの担当者の方と話していて、そんなことを言われて驚いたことを、今でもよく覚えています。消費者の視点で考えると、私たち消費者は日々、飲料メーカーの商品を飲むことでその会社の顧客であると感じているわけですが、当の飲料メーカーの現場の方々は私たち消費者と相対しているのではなく、私たち消費者と接点を持つための棚を確保するために、コンビニやスーパーの購買担当者と交渉するのが仕事です。業界の方々からすれば常識である、こんなことすら知らなかった素人の私は、自分が好きな商品をつくっているメーカーの方々が、実は顧客との対話にほとんど時間をかけたことがない、という現実に素直に驚きました。

冷静に考えてみれば、インターネット以前の時代は、普通の一般人がメーカーの方と直接会って会話をすることはほとんどありませんし、飲み物がおいしかったからといってお礼の電話をすることも滅多にありません。メーカーからすれば、小売店の棚を取れなければ勝負の土俵に登ることもできないわけですから、小売店の購買担当の声こそが最も重要な「顧客」の声です。そして、その声が直接聞こえてくる分、その先にいる本当の顧客の声が聞こえにくくなるのは当然でしょう。
顧客が居酒屋で「このビール美味い！」と叫んでいても、その声が届くのは居酒屋の店員までで、ビールメーカーの方には届かないわけです。そういう意味で、インターネット以前の時代においては、顧客視点が大事ということは言われていても、実際に企業側の人間が本当の意味で「顧客の視点」で考えることは非常に難しい時代だったのだと思います。

今、冷静に考えると、だからこそ「顧客視点」ではなく「企業視点」の施策や取り組みが、業界の「常識」として長らく続いているのでしょう。それが、ソーシャルメディアの普及により、私たちは顧客の声を聴き、顧客視点で考えるための手段を手に入れた、はず、でした。ただ、残念ながら日本においては未だに多くの企業が、ソーシャルメディアをマスメディア同様に、企業視点の「企業が消費者に宣伝をするための手段」と勘違いしているようです。

この本は、ある意味、顧客の側の視点からすると当然の話が、まだ多くの企業には理解されていないのではないか、という問題意識から始まりました。ソーシャルメディアの普及により、企業と顧客の力関係は大きく変わりました。顧客視点で考えたほうが良い、という次元ではなく、顧客視点で考えなければ広告も炎上してしまう時代です。日本におけるソーシャルメディアの評価は、常にクチコミの拡がりに対する過度な期待と、炎上に対する過度な恐怖の間で揺れ動いています。ソーシャルメディアのクチコミ施策を低価格で使える広告と勘違いしてしまい、大金を投じて実施したのにまったく話題にならなかったり、話題を狙いすぎて炎上してしまったりという事例は後を絶ちません。

マス・マーケティングの構造は、企業視点で考えると実に効率的で、大量に商品を販売するのに最適な仕組みです。大量につくった商品を大量に小売店の棚に並べ大量の広告投下で大勢の消費者を動かし買わせる。日本においては、今でもマス・マーケティングは強力な存在感を持っていますから、マス・マーケティングでビジネスが成長し続けるのであれば、それはそれで企業にとっては幸せなことと言えるでしょう。マス・マーケティングは企業視点の人たちにとっての最適な場所だったと言えるのです。

逆にソーシャルメディアは企業視点の人たちにとっては悪夢のような場所かもしれません。ただ、顧客視点に立ち返れば実はソーシャルメディアは人間社会を映した鏡でしかなく、その鏡にたくさんのヒントや可能性が映し出されています。

顧客視点が大事ということは、言い尽くされてきたかもしれませんが、明らかに今の時代はこの「顧客視点」という言葉の本当の意味を振り返り、ゼロから考え直さなければならない時代になっていると言えるはずです。

この本が生まれるにあたっては、本書に登場いただいた方々はもちろん、我々が日々お話しをさせていただいている、たくさんの企業の経営者の方々や、熱意を持ってプログラムに取り組まれていらっしゃる担当者の方々、広告業界の関係者の方々、メディアの方々、そしてブロガーやアンバサダーの方々との日々の会話の一つひとつが本書を構成する文章につながっていることは間違いありません。お一人おひとりの名前をここでは挙げきれませんが、著者を代表して、あらためてこの場を借りてみなさまに御礼申し上げます。

この本が、これからの新しい「顧客視点」の時代にあるべき企業の姿勢を考えるうえで、みなさんの参考になることを祈り、筆を置きたいと思います。

徳力基彦

参考文献・参考資料

『アカウント・プランニングが広告を変える』、(ダイヤモンド社)、ジョン・スティール(著)、丹治清子、大久保智子、牧口征弘(訳)

『明日の広告 変化した消費者とコミュニケーションする方法』、(アスキー新書)、佐藤尚之

『明日のプランニング 伝わらない時代の「伝わる」方法』、(講談社現代新書)、佐藤尚之

『新しい広告』、(電通)、嶋村和恵(著・監修)

『アドボカシー・マーケティング―顧客主導の時代に信頼される企業』、(英治出版)、グレン・アーバン(著)、山岡隆志(訳)

『R3コミュニケーション』、(宣伝会議)、恩藏直人・ADK R3プロジェクト

『アンバサダー・マーケティング』、(日経BP社)、ロブ・フュジェッタ(著)、藤崎実(監修)、徳力基彦(解説)、土方奈美(訳)

『イノベーション・ダイナミクス』、(有斐閣)、J・M・アッターバック(著)、大津正和、小川進(訳)

『イノベーションのジレンマ』、(翔泳社)、クレイトン・クリステンセン(著)、玉田俊平太(監修)、伊豆原弓(訳)

『うわさとくちコミマーケティング』、(創成社)、二瓶喜博

『キーパーソン・マーケティング:なぜ、あの人のクチコミは影響力があるのか』、(東洋経済新報社)、山本晶

『口コミ2.0 正直マーケティングのすすめ』、(明日香出版社)、上原仁、保田隆明、藤代裕之

『クチコミはこうしてつくられる』、(日本経済新聞社)、エマニュエル・ローゼン(著)、浜岡豊(訳)

『くちコミマーケティング』、(日本能率協会マネジメントセンター)、中島正之、鈴木司、吉松徹郎

『グランズウェル ソーシャルテクノロジーによる企業戦略』、(翔泳社)、シャーリーン・リー、ジョシュ・バーノフ(著)、伊東奈美子(訳)

『クロスイッチ―電通式クロスメディアコミュニケーションのつくりかた』、(ダイヤモンド社)、電通「クロスメディア開発プロジェクト」チーム

『現代広告論』、(有斐閣)、岸志津江、田中洋、嶋村和恵

『広告革命 米国に吹き荒れるIMC旋風』、(電通)、ドン・E・シュルツ、ロバート・F・ローターボーン、スタンレー・I・タネンバーム(著)、有賀勝(訳)電通IMCプロジェクトチーム(監修)

『広告コミュニケーション研究ハンドブック』、(有斐閣)、水野由多加、妹尾俊之、伊吹勇亮(編)

『コトラー&ケラーのマーケティング・マネジメント基本編』、(丸善出版)、フィリップ・コトラー、ケビン・レーン・ケラー(著)、恩藏直人(監修)、月谷真紀(訳)

『消費者・コミュニケーション戦略』、(有斐閣)田中洋、清水聰(著編)

『新マーケティング・コミュニケーション戦略論』、(日経広告研究所)、亀井昭宏、ルディー和子(編著)

『ゼミナール マーケティング入門』、(日本経済新聞出版社)、石井淳蔵、嶋口充輝、余田拓郎、栗木契

『デジタルビジネストレンド』「第5章2デジタルマーケティング」、(日経BP社)、徳力基彦、日経コンピュータ編

『デジタルビジネストレンド』「第5章3ソーシャルメディア」、(日経BP社)、藤崎実、日経コンピュータ編

『統合マーケティング戦略論』、(ダイヤモンド社)、ドーン・イアコブッチ、ボビー J. カルダー(編著)、小林保彦、広瀬哲治(監訳)

『トリプルメディアマーケティング』、(インプレスジャパン)、横山隆治

『ネット・プロモーター経営』、(プレジデント社)、フレッド・ライクヘルド、ロブ・マーキー(著)、森光威文、大越一樹、渡部典子(訳)

『バイラルマーケティング』、(翔泳社)、セス・ゴーディン(著)、大橋禅太郎(訳)

『バズ・マーケティング』、(ダイヤモンド社)、マーク・ヒューズ(著)、依田卓巳(訳)

『ベーシック・マーケティング』、(同文舘出版)、尾上伊知郎、恩藏直人、三浦俊彦、芳賀康浩(著)、日本マーケティング協会(監修)

『マーケティング』、(有斐閣)、池尾恭一、青木幸弘、南知恵子、井上哲浩

『マーケティング・コミュニケーションと広告』、(八千代出版)、五十嵐正毅、井上一郎、松本大吾、中野香織、高畑泰、峯尾圭(著)、石崎徹(編著)

『マーケティング戦略』、(有斐閣)、和田充夫、恩蔵直人、三浦俊彦

『WOMマーケティング入門』、(海と月社)アンディ・セルノヴィッツ(著)、花塚恵(訳)

「アンバサダー顧客活用施策と効果検証の実際」『マーケティングジャーナル』34(3)、(日本マーケティング学会)、藤崎実、徳力基彦

「アンバサダー顧客という存在―ブランド・アドボケーツとのリレーションからみえてきたもの―」『日本広告学会第46回全国大会 報告要旨集』、(日本広告学会)、藤崎実

「アンバサダー顧客はなぜ無償で推奨行為を行うのか―アンバサダー・プログラムにおける推奨動機の定性調査より―」『立教ビジネスデザイン研究』第13号、(立教大学ビジネスデザイン研究科)、藤崎実

「Amplified WOMを実現させる方法論に関する考察―ブランド・アドボケイツの組織化による可能性―」『日本広告学会第47回全国大会 報告要旨集』、(日本広告学会)、藤崎実

「企業広報におけるファンとの共創の可能性―メディアリレーションズから情報リレーションズへ―」『日本広報学会第22回研究発表全国大会 北海道大学大会予稿集』、(日本広報学会)、藤崎実

「共創型マーケティング・コミュニケーション―意図せざる共創への間接的アプローチ」『早稲田大学大学院商学研究科紀要』(75)、(早稲田大学大学院商学研究科)、畠山仁友

「CGMとWOMマーケティングの現状と今後の方向性」『AD STUDIES』Vol.20、(吉田秀雄記念事業財団)、森岡慎司

「情報循環時代のマーケティングコミュニケーション:環境、概念、戦略、戦術、指標と測定」『マーケティングジャーナル』34(3)、(日

本マーケティング学会)、丸岡吉人
「情報爆発のこれまでとこれから」『電子情報通信学会誌』Vol.94(8)、(電子情報通信学会)、喜連川優
「情報発信する消費者の特徴とマーケティング上の活用可能性」『立正経営論集』44(2)、(立正大学経営学会)、井上淳子
「「ブランド・アドボケーツ」というムーブメント:〝発信・推奨するファン〟を活用しよう」『日経広告研究所報』47(2)、佐藤達郎
「広告信頼度 グローバル調査(Nielsen Global Trust in Advertising Report)【日本語版】」、ニールセン(2015年9月28日発表)
「広告やブランドメッセージに対する信頼 グローバル調査【日本語版】」、ニールセン(2013年9月17日発表)
「平成17年度情報流通センサス報告書」、(総務省)、総務省情報通信政策局情報通信経済室(2007年3月発表)
「WOMJガイドライン(2012年 改訂版)」、(WOMマーケティング協議会)
『Brand advocates: turning enthusiastic customers into a powerful marketing force』,(Wiley),Rob Fuggetta
「Undervalued or overvalued customers: capturing total customer engagement value」『Journal of Service Research』13(3)、V.Kumar,Lerzan Aksoy,Bas Donkers,Rajkumar Venkatesan,Thorsten Wiesel,and Sebastian Tillmanns
「Valuing a brand's advocates」『Marketing management』9(4)、(American Marketing Association)Schultz,D.E.
「Word of Mouth 101,An Introduction to Word of Mouth Marketing with Definitions」『A WOMMA White Paper』,(Word of Mouth Marketing Association)、WOMMA

インターネット参考サイト ＊すべて2017年1月10日アクセス

「インターネット広告倫理綱領及び掲載基準ガイドライン(2015年3月改定)」一般社団法人 日本インタラクティブ広告協会(JIAA)、(http://www.jiaa.org/download/JIAA_rinrikoryo_keisaikijyun.pdf)
「Sony Design Website 〈Feature Design Reader Digital Book PRS-505 引き算のデザインが生む、単機能の潔さ」(http://www.sony.co.jp/Fun/design/activity/product/prs-505_03.html)
「Sony History 第6章 理屈をこねる前にやってみよう〈ウォークマン〉第2話 なぜ、録音機能がないの?」(https://www.sony.co.jp/SonyInfo/CorporateInfo/History/SonyHistory/2-06.html#block3)

「Sony History 第6章 理屈をこねる前にやってみよう〈ウォークマン〉第3話 ちょっと聴いてみてください」（https://www.sony.co.jp/SonyInfo/CorporateInfo/History/SonyHistory/2-06.html#block4）

「高広伯彦の〝メディアと広告〟概論―ソーシャルメディアの時代なので、クチコミマーケティングを再考しよう：4」（https://www.advertimes.com/20110509/article13853/）

「電通 SIPS～来るべきソーシャルメディア時代の新しい生活者消費行動モデル概念～」（http://www.dentsu.co.jp/sips/）

「東京ディズニーリゾート・アンバサダー」に関する解説（http://www.tokyodisneyresort.jp/manage/fun/ambassador/）

「ネイティブ広告ハンドブック2017」一般社団法人 日本インタラクティブ広告協会（JIAA）、ネイティブ広告部会 広告効果分科会（http://www.jiaa.org/download/JIAA_nativead_handbook.pdf）

「ネイティブ広告に関する推奨規定（2015年3月制定）」一般社団法人 日本インタラクティブ広告協会（JIAA）、（http://www.jiaa.org/download/JIAA_nativead_rule.pdf）

米連邦取引委員会（FTC:Federal Trade Commission）による「ガイドライン改訂」。2009年10月5日発表（施行は2009年12月1日から）（https://www.ftc.gov/news-events/press-releases/2009/10/ftc-publishes-final-guides-governing-endorsements-testimonials）

「マーケティング定義」

・アメリカ・マーケティング協会による定義（2013）（https://www.ama.org/AboutAMA/Pages/Definition-of-Marketing.aspx）

・日本マーケティング協会による定義（1990）（http://www.jma2-jp.org/main/pdf/marketingdefinitioncommittee.pdf）

「WOMJガイドライン（2012年 改訂版）」（http://www.womj.jp/）

「Guides Concerning the Use of Endorsements and Testimonials in Advertising」（https://www.ftc.gov/sites/default/files/attachments/press-releases/ftc-publishes-final-guides-governing-endorsements-testimonials/091005revisedendorsementguides.pdf）

「WOMMA Social Media Disclosure Guidelines（2013）」（http://womma.org/wommas-updated-social-media-disclosure-guidelines/）（http://womma.org/?s=guideline）

藤崎 実　ふじさき・みのる

アジャイルメディア・ネットワーク
研究者／エバンジェリスト／クリエイティブディレクター

博報堂、宗形チームにて広告の仕事を始める。その後、大広インテレクト、読売広告社、ＴＢＷＡ／ＨＡＫＵＨＯＤＯを経て現在アジャイルメディア・ネットワーク。

立教大学大学院ビジネスデザイン研究科博士課程在学中（２０１７年現在）。

日本広告学会会員／クリエーティブ委員、評議員 産業界の部（２０１３-２０１６）、日本広報学会会員／デジタルＰＲ研究部会、日本マーケティング学会会員、ＷＯＭマーケティング協議会理事／事例共有委員会／メソッド委員会、東京コピーライターズクラブ会員。

青山学院大学、学習院大学、日本大学商学部、多摩美術大学で非常勤講師。

受賞歴に、カンヌライオンズ、OneShow、クリオ、クリエイターオブザイヤー、電通賞などがある。

論文として「アンバサダー顧客活用施策と効果検証の実際」、「アンバサダー顧客はなぜ無償で推奨行為を行うのか」などを執筆、書籍監修として『アンバサダーマーケティング』（日経ＢＰ社）がある。

はじめに・第２章・第３章・第５章を執筆。

徳力基彦　とくりき・もとひこ

アジャイルメディア・ネットワーク
取締役ＣＭＯ／ブロガー

ＮＴＴやＩＴ系コンサルティングファーム等を経て、２００６年にアジャイルメディア・ネットワーク設立時からブロガーの一人として運営に参画。「アンバサダー」を重視するアプローチ」をキーワードに、ソーシャルメディアの企業活用についての啓蒙活動を担当。２００９年２月に代表取締役社長に就任し、２０１４年３月より現職。書籍『アンバサダー・マーケティング』（日経ＢＰ社）においては解説を担当した。

ブログ以外にも日経ＭＪや宣伝会議AdverTimesのコラム連載等、複数の執筆・講演活動を行っている。また個人でも、ＷＯＭマーケティング協議会の事例共有委員会委員長や、政府広報アドバイザーなど幅広い活動を行っており、著書に『デジタル・ワークスタイル』（二見書房）、『アルファブロガー』（翔泳社）等がある。

第１章・第４章・第６章・おわりにを執筆。

顧客視点の企業戦略

アンバサダープログラム的思考

Corporate Strategy of Customer's Perspective

発行日　2017年3月1日 初版

著者　藤崎 実　徳力基彦
発行者　東 英弥
発行所　株式会社宣伝会議
〒107-8550 東京都港区南青山3-11-13
tel.03-3475-3010(代表)
http://www.sendenkaigi.com/
ブックデザイン　鈴木成一デザイン室
印刷・製本　中央精版印刷株式会社

ISBN 978-4-88335-392-7 C2063

本文中に登場する方々の所属や肩書は2017年1月10日時点のものです。